住宅の世代間循環システム

―明日の社会経済への提言―

住総研 住まい手からみた住宅の使用価値研究委員会 編

野城智也、園田眞理子、齊藤広子、池本洋一
中川雅之、中林昌人、大垣尚司、森下有

はじめに

いまが変革のラストチャンス

野城智也

既に、いまから30年前（１９８８年）には、世界的にみても未曾有のスピードで人口の高齢化と人口減少が進むことは予想されていた。また、世帯数に対して住宅ストック数が上回ってからかれこれ半世紀経つことから、近い将来、大量の空き家が発生することも予想されていた。

しかしである。高齢化、人口減、大量の空き家発生という、確実に招来する近未来の課題群に対して、有効な手が打たれてきたのか、改めて大局から見つめ直してみるならば、取られてきた取り組みの効果は限定的であると言わねばならない。「フローからストックの時代へ」と言われて久しいにもかかわらず、変革の歩みは遅々としている。このようなペースでは、私たちが乗った筏《いかだ》は、時流に押し流され、やがて大瀑布に達して滝壺に落ちていってしまうのではあるまいかと焦燥せざるを得ない。

では、その時流は堰《せ》き止められるのか？　それは極めて難しいように思う。というのは、その流れは、第二次世界大戦後の過去70年以上の間につくり上げてきた諸制度や、その運用の中で形成されてきた思考・行動様式、慣習・因襲に端を発した腰の強い奔流で、それに逆らっていかなる構築物を短兵急《たんぺいきゅう》に設けても、やがては決壊してしまうであろうからである。

私たちが滝壺に落ちていかないために行うべきは、流れに抗う策をあれこれ考えることではなく、流れの向きを根本的に上流から変える策を考え、実行することである。具体的にはそれは、既存住宅を利活用することであり、当事者に利得と幸せをもたらすように、制度の方向性を変えていくことである。

いま、未来に向け、私たちが真剣に顧慮しなければならないのは、次世代の人々の絶望である。その絶望を放置していては、この国の未来はない。彼らは、年金・税金の面で、受益よりも負担の方が重たいという宿命を構造的に背負っている。しかも、彼らの前世代は、短期的な経済状況を根拠にあれこれ理由をつけて借金を積み増し、膨大な財政赤字を次世代に押し付けようとしている。ならば、せめて、居住の安定を獲得するために若年世代が払うべき費用の負担を少しでも軽くできないものか。

幸いにして、戦後の住宅政策によって、良質な住宅ストックが形成されてきた。そのストックを若年世代が利活用できるようになれば、来たるべき世代の人々が、前世代が負ったような大きな費用負担をすることなく、快適な住生活を安定的に送っていける道は拓かれていく。ただし、いまの制度、思考・行動様式、慣習・因襲のままでは、更新されるべきストックも、活用されるべき良質なストックも、十把一絡げに除却されてしまうおそれがある。

一方、高齢世代の住生活も安泰ではない。戦後の住宅政策の中で、持ち家の取得は、本来であれば住生活遍歴の終着点、言い換えれば、住宅双六（23頁参照）の「上がり」であったはずである。昔話風にいえば、「いつまでもしあわせに暮らしましたとさ」となるはずだったのだが、長寿化とともに、決して「いつまで」ということはなく、しあわせの期間は有限で、やがて、支援・介護という問題が顕在化している。さらに追い打ちをかけるように、かつては羨望の的であったニュータウンや郊外は、都市の縮退とともに空洞化し、得られるサービスは希薄となり、居住者は、孤独・孤立に追い込まれようとしている。こうなると、終《つい》の棲家《すみか》になるはずだった住宅は、必ずしもそうではなくなってきている。本来であれば、高齢期に相応しいさまざまな居住形態が取れるような選択肢が用意されているべきなのだが、終の棲家だったはずの住宅を売却してサービス付き高齢者住宅に入居する選択肢など、一般市民の目線から見れば限られた選択肢しか思い浮かばないというのが現状であろう。高齢期の人々にさまざまな居住形態の選択肢が提供されることが望まれている。

以上のように、このまま無為であれば、若年世代にとっても、高齢化世代にとっても、しあわせではない未来が招来してしまうおそれがある。

では、どうすればよいのか？

その要諦が、本書の主題、「住宅の世代間循環システム」である。

すなわち、いままでの住宅政策の成果とも言える良質な住宅ストックが、市場を介して、その住宅を必要とする次世代の人々の居住に供されていくこと、言い換えれば既存住宅が市場の中で世代を超えて循環的に利活用されていくことが、それぞれの世代にとってのしあわせを（もしくは、不幸ではない未来）を実現していくためのキーポイントとなる。

既存住宅が住み継がれていくような市場環境が整えば、自分の持ち家が、高齢期になって間尺《ましゃく》に合わなくなったのであれば、若年世帯に貸し出し、その家賃収入を原資に、いまの自分の状況に適合した住宅に暮らしていく選択肢なども現実的になるであろう。また、住宅ローンの返済中途であっても、その住宅を賃貸化することで返済財源とすることなども現実的となる。さらには、こうした賃貸収益により定められる市場価値を基盤にして、いわゆるノンリコース（非遡及型）の住宅ローンも設計し導入していくこともやりやすくなるであろう。そうなれば、住み継ぐ人々が、住宅ローンの残債を実質的には引き継ぎながら返済していくこともできるようになる。

以上のことを言うことは易しいが、実現することは決して易しくない。

長い時間をかけて熟成されてきた現行の制度には、既得権益が絡み合っている。言い換えれば、現在の市場の多くのプレーヤーにとっては、変革を進めなければならないという動機付けは弱い。いまの市場に近い立場にいればいるほど、仮に本書に散りばめられた未来へのメッセージにご賛同いただけたにせよ、その実現性については、懐疑的・悲観的になるのではないかと想像される。

しかし、好むと好まざるも、世界の社会経済システムは大きく変わろうとしている。そのうねりは、「住宅の世代間循環」という観点から言えば、好ましい流れを生み出していくのではあるまいか。

第一に、ＩＣＴの飛躍的な進展により、情報の流通性・入手性・多角度性は高まり、人々の社会的行動、経済的行動にかかわる意思決定に、収集・遭遇する情報の内容が大きな影響を与えるようになっている。そのさまは、情報駆動社会（information driven society）と形容してもよいであろう。ウェブサイト上での格付けや評価などが、物品、サービスの選択に大きな影響を与えていることに象徴されるように、人々はさまざまな情報をサイバー空間から収集したうえで意思決定をする性向を強めている。もっとも大きな買い物である住宅が、こうした性向の対象の例外であり続けることはおおよそ考えられず、やがて、住宅の安全性を含めた諸性能を推認できるような情報を求める声が、サイバー空間を通じて明示的に上がりはじめたとしても何ら不思議はない。既存住宅ストックの相当割合は、「住宅の世代間循環」の対象となり得る良質なストックであるが、一方では、安全性を含め性能上の問題を抱えた住宅ストックが少なからず存在することも事実である。これに対し情報駆動社会の進行は、玉石混淆状態の住宅ストックの中から、玉と石を選別していく仕組みを生成させ動かしていく可能性を持っている。

第二に、「モノからコトへ」、すなわち、モノを持つことそれ自体よりも、自分や家族や所属グループにとって何らかの意味あるコトを生み出すことを重視する価値観への転換が進行している。何の変哲もない住宅に、「体験」や「物語」といったコトが絡み合うことで、価値が高まっていくことがあり得る世の中となっている。また、「モノからコトへ」という価値転換が生み出しつつあるライフスタイルは、シェアリングエコノミーの一つの推進力となっているといってもよい。となれば、住宅というモノを所有することよりも、そこでの住生活から生み出される体験や物語といったコトが重視される選好が市場で顕在化し、所有権の譲渡だけに限定されない、さまざまな経済取引様態での「住宅の世代間循環」が生み出される可能性を秘めていると言ってよい。

私たちの未来は決して明るくない。

しかし、私たちが置かれている状況や直面している課題を直視し、いま起こりつつある社会経済システムの「変化の慣性」を活用することで、「住宅の世代間循環」という流れを生み出し、未来を豊かに彩っていくことはできるはずである。

本書の諸論稿が、まだ最後の力が残っているこの国で、新たな行動と流れを生み出すきっかけとなることを切に願いたい。

もくじ

第1部

団塊世代が形成した郊外住宅ストックの世代間移転とその可能性

第1部　まえがき

野城智也

本第1部は、まち・住宅地に焦点をあてている。

現在の日本の都市の土地利用は、過去の歴史の積み重ねを反映している。京都は言うに及ばず、近世、近代に出現し発展した都市ですら、歴史の跡形を辿ることができる。全国各地を歩く人気テレビ番組「ブラタモリ」のネタはつきないと言ってもよい。

東京は実質的には近世に出現し大規模化してきた都市であるが、江戸城（現・皇居）を取り囲む都心地区は江戸時代の土地利用の骨格と性格をいまなお引き継いでいる。例えば、かつての大名屋敷などの大規模敷地は、いま学校や公共施設などとして使われている。一方で、かつての町人地は、小さな土地区画のうえに密実《みつじつ》に建築が埋め込まれている。また、浅草、日本橋をはじめとして、それぞれの場所の性格も際立っている。近代になり、東京は鉄道ネットワークが張り巡らされたが、渋谷、新宿、池袋、吉祥寺など、その結節点のまわりには、独特の性格をもったノード（結び目）を形成した。

東京がもつ魅力は、金太郎飴のように、同じような性格をもった街区が拡がっているのではなく、特徴のあるノードのネットワーク集合体として成り立ち、多様な貌《かお》をもっているところにある。国内外の都市に目を転じても、歴史の積み重ねのある都市は、性格の異なるノードの集合体としての性格を強くもっていて、多くの人々を惹きつけている。

本第1部第3章で池本洋一氏が紹介している「住みたい街ランキング」は、東京都市圏が、鉄道駅を中心に性格の異なるノードの集合体という性格をもっているがゆえに注目をされているし、共感ももたれているのであろう。「モノからコトへ」の価値転換が進んでいるいま、その転換の牽引車でもあるミレニアル世代は、その場所での「体験」や、集積した「物語」に価値の重きを置きはじめており、「どこに住むのか?」という選択行動に少なからず影響を与えていると想像される。池本氏が紹介する調査におけるそのまちに「住みたい理由」をみると、「刺激的な場に身を置いて、自分を磨きたい」のか、「昔からの仲間を大切にずっと地元にいる」のか、その指向には違いがあるものの、自らの指向に合わせて「体験」を積み重ねていける可能性が、住みたいまちの選択に影響を与えているようにもみえる。

さて、では、高度成長期に形成された郊外住宅地は、はたして「住みたい街ランキング」の対象となり得るのか? 池本氏は、郊外地は二極化しているのではないかと推測している。自治体などによる「体験」「物語」づくりが成功し、ランキングを上昇させている流山おおたかの森(千葉県)のような事例もある。だが、苦戦している事例や、鉄道駅から離れているためにランキングの対象にすらならない郊外住宅地が膨大に存在する事実を私たちは直視しなければならない。

園田眞理子氏の論考（第1章）は、その膨大な住宅地で進行している、空洞化の現状を包括的、構造的に描き出している。かつては、安価な新築の持ち家の立地を求めて都市は郊外に向かって膨脹し、ニュータウンや郊外住宅団地が形成されてきた。戸建て住宅を主とする郊外住宅地の開発を担ったのは、鉄道事業者と、潤沢な資金の運用をする必要のあった保険会社、商社、銀行関連会社などの民間企業であった。それは、物理的には「とりあえずある程度の土地がまとまって手に入れられる単位」ごとに着手された虫食い状の開発で、建設時期が異なる住宅地が隣接し、異なった様相を呈していることもめずらしくない。

こうした住宅地は、長寿化と高齢化、少子化・小世帯化そして人口減・世帯数減、そして資産デフレという三つの想定外の事象に直面し、空洞化の途を辿ろうとしている。20世紀後半のこの国では都市における過密が問題とされ、それゆえにこそ、都市の郊外への延伸が促されたのであるが、今世紀に至り、郊外住宅地では疎であることが問題となっているのである。まち全体が衰えてしまえば、そこにストックされた住宅単体がいかに良好であったとしても、「住宅の世代間循環」は起き得ない。

ではどうすればよいのか。齊藤広子氏は本第1部第2章の論考で、郊外住宅地で、「住宅の世代間循環」が円滑に進むためには、住宅そのものが次の世代にうまく住み継がれることに加えて、住環境が魅力的であり続けること、新たな暮らしをつくり出せること、高齢者が主体的にそこから動ける選択肢が用意されるという三つの条件が必要であると指摘している。

住環境が魅力的であり続けること、言い換えれば、「住みたいまち」であり続けるためには、戦略と能動的な行動が不可欠である、と本第1部の執筆者が異口同音に指摘している。齊藤氏は、そのためには、「三つのチェンジ」が伴わねばならないという。その三つとは、第一は、人が入れ替わる「人のチェンジ」で、まちの中での不動産の流通により促進される。第二は、新たな暮らし方の実践という「暮らしのチェンジ」である。これは、働く場所を地域の中に生み出すことも含む。また、第三は、「空間のチェンジ」で、いままでは日本の住居地域では政策的に抑制されてきた多用途を呼び込み、地域の自律性を高めていくという変化を指す。以上の第一から第三のチェンジは、黙って待っていれば起き得るものではなく、自らが能動的にかかわることで、起こし得る変革である。

まさに、それらのチェンジを戦略的、組織的に進めていくことが、園田氏が説くところのエリアマネジメントであると思われる。郊外住宅地を開発した事業者は、「手離れ」よく去ってしまい、その地域の経営にはコミットしていない。地方自治体は、問題意識は持っているのであろうが、平成の大合併で広域化が進み、かつ行政のスリム化もすすめているので、ひとつひとつの郊外住宅地のマネジメントに手がまわらないし、そもそも制度的に私有財産である住宅群の経営に行政が関与する制度的根拠が薄弱である。結局のところ、海外の諸事例を踏まえるならば、住宅団地などの単位で、マネジメント主体を組織化し、住民と行政などとの間に立って経営を担っていくしかない。園田氏は、その主体は、同じ住宅地に住み合う住民同士が、運命共同体として直面する問題を共有化し出資する「(仮称)地域事業会社」のようなものであるまいかと投げかける。住宅ストックを活かして、収益を上げ続ける経営力が問われる。ならば、当然、専門家がコミットしなければばならない。

齊藤氏は、エリアマネジメントの主体は、地域全体の合意形成力、私権コントロール力、賦課権に裏付けられた経営能力、種地などの不動産を保有する力、行政とのネゴシエーション能力といった専門力を持った組織主体でなければ成し得ない、と説く。このような、郊外住宅地でのエリアマネジメントの実践例は、国内ではまだまだ少数であるが、齊藤氏が紹介するように海外には数多くの事例がある。

園田氏が指摘するのは、空洞化しつつあるとはいえ、郊外住宅地に蓄積された資産は膨大で（金融資産だけでも100億円を有に越えるという）、いまであれば再投資する力があるということである。再投資によって、静かなるリタイアメントコミュニティとして、積極的にサービスを充実させていくことも、新たな「コト」創造の一選択肢とはなろう。重要なことは、営利企業だけではなく非営利事業も含め、地域の中に、さまざまなコミュニティビジネスともいうべき就業機会を生み出していくことである。いままでは、私たちは、「規模の経済」の論理にどっぷりつかってきたが、郊外住宅地が生き残っていくためには「距離の経済」ともいうべき論理と発想が求められているように思われる。新たなマネジメント主体のもと、その郊外住宅地が、新たな「体験」や「物語」などの「コト」を次々と創造することができる場となれば、やがては「住みたいまち」になっていき、若年世代を呼び込み、郊外住宅地の入植者である団塊世代から、ミレニアル世代への「住宅の世代間循環」が進んでいくことができるように思われる。

ただし、こうしたことを可能にするエリアマネジメント主体を設立する再投資力は、団塊の世代が後期高齢者に突入していくとともに、急速に縮小していくことが予想される。園田氏が言うように、「住宅の世代間循環」を推進するために、「残された時間」は少ないのである。

いったい、どの郊外住宅地が「住宅の世代間循環」に成功して生き残り、歴史の重なりのある場所として、将来の「ブラタモリ」の舞台となりうるのか、長く見ても、これから10年が勝負であるといってよいであろう。

なお、齊藤氏は、論考の中で、住宅そのものが次の世代にうまく住み継がれるためには、中古住宅の流通を支える取引制度の改革が不可欠であると述べている。

具体的には、（1）契約内容の明確化、（2）居住に関する情報の開示推進、（3）管理情報の開示推進、（4）住宅履歴情報の登記制度との連携など住宅の情報の一元化、（5）性能を踏まえた鑑定評価体制の構築、（6）多様な専門家が連携して取引に関与すること、（7）不動産業者の役割の見直しなどを提言している。

これらの提言は、「第2部　住宅の使用価値の実体化の可能性」とも密接に関連するところであり、第2部の論考とも関連づけてお読みいただければ幸いである。

第1章

既成の郊外住宅地の持続と世代間移転の可能性

園田眞理子

郊外に虫食い状に開発されたかつての新築住宅地は、いまや40～50年の時を経て、大きな問題に直面している。居住者の長寿化と街全体の高齢化、少子化と小世帯化、そして資産デフレとキャピタルロスである。このままだと超高齢化が進み、空き家・空き地が増え、そのまま朽ち果てる可能性さえある。

それに立ち向かうには、まず再整備を担う主体と資金がいる。例えば、住民出資による（仮）地域事業会社のような主体を設立し、再生事業に着手してはどうか。これこそが、住民主体の「エリアマネージメント」である。そこには開発や建築のプロも参画する。

これにより、居住者の長寿のゴールの見える化にまず着手する。０歳から１００歳以上の人が、ともに安心して住める街は誰にとっても「住みたい街」になる。また、ＩＣＴや交通システムが革新的に変化すればミレニアル世代にとって郊外住宅地が新たな魅力をもつ居住地になるかもしれない。

郊外住宅地の「逆転ホームラン」を目指して、いまこそ具体的に動き出すべきである。残された時間は少ない。急がなければならない。

1 郊外住宅地の生成と発展

ちょうど150年前の1868年に日本は一夜にして、幕藩体制の地方分権から中央集権の近代国家に生まれ変わった。明治元年である。それにより、人口の大移動と大都市の形成が始まった。

伊藤滋氏の『東京育ちの東京論』によれば、明治5年に新橋―横浜間に鉄道が開通したことを皮切りに、南から薩長に代表される近代人が新橋駅に到達し、やや遅れて北の方から大量の東北人が終着駅の上野にやって来た。千葉方面からの終着駅は両国駅で、西の甲州方面からの終着駅が飯田橋であったそうだ。この4点の中心に皇居があり、線路で仕切られる東西南北の四つのディメンジョンでそこに住む人の出身地や職業が分類できるという。都の西北には東北地方や甲州方面からやってきたやや田舎くさい学者が多く住み、西南には舶来好きの実業家が居を構え、東北には農民出身の実直な職人が、下町の東南側には小才のある商人たちが多く住んだそうである。ここに東京という大都市の核が誕生した。(**図1**)

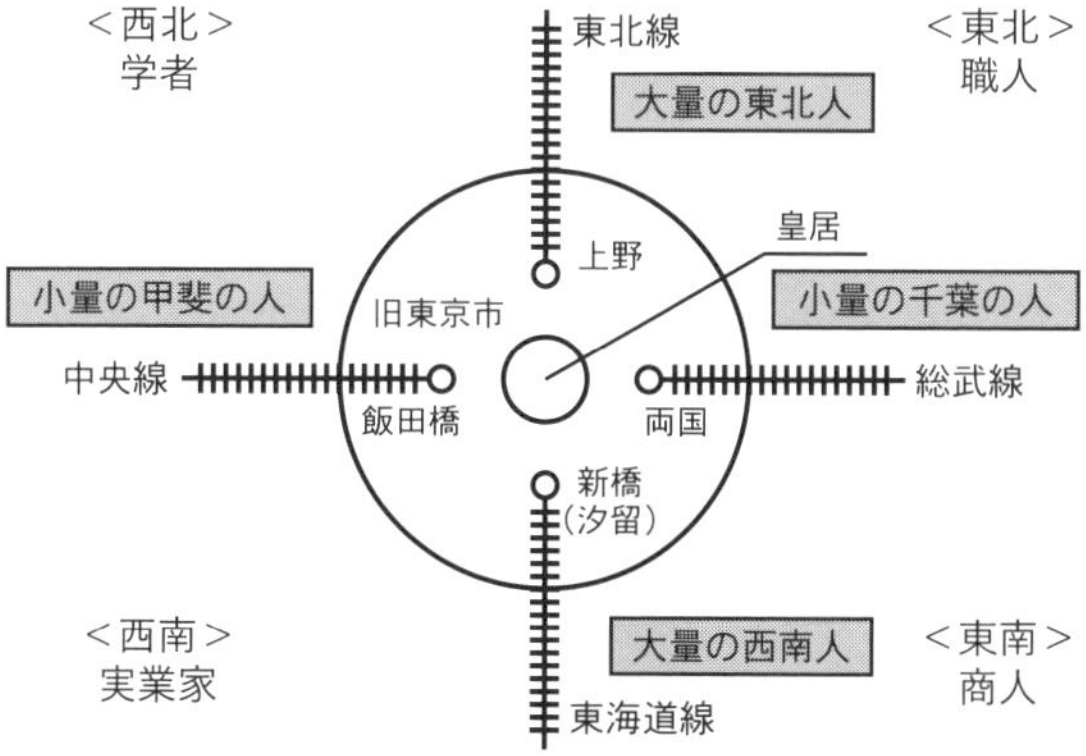

【図1】東京の成立と四分割される地域とそこに住む人の特徴

出典・資料：伊藤滋『東京育ちの東京論』PHP新書、p57
「図4．鉄道の終点が街の性格を支配する」を一部改編その中心部からいまで言う「郊外」に向かって私鉄がどんどん伸びていったのが大正デモクラシー真っ只中の1920年代から30年代のことであった。当初は歴史上初めて誕生した「月給取り」という中産階級のサラリーマン向けの戸建て住宅地の開発が行われたが、1923（大正12）年の関東大震災により甚大な被害を受けた東南方面に居住していた商人たちも、こぞってより安全で快適な郊外住宅地を求めるようになった。ここに、郊外住宅地という存在が初めて市民権を得て、東京西側の私鉄沿線や省線と言われた中央線沿いに形成されていく。いまなお高級住宅地と言われる田園調布や成城学園、国立もこの時期に成立している。また、鉄道の延伸と沿線開発を組み合わせて、鉄道会社などが開発前に安い土地を仕入れ、そこに新しい住宅地を開発し販売し、その値上がり益でさらに開発を進めるという手法が確立されたのもこの時期である。

この動きは戦争によって長らく停滞するが、再び膨大な数と量の郊外住宅地の開発が1955（昭和30）年以降の高度経済成長期に始まった。この時期、地方から、農家の次・三男を中心に工業社会の担い手として多くの若者が大都市に集まってきた。そして、彼らが都市に定着し世帯形成期を迎えるにあたって、膨大な住宅需要が発生したのである。

図2は上田篤氏による有名な「現代住宅双六」である。1973（昭和48）年1月の朝日新聞に掲載された。1973年とは、戦後初めて住宅数が世帯数を上回り、住宅の数が充足された年であり、またオイルショックが起きた年でもある。住宅双六は、ふりだしの「ゆりかご」から始まって、下宿や木造アパート、公団・公社アパートと進み、「庭つき郊外一戸建て住宅」で見事あがりとなっている。当時、戸建て住宅を構えて「一国一城の主」になることが人生のゴールであると誰もが信じていた。大都市郊外の住宅と住宅地は、戦後に築かれた日本人の新しい生活スタイル—

核家族、性別役割分担、専業主婦、「n-DK」あるいは「n-LDK」のマイホーム、個室の子ども部屋、ベッドタウン、マイカー、通勤ラッシュを具現化したものであり、そこに一つの「環境装置」としての完成を見たのである。

　こうした新しい生活スタイルを無邪気に信じ、かつ願って、郊外住宅地はどんどん広がっていった。首都圏の郊外住宅地の発展を大きく俯瞰してみると、東京駅を中心に、まず西側の私鉄沿線の丘陵地が切り拓かれた。多摩川を越えて、横浜方面や多摩方面に向かって開発が進んでいったのは1960年代後半のことである。それでも数は足りず、1970年代半ば以降は荒川を越えて、埼玉や千葉方面で郊外開発が行われていく。東京湾沿岸の埋め立て地や、利根川を越えて常磐方面にまで郊外住宅地が広がるのは1980年代になってからである。

　こうした郊外住宅地の生成と発展のようすは、あたかも植物が成長するのとよく似ている。大都市の中心部から植物の茎が成長するように郊外に向かって線路

【図２】1973年の現代住宅双六（上田篤 作）
出典：朝日新聞1973年1月3日

が延びる。線路上の駅からは、台地や丘、原っぱに向けて道路が延びる。郊外住宅地の地名には「○○台」や「○○ヶ丘」、「○○原」が多い。丘の上では、あたかも葉っぱのように区画整理された住宅地が形成される。そこでの世帯主たる父親はまさに「働き蜂」である。毎日丘の上から降りてきて職場で働き、養分を丘の上の家に持ち返る。20～30年の時を経て、そこで見事に育った子どもたちは巣立っていく。長い間の働きを終えて、丘の上の家に戻ってきたお父さんと、それを支えたお母さんが、「さて、これからどうしよう!?」というのが、日本の戦後、昭和の時代に形成された郊外住宅地のいまの姿ではないだろうか。

2 民間主体の虫食い状の開発と運命共同体の出現

日本の大都市郊外の住宅地開発のもう一つの特徴は、鉄道会社や保険会社などの民間企業が主体となって、みごとなまでの虫食い状の開発を行ったことである。これは戦後の持ち家政策の推進とも連動している。

戦争による荒廃から立ち直った日本は、圧倒的な住宅不足に対して、まず1950（昭和25）年に住宅金融公庫を創設して、庶民が持ち家を建てるための金融制度を確立した。さらに1955年には日本住宅公団を創設して、勤労者世帯に良質な賃貸住宅を供給すると同時に割賦販売の方式で住宅を分譲した。いずれも財源は、郵便貯金や簡易保険を原資にした財政投融資である。

こうした資金を使って、まとまった街の整備が始まったのは、まず公団による団地建設である。

公団は当初は都市近郊の軍需用途だった土地の利用転換として続々と団地を建設していった。そして初めて大規模な街として出現したのが大阪の千里ニュータウン（１９６２年～）であり、東京の多摩ニュータウン（１９６７年～）である。これらは大阪府や東京都、日本住宅公団などが自ら土地を地主から買い集め、山や丘を切り拓き宅地造成した。その上に、公団や住宅供給公社が主として4～5階建ての集合住宅を建設した。

こうした集合住宅主体のまちづくりに対して、戸建て住宅を主とする住宅地開発を誰が担ったのかというと、一つは鉄道会社、そしてもう一つは潤沢な資金を集め、その運用の必要があった保険会社、商社、銀行関連会社などの民間企業である。

まず、鉄道会社には自らの沿線に住宅開発をする必然性がある。沿線に多くの人が住むようになれば、乗降客も増え、同系列のスーパーマーケットや行楽施設の利用者も当然に増えるからである。例えば、郊外開発で定評のあるT電鉄の沿線開発は、以下のように行なわれた。まず、都心のターミナル駅から遠く離れたところから住宅地開発に着手し、徐々に手前のところを開発していく。通勤時間の長い不便なところでも人気になり売り切ることができれば、その手前のところはもっと高い値段で売り出しても必ず買い手はいる。また、駅からの距離についても同様の手法で、駅から比較的離れたところをまず開発し、そこが売り切れればより手前の方で開発を進める。

そうした鉄道会社の手法は、他の民間企業にも当然に伝播する。民間保険の資金や投資を受けた資金は運用しなければならない。その運用先としては、みなが欲しがり必需品でもあった住宅地開発がぴったりである。そこで、保険会社、商社、銀行関連会社などは里山や丘陵地などのある程度のまとまった土地を買い入れ、建設・土木会社などに造成させ宅地として売りに出す。上物の住宅は当時勃興してきたハウスメーカーに建てさせ、建売分譲する、あるいは大小の工務店が注文住宅に応ずるという開発が次々に行われるようになった。力を付けはじめた大手のハウスメーカーや建設会社が自ら宅地開発を行うケースも出てきた。当時、土地神話といわれた「土地の値段は絶対に下がらない」という信念にも支えられて、膨大な数の郊外での住宅地開発が行われたのである。

そして、それらは皆、「とりあえずある程度の土地がまとまって手に入れられる単位」ごとに行われた。大都市中心部から同心円状に徐々に拡大したのでもなく、各自治体が綿密な都市計画を立て、それに基づいて開発が進められたのでもない。できるところから開発したのである。自治体は急増する居住人口に対してインフラ整備が追い付かず、宅地開発要綱その他で規制しようとしたが、民間開発の中でインフラを整備してもらい、竣工後はインフラ込みで住民を引き受けて郊外都市として発展する道を選んだ。その結果、郊外住宅地はみごとなまでのスプロール現象を呈している。

例えば、東京西部の住宅地についてGoogleマップのストリートビューのボタンをクリックすると、道路の線形が青い蛍光色で浮き上がってくる。この道路線形をみるだけで、どのようなまとまりでそこが開発されたのかを容易に読み取ることができる。それに都市計画図を重ね合せれば、指定容積率や建蔽率がわかるので、どの程度の密度で開発されたのかもわかる。しかも、戦後の開発履歴は比較的よく残っているので、どのような事業主体が何年に何戸の開発を行ったのかの把握も容易である。

こうしたことから何が言えるかというと、１９７０年代開発のすぐ隣に90年代開発の住宅地があり、それぞれのまとまりごとにまったく違った様相を呈するということである。計画的に開発された住宅地には人の年齢によるライフサイクルと同じように、固有のライフサイクルがある。開発後10年目くらいまでは小中学生の声でにぎわい、開発後20年目には少し大人びた高校生や大学生で街は少し静かになり、開発後30年目には退職した男性が目立ち始める。開発後40年目を迎えるころには未亡人が増え、開発後50年目には初代の入居者が死去などにより減り始める。だから、１９７０年代開発のところではひとり暮らしの単身世帯が多く、街は静まりかえっているのに、90年代開発のところではまだ学生と中年夫婦ばかりである。日本の高度経済成長期から20世紀末までの住宅需要の圧力は膨大で、その需要にぴったり合わせた住宅と住宅地開発が行われたために、当初入居者の年齢や生活スタイルも一様で、そのまま塊状に推移するので、開発単位ごとにまったく異なる様相を示すという図式である。もっともこれには、持ち家取得後にほとんど住み替えをしないという日本固有の居住様式も大きく影響している。

そしていま、次項で述べるように、こうした発展の図式が反転しようとしている。経年した住宅地ほど住民の長寿化と少子化により超高齢化が進み、土地とインフラはまだ大丈夫そうだが、上物の家は多少草臥《くたび》れてきている。何よりも子どもが巣立った家は高齢者のみには広すぎる。そして、隣の家は空き家になった……。その隣は家が壊され、空き地になっている……。20世紀後半に郊外に次々と計画的に開発された住宅地は、いままさに運命共同体となり、この難局に当たらなければならない。運命共同体という理由は、同じ場所、地域に偶然一緒に住んだことによって、共通して直面する難事に対処しないと、その先の未来が開けないからである。この運命共同体のまとまりこそが、すなわち《コミュニティ》の本来的な定義でもある。

3 開発後40～50年を経て直面する三つの想定外

大都市の郊外部に、高度経済成長期以降、次々と虫食い上に開発された住宅地は、先に生まれたものから順番に住民の高齢化が進み、地方の中山間地の限界集落に匹敵する高齢化率40％超の超高齢化の局面を経て、空き家・空き地の増加、そして消滅するかもしれない危機が迫っている。こうした住宅地が開発された当初とは、まったく想定外の事態に直面している。

長寿化と高齢化

一つ目の想定外は居住者の長寿化と、それによる高齢化である。**図3**は1955（昭和30）年と2000（平成12）年の典

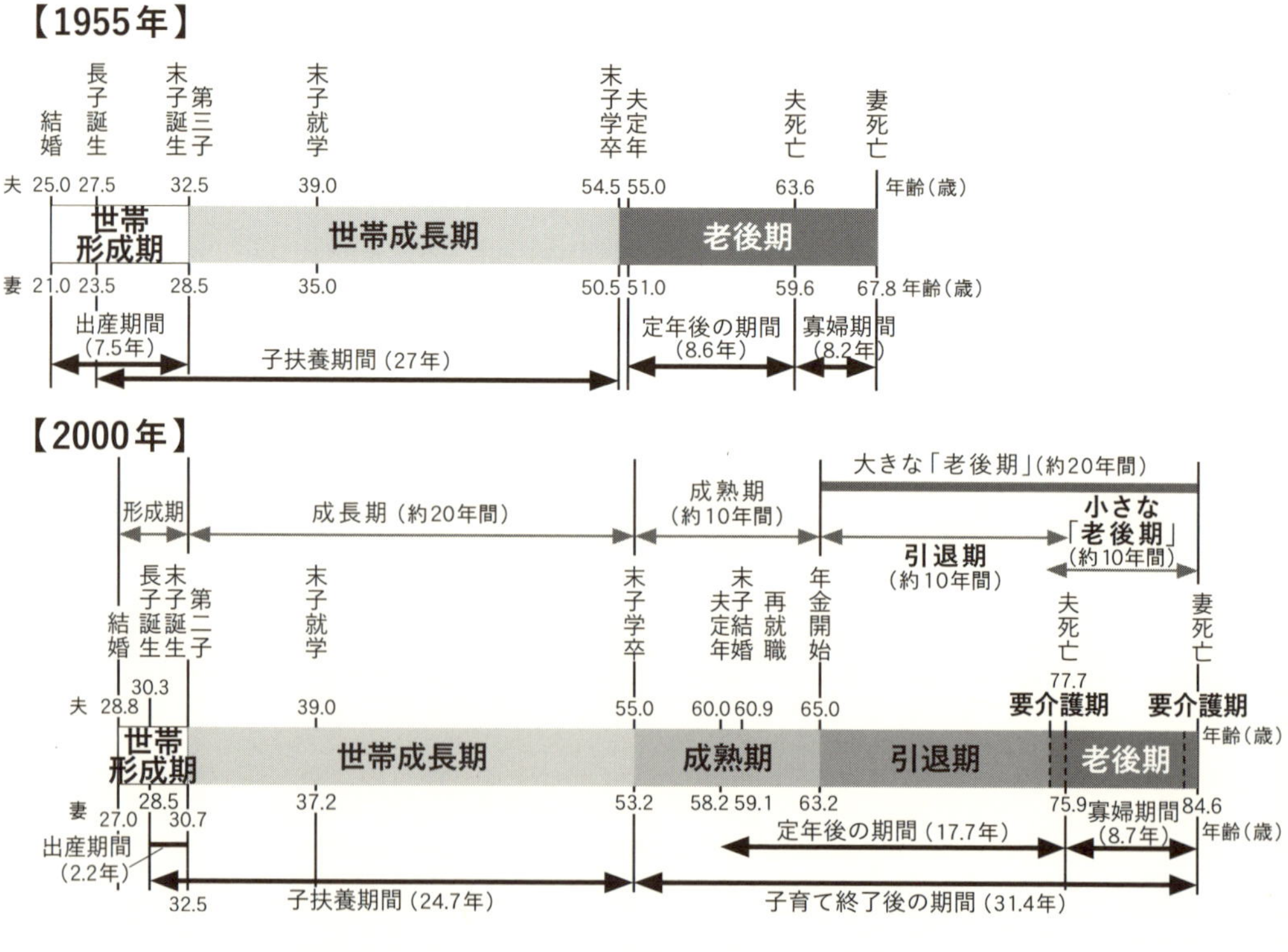

【図3】1955年と2000年の典型的な夫婦のライフサイクル

型的な夫婦の結婚して以降のライフサイクルを示したものである。60年前の想定は、人生60年だったといえる。当時の合計特殊出生率は2・37であるが、3人の子どもを育て上げるには約27年間を要し、男性が55歳で定年を迎えると、余生はわずか10年にも満たなかった。当時の女性の平均寿命も70歳には達していない。

ところが半世紀後の2000年時の典型的な夫婦になると、人生は90年近くが当たり前になり、半世紀前の1・5倍にもなっている。わずか50年の間に、こんなにも寿命が伸びたことは、生物学的にみても異様な事態ではなかろうか。男女共に結婚年齢は上がり、最初の子どもが誕生するのは30歳代になってからである。その影響もあってか、合計特殊出生率は1・36である。子育てに要する期間は、育てる子どもの数が少なくなっているが教育期間が延伸しているので、50年前とほぼ同じである。しかし、その後に、子育て期間よりも長い夫婦だけの期間、そしてその次にどちらか一方が残る単身の期間があり、さらに、死去に至るまでの要介護期がある。

図4は、人生後半のライフサイクルを拡大したものであるが、最初に子育てが終わってまだ現役で働いている「成熟期

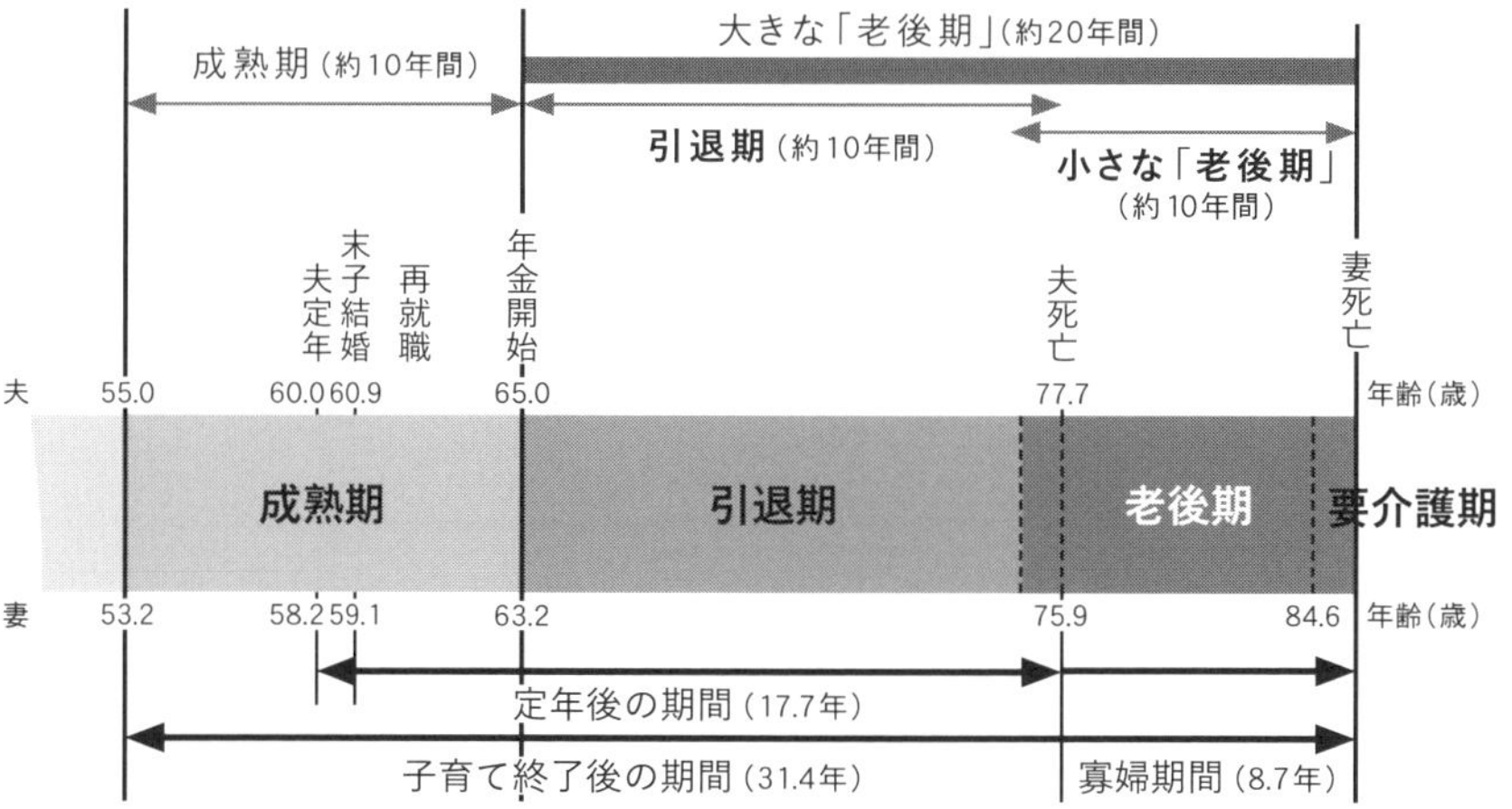

【図4】2000年の典型的な夫婦の人生後半のライフステージ

（男性年齢55～65歳）」が約10年、次に、退職し年金で生活する「引退期（男性年齢65～75歳）」が約10年、最後に、夫婦のいずれか一方が要介護を経て死亡し、残された方が単身になる「老後期（女性年齢75歳～）」が約10年というのが、おおよその見取り図である。仏教では、人間には「四苦」＝「生」「老」「病」「死」があるとされているが、成熟期や、引退期は「生」を考え、最後の10年間の老後期には、「老」「病」「死」に本人も家族も向き合わざるを得ない。しかも、この「老」「病」「死」に直面する時期が80～90歳以上という超高齢の時でしかも長期化し、親を介護しようにもその子どもも60歳を超えていることがままあるという、まさに想定外の「長寿化」が起きている。

こうした一つ一つの家の中で進んでいる長寿化が重ね合わさると、住宅地全体としては「超高齢化」という現象になる。高度経済成長期から20世紀終了までの日本の人口および世帯数の伸びは、特に都市部において爆発的であり、またそれに経済的な発展と活力も連動した。このため、極めて短期間で住宅地を開発し家を建て、年齢、家族構成や経済階層の極めて均質な需要者をこれまた短期間に入居させた。その結果、郊外のある一つのまとまりをもって開発された住宅地単位ごとに開発後の経年数に比例して高齢化率が上昇することになる。高齢化率のピークは、開発後40～50年目である。なぜなら、世帯主の住宅取得年齢は35～40歳前後に集中しており、その年齢に40～50を足し算すれば、居住者年齢が75～90歳になるからである。

20世紀後半の郊外住宅は、子育て期に著しく照準を絞って建てられたものばかりで、住宅地も子育てのことしか想定していなかった。その家の中で、想定外の著しい長寿化が進み、街全体としてみれば、超高齢化である。ここに大きな問題が生じている。

少子化→小世帯化、そして人口減・世帯数減

二つ目の想定外は著しい少子化の進展、それに伴う世帯の小規模化、そして、これらは最終的には人口減、世帯数減に結び付くという厳然とした事実である。

図5は、東京都の1970年〜2015年までの合計特殊出生率と平均世帯人員の推移を示している。東京都の合計特殊出生率は1970年時点では1・96で人口置換水準の2・07を僅かに下回る程度であった。しかし、2015年の合計特殊出生率は1・24まで低下している。

この数字の意味するところは、世帯の規模が極めて小さくなっていることである。それを世帯人員の平均値の変化でみると、1970年の平均世帯人員は、東京市部で3・07、区部で2・70であった。平均値がこの値ということは、市部では4人世帯が主で、区部でも3人

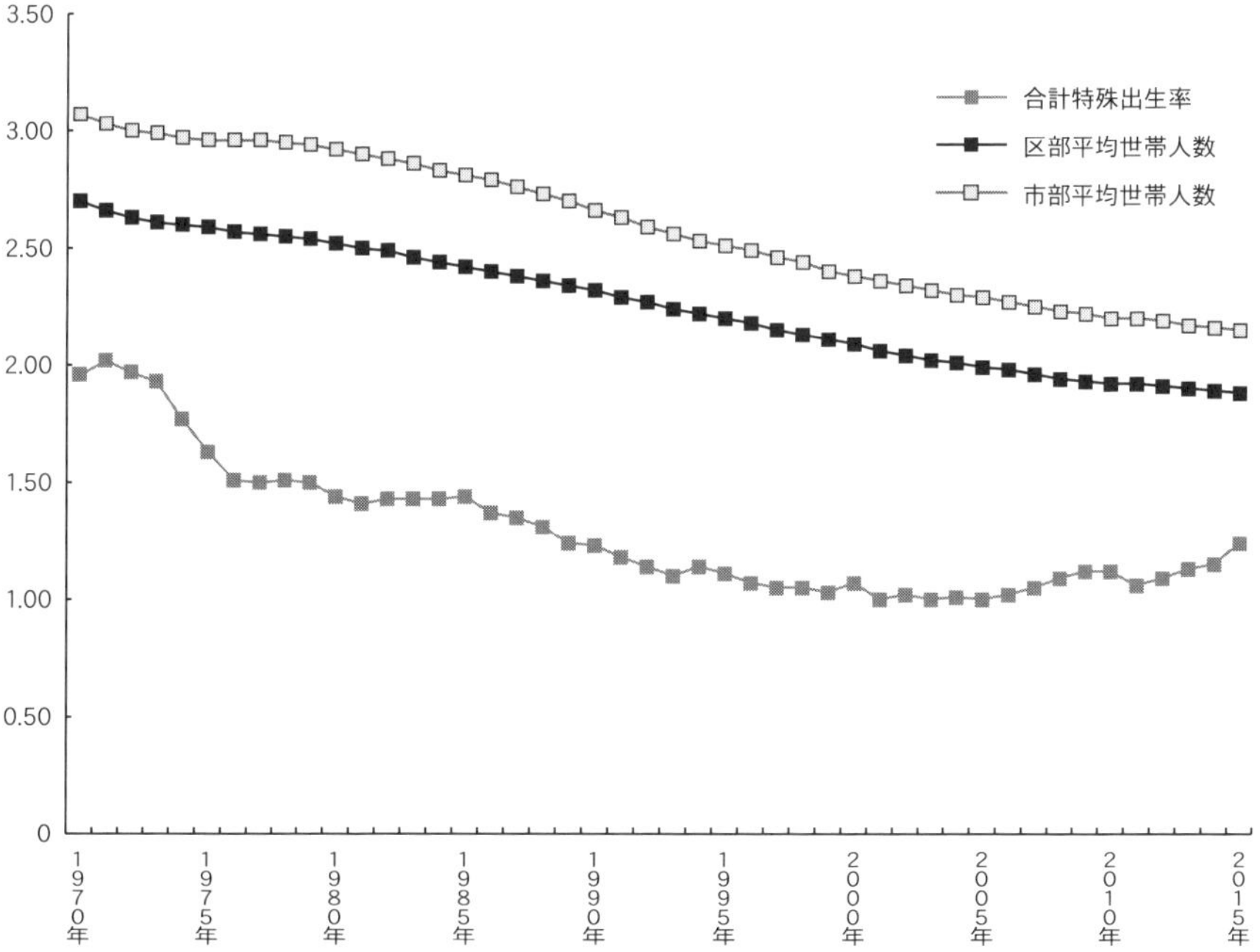

【図5】東京都の合計特殊出生率、区市別の平均世帯人員の推移（1970年〜2015年）
資料：厚生労働省（合計特殊出生率）、東京都（世帯人数）

以上の世帯が主であったといえる。ところが、2015年にはその値は、市部2・15人、区部1・88人までに低下している。特に市部での低下が大きい。これらの意味するところは、もはや市部でも3人以下の世帯がほとんどで単身や2人の世帯が相当数いることになる。実は少子化はいまに始まったことではなく、1・57ショックといって、合計特殊出生率が1966(昭和41)年の丙午年のそれを下回ったと大騒ぎになったのは1989(平成元)年のことである。つまり、著しい少子化が始まって既に30年近くが経過している。だから、東京都市部の値で示される郊外の個々の家に住む家族の多くで少子化が進み、育った子どもが家を出れば2人以下の世帯、子どもが同居していても未婚であれば3人以下の世帯ということになる。より早く開発が行われた住宅地ほど、夫婦のみ、もしくは単身世帯が全体のかなりの部分を占めることになる。事実、2015年の国勢調査の結果では、東京都の全世帯の47・3%は単身世帯であり、夫婦の世帯は17・0%である。2人以下の世帯が3分の2を占める。夫婦と子どもからなる世帯は23・4%で4分の1にも満たない。郊外住宅地の家の多くは、夫婦と子ども2~3人という標準的な核家族世帯を想定したものであった。ここでも開発後40~50年の時を経て、想定外の事態が起きている。4~5人家族はもはや稀であり、1~2人世帯が主流である。

また、少子化の継続は、もっと深刻な状況をもたらす。現在の東京都の合計特殊出生率の1・24とは、親に対して子の世代の人口は約6割になるという数値である。この状態がもう一世代続けば、わずか三世代の約60年間で祖父母世代に対して孫世代の人口は4割に満たなくなる。出生率の低下は指数的な変化に直結し、比較的短期間で極めて劇的な変化をとげる。東京の場合、現在の祖父母世代に相当するいわゆる「団塊世代」から「しらけ世代」まで(昭和20年代生まれ~

30年代前半）の多くは郊外に居住しているが、そこの世代がいなくなった後に、それを埋めるような孫世代は数の上ではもはや存在していない。人口減少社会の到来である。ただ、人口が減少しても、すぐに世帯数の減少には直結しない。なぜなら、上述のように、世帯人員が減少することによって、しばらくの間は、人口が減っても世帯数は反対に増加することが続くからである。しかし、世帯数の減少も直近に迫っている。日本全体では、日本人の人口ピークは２００８（平成20）年前後だったと言われているが、国立社会保障・人口問題研究所の最新予測によれば、世帯数も２０２３年をピークに減少に転じるとされている。東京都の場合は、人口のピークは２０２５年、世帯数のピークは２０３５年と予測されている。

これらの数字が物語ることは、もはや郊外の住宅地や住宅のすべてを残すことは不可能に近いという厳然とした事実である。放っておいても淘汰は進む。しかし、ただ漫然とそれを放置すれば、都市計画の専門家たちが言う〈ぱらぱら〉〈ぐすぐす〉のいわゆるスポンジ化が進むだけである。どの住宅地を、どの家を残し、次世代に渡すのか、いままさにその選択と、選択した後の再生、持続に向けた取り組みが問われている。

資産デフレ

三つ目の想定外は、一つ目や二つ目の当然の結果ともいえるが、特に郊外住宅地で想定外の資産デフレが進んでいることである。**図6**は、東京都の公示地価の平均額の推移を、地域別、用途別に見たものである。１９８３年の値を１００とすると、バブル経済期の１９８６、7年頃から

１９９３、４年頃までの間は著しく高騰し数倍にまで上昇したが、その後は急激に低下し長期に低迷したままである。区部の一部では２００７～２００８年頃にミニバブルがあり、アベノミクスにより２０１４年頃から局地バブルの傾向が見られるが、多摩地域の公示地価の平均額は住宅地、商業地ともに１９８３年当時の水準にまで戻ってしまっている。このことは何を意味するのだろうか。

その答えは、資産デフレ、キャピタルロスである。もし、１９８３年以降、特に地価額が高騰したバブル経済期に多摩地域の住宅地を購入した者は、買ったときよりも現在の値段が下がっている。さらに、これに加えて由々しき問題は、土地の上に建つ建物の評価額が、特に戸建て住宅の場合は建築後20年でほぼ価値ゼロと評価されることである。日本の不動産市場では住宅建物は償却財であり、経年すればするほど価値がなくなり、価値を有するのは「土地」のみである。ところが、その土地の価格も１９８０年代初頭の水準だとすれば、その

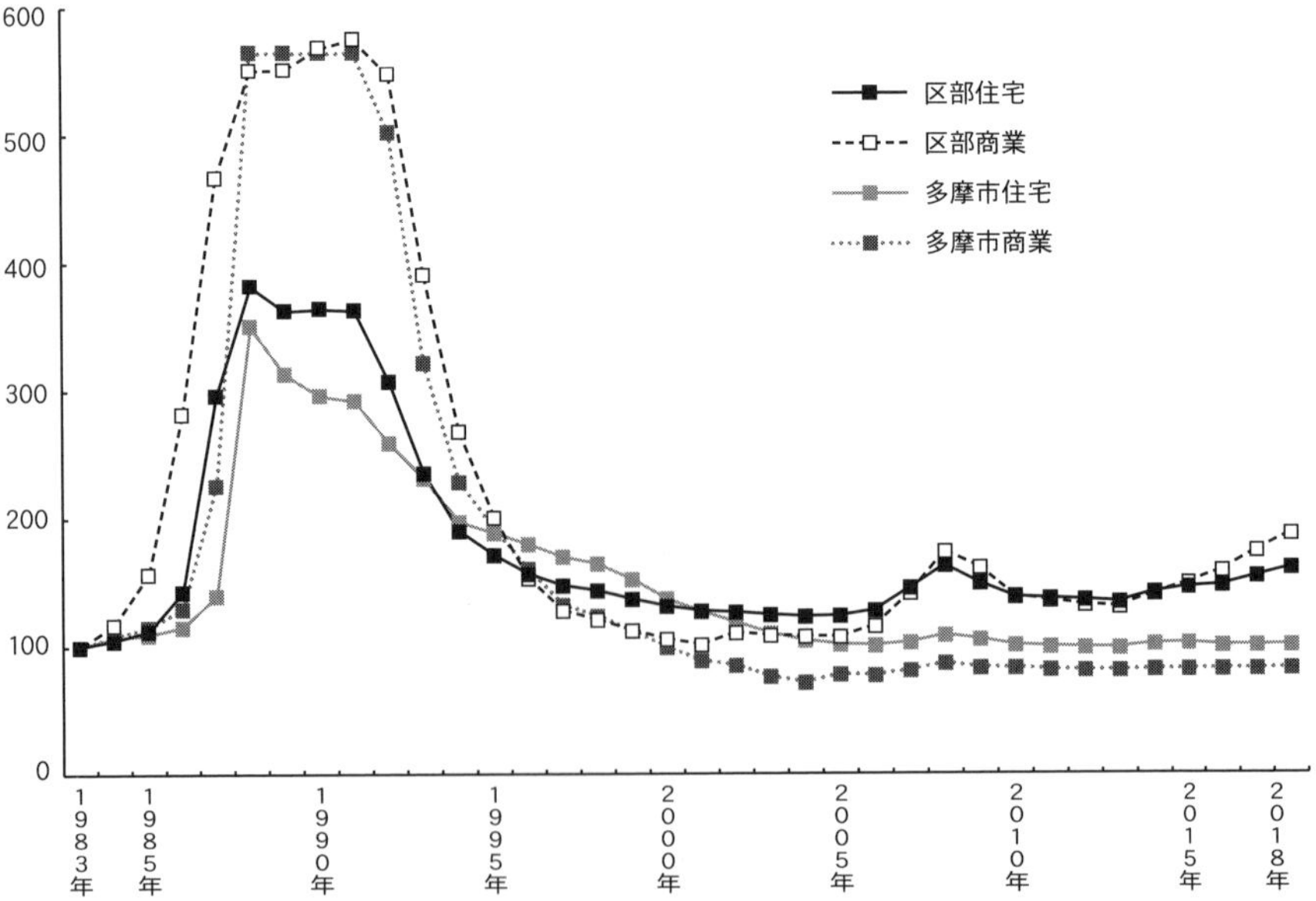

【図６】東京都の地価公示、地域別用途別の平均価格の推移（指数）（資料：東京都財務局）
※昭和58年１月１日の平均価格および東京都区部消費者物価指数を100とした。

間に支払った建物分の費用と、ローン返済における金利分はすべて費消されてしまったことになる。つまり、それらはまったく資産形成にはつながらなかった。加えて、もしも土地の現在価格が購入時のそれを下回っていれば、完全なキャピタルロスということになる。不動産が「負動産」になる事態が、大都市の郊外部では静かに進行している。

現高齢者が郊外で家を求めた時代、土地の値段は未来永劫上がり続けるという「土地神話」を誰もが信じていた。だから、収入に比べて多少高い住宅や土地であっても、給料が上がれば負担は軽くなるし、物価が上がれば、より高く売れると楽天的であった。しかし、現実はまったく違っている。少子化、人口減、世帯数減という絶対的な需要の減少と、日本のバブル経済の勃興と崩壊のみならずグローバルに大変動する政治・経済の甚大な影響もあって、郊外部の住宅地、住宅の将来見通しは決して明るくない。資産デフレ、キャピタルロスという想定外の事実をどう乗り越えるのか、これもまた大問題である。

4 郊外住宅地の生き残りと世代間循環の可能性

開発後40~50年を経た住宅地は、開発された順番通りにまず超高齢化に直面し、その後、新しい世代の流入がなければ、空き家や空き地が増え、そのまま朽ち果てる道に進まざるを得ないことになる。そうではない道筋や、現世代が築き上げた住宅地や住宅を次世代に円滑に引き継いでいく可能性を明らかにしなければならない。

再投資とエリアマネージメントの推進

日本の郊外住宅地のほとんどは20世紀後半の日本が歴史上もっとも豊かな時代に形成された。だから、そこには人々の夢が実現されている。電気、ガス、水道の公共インフラは整備され、子育てに焦点を合わせて開発を行ったので、そここに児童遊園や公園が整備されている。40〜50年前はまさに理想を実現した街だった。ところが、いま、そうした郊外住宅地に行ってみると、多少草臥《くたび》れた感じがすることが多いのは否めない。その理由は、外で遊ぶ子どもや立ち話をするような人の気配がなく、建物の中にあまり手入れされていないものが交ざっていたりするからである。

土地は無くなることはない。インフラもまだまだ使える。だが、その上に建つ建物の経年劣化が草臥れ感を醸し出している。ならば、上物の建物を魅力的なものに甦らせればよいではないか。不足するものを補い、不用になったものは次の利活用を考え、いまの暮らしや未来の暮らしに合った街に造りかえるための再投資をすればよいではないか。（**図7**）

ところが、その再投資の資金の出し手と、それを受け取って再生事業を担う主体がいないので、何も始まらない。40〜50年前の新規開発の際は、国の財政投融資策に則って国民全体で自らの資金を出し、事業に投

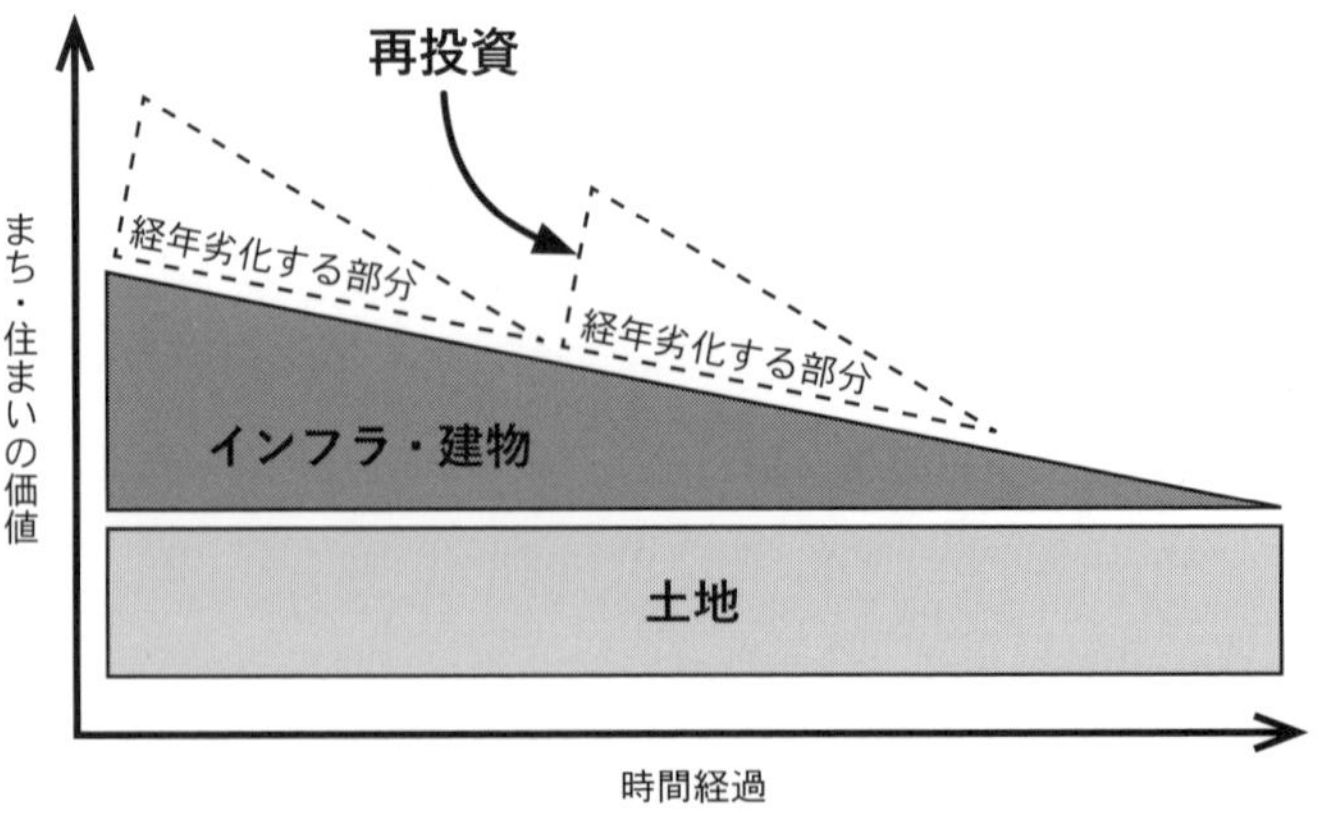

【図7】経年したまち・住まいには「経年劣化する部分」への再投資が必要

資し、そして新しい住宅地や住まいとしてその果実を受け取った。ところが、半世紀の時を経たいま、その住宅地や住宅に対して再投資する主体や資金が消え失せてしまった。つまり、自分たちの未来のためにリスクを取る人が誰もいなくなってしまったのである。これが、いまの郊外住宅地の根源的な問題である。では、本当に出資者や資金はないのかといえば、実はそこに住む人たち自身とその懐にその可能性が詰まっている。

住民は何もしなければ、先に述べたような資産デフレにより、自らの居住用不動産の価値は低下していく一方である。それよりも、加齢にあわない家に住み続け、商店やスーパーが撤退して不便を託《かこ》つままでよいのか。誰も助けに来てはくれない。そうしたジリ貧の状況を脱する手立ては、同じ住宅地に住み合う住民同士が、運命共同体として直面する問題を共有化し、全員でなくても有志が街を造りかえるための費用を出資することである。そのための投資先として、「(仮称)地域事業会社」のようなものを設立する。出資者は、この会社の株主になる。

一方、新しい住宅地を造り、家を建てたのに、売り逃げ・建て逃げ同然のディベロッパーやハウスメーカーも「生みの親」として、その住宅地に立ち戻る必然性はある。このままでは、日本の住宅地や住宅の新規需要は先細りでかつ極めて脆弱なことは明らかである。20世紀のような量の拡大を追求するビジネスはもはや成り立たない。造られたものをどううまく生かして収益を上げ続けるかの経営力や持続力が問われている。ここに住民とまちづくりのプロが出会う必然性が大いにある。プロは、多少草臥れた街や家の造り直しや、持続・再生に関するマネジメントを新たなビジネスにすればよい。三菱地所が大丸有地区で、三井不動産が日本橋地区で100年以上に渡って続けてきたことを、郊外の住宅地で展開するのである。

したがって、地域事業会社の経営は、ビジネスモデルの転換を遂げた新生ディベロッパーやハウスメーカーなどのプロに委ねることが十分に考えられる。運営には、地域住民を雇用してもらい、地域で仕事を生み出すこともできる。これこそが、エリアマネージメントに他ならない。

ある一つの郊外住宅地を例に取り、その地域にどの程度の経済的なポテンシャルがあるのかを算定してみよう。この住宅地は、約850世帯、人口2500人、2015年現在の高齢化率は40％超である。この数値は地方の中山間地の限界集落と同じである。しかし、決定的に異なる点が一つある。それは、この住宅地の経済的なポテンシャルの高さである。この街を新規に造るために投下された資金の総額は1000億円を超える。宅地規模は平均60坪前後、住宅規模は平均40坪弱で、これらの造成、基盤整備、住宅建設、公共施設整備の総額である。いま、この住宅地に住む人の平均年齢は60歳を超えるが、住民の多くは元ホワイトカラーの勤労者で、厚生年金受給世帯であれば年間のキャッシュフローは一世帯当たり平均300万円、全体では25～30億円である。しかも、多くの世帯は住宅ローンの支払いは完了している。その他に、金融資産が1世帯当たり2500万円として、総額で約200億円のストックがある。

ところが、こうした個々の家に内包された小さな資産を束ねて、自分たちの街で安心して住める環境に造りかえる手立てや先導役がないために、高齢住民の多くは財布の紐を堅く締めている。2500万円の預金では、未亡人が40坪の戸建て住宅から、さらに不便なところにある18㎡のサービス付き高齢者向け住宅か、有料老人ホームに移る選択しかない。最後には空き家が残る。

これではだめだ。小さな資金を集めて大きな資金にし、その住宅地で最後まで住めるような高齢者向けの施設を整えたり、若い世代が入居したいと思えるような魅力的な街になるような再投資がいる。自治体がそれに出資したり、支援する必然性もある。そこに住む人がいなくなり、空き家・空き地ばかりになれば税収がなくなり、自治体は経営自体が立ち行かなくなる。自らの住宅地を少しでもよくしようと立ち上がった人たちやそれを実現できるプロの主体が現れたところに、自治体が応援する必然性は十分にある。

既存の街や建物に対する再投資とエリアマネージメントの推進により、地域価値の向上を図る。そうすれば、そのリターンは、住民にも自治体にも還元される。win-winの可能性は大いにある。これを成し遂げた住宅地は生き残ることができ、次世代に受け渡すことができる。（**図8**）

長寿のゴールの見える化

20世紀の後半に新規開発された郊外住宅地の多くは、いまや「リタイアメントコミュニティ」になりつつある。日本では、ある集落の総人口に対して65歳以上人口が半分以上を占めると「限界集落」と言い、たいへんだ、どうしようと嘆くことになる。ところが、ポジティブ思考のアメリカ人

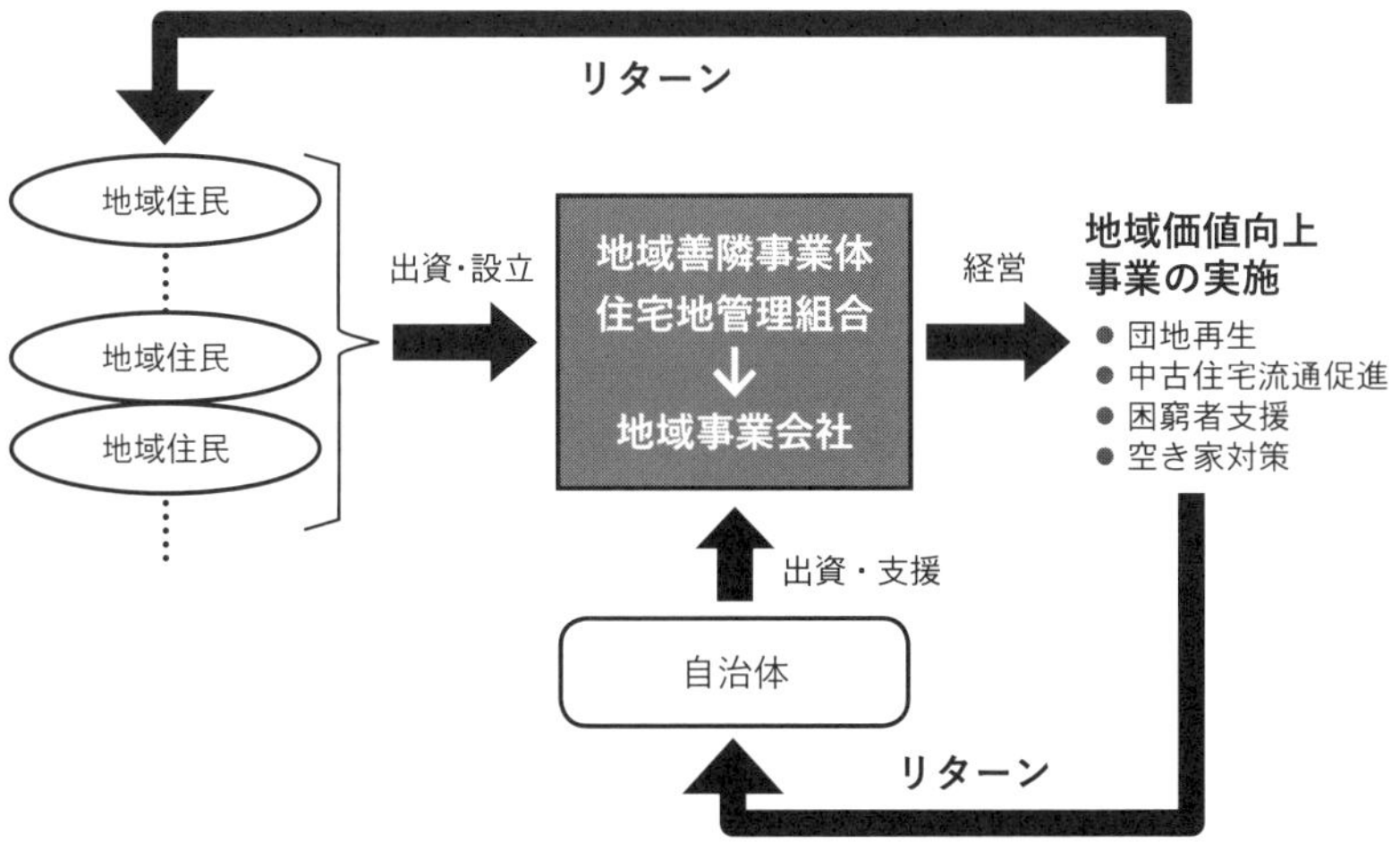

【図8】経年したまち・住まいを「(仮称)地域事業会社」で経営するスキーム

は、同じ現象が起きても「自然発生的なリタイアメントコミュニティ」が誕生したと前向きに捉える。自然発生的なリタイアメントコミュニティは、「Naturally Occurring Retirement Community（通称：NORC）」と言い、そこに住む居住者が自然に加齢し地域が高齢化しているのだから、そのまま自らの住まいあるいは地域に住み続けられるように必要なレクリエーションや生活サポート、介護、看護サービスなどを足していけばよいという発想をとる。

日本の郊外住宅地は、このNORCになれる可能性を十分に秘めている。それと同時に、現居住者の行き着く先―長寿のゴールを目に見えるものにしない限り、そこに住む人たちだけでなく、日本社会全体を覆う「漠然とした不安感」を拭うことができない。この不安感の根源には、あまりにも短期間に長寿化が進んでしまったために、長い老後をどこでどう暮らせばよいのかわからず、お手本がないことがある。

実は、日本の高齢者に対する現行の社会保障の仕組みは、他の国と比べても案外なほど手厚い。1961年に国民皆保険制度が整えられ、医療保険と年金保険の仕組みが整備されている。また、2000年からは介護保険制度が始まり、少なくとも医療と介護については、「共助」といわれる公的保険の仕組みが整っている。38頁の郊外住宅地を例に取れば、5年後に住民の多くが75歳以上の後期高齢者になった状況を想定すると、1㎢に満たない範囲で、1年間の介護保険総費用は約5億円、後期高齢者医療保険総費用は約8億円になる。この金額を負担が大きいとみるか、こんなにも狭い範囲でこれだけの需要があるとみるかで対応が大きく異なってくる。一般的には、高齢者に対する負担の大きさばかりが喧伝されるが、街の再整備の視点でいえば、後者の、需要のポテンシャルがこんなにもあるとみるべきである。その需要に応える高齢者施設やサービスを既存の街に加えればよい。また、もし、この街が本当に100歳以上になっても安心して住み続けられる街であることが証明されれば、そういう街に住みたいというプレシニアや、将来の親の介護に懸念を持つ若い世代が移り住みたいと思うはずである。長い人生の行き着く先が明解で、それが素晴らしいものであれば、その住宅地はあらゆる世代にとって魅力的な街になる。

次世代への継承

郊外住宅地はいまや存亡の危機に直面していることは紛れもない事実であり、その危機感をいっそう高めているのは、次の世代以降の人たちが、はたして郊外居住という選択をするのか。郊外住宅地が、都心居住や街中居住、あるいはタワーマンションに対して競争力を持つのかという点である。

1997年のアジア通貨危機が起きた頃を境にして、日本では結婚した世帯の共働き率が急上昇し、専業主婦世帯のそれを上回っている。現在では、子どものいる世帯であっても夫婦共働きの方が当たり前である。特に母親が仕事を持つ場合、子育てとの両立には職住近接と買い物や交通利便性が第一に求められる。その結果、都心のタワーマンションや、駅近マンションが人気を博している。では、職場から遠く利便性に劣る郊外住宅地を居住の場として選択する人はいるのだろうか。

それに対しては、近未来的には十分あり得るというのが答えである。50歳代前後のバブル世代や40歳代前半の団塊ジュニアの世代は人数としてかなり多い。特に団塊ジュニア世代は、親世代ほどではないが1年間に200万人以上が生まれ、近年の子どもの誕生数の2倍以上である。彼らは、いままさに現役世代であるが、10年後、20年後には退職したり、働き方を変える可能性がかなり高い。そのときの選択肢として、現役時代と同じに都心近くや駅近に住まなければならないとは限らない。郊外の空間と時間が豊かなところで、そのときのライフステージにあった新しい暮らし方や働き方が見つかるはずである。日本の郊外とは、意外なほど海や山に近く自然が豊かである。また、地産地消を実行できる農産物も豊富である。魅力的なゴルフ場やハイキングコースなども多い。引退後にそこに住み替えることによって、お金はかけなくても豊かなシニアライフを送れる。それに加えて、もし、そこで先代が人生の最晩年を恙《つつが》なく過ごせることを実証した先例があれば、なおさら心強い。こうした形で、郊外住宅地がシニア世代の居住地として再評価される可能性がある。

さらに若いミレニアル世代にとっては、郊外住宅地はシェアリングエコノミーの実験場であり、ICTを活用した自由な生活を実現する場となり得る。シェアリングエコノミーとは、地域に潜在化、遊休化している有形無形のものをそれぞれが出し合って、それを上手にマッチングすることによって経済を活性化させることを意味する。相互の信頼性は情報空間のログと公開によって担保される。既成の郊外住宅地は、このシェアリングエコノミーのリアル版を行う場となり得る。前の世代、前の前の世代が切り拓き、築き残していった郊外住宅地や既存住宅を手直しし、共同的に使い、相互に循環させること—即ちシェアすることによって、ミレニアル世代は余分なお金をかけずに、豊かな生活を築ける可能性がある。相互の信頼性は、同じ場所に住み合うというリアルな空間での節度ある関係性によって担保される。一方、ICTの発達は人が働く時間と空間をかぎりなく任意にする方向に働いている。毎日、定時の通勤から開放されたときに、人は居住の場としてどこを選ぶのだろうか。さらに、AIが進化するにつれて、人間は一日3時間労働、週に15時間働けば十分だという説も提示されている。そのときに、都心の生活にこだわり続ける必要は薄れるかもしれない。都心と郊外の二拠点居住、多拠点居住という新しいライフスタイルが生まれるかもしれない。

近未来に、意外にも郊外の「逆転さよならホームラン」があるかもしれない。

5 残された時間は少ない

しかし何度も言うが、郊外住宅地の持続と円滑な次世代継承のために残された時間はあまりにも少ない。2025年には、団塊世代といわれる1948（昭和23）年生まれをピークとする戦後世代が全員75歳以上の後期高齢者になってしまう。大都市では、彼らの多くは郊外に住んでいる。だからその前に、郊外住宅地の諸問題に対処しなければならない。一方、住宅地の側からみれば、開発された順番通りに高齢化→超高齢化が進んでおり、開発後50年目を迎えた住宅地から、次世代への継承が行われるかどうかの結果が出始めている。2025年までの期間はあと7年、月数に換算すると84か月、週数では364週しかない。残された時間は少ない。

このまま何もしなければ、街はぱらぱら、ぐすぐすになっていく。放置された空き家は、ただのゴミになってしまうかもしれない。

20世紀後半の日本の郊外は歴史上もっとも豊かな時代の産物である。それがゴミやクズになっては困る。小規模でも自律・自立できるコミュニティのクラスターを住民主体に形成し、知恵もお金も人材も出し尽くし、プロの知恵や力も借りて、次の未来を切り拓いていくしかない。

第2章

まちの魅力を創り込むのは誰か？

齊藤広子

30～40歳で家を買った人たちが住む、１９７０年代～１９８０年代につくられた郊外の住宅地。第一次所得者の多くは70代。まだまだ元気。

だからこそ、いま、次世代にとって魅力的な住宅地に変えていかないと負の遺産になる。

そのためには住宅、住環境、暮らし、そして住まい手がいままでとは異なる新たなチャレンジをしなければならない。そのための課題を具体的に考える。

世代間移転を円滑に行うための四つの課題

郊外住宅地で、第一世代から第二、第三世代へと世代間移転が円滑に進むには四つの課題があると考える。

一つ目は、住宅そのものが次の世代にうまく住み継がれることである。

二つ目は、住環境が魅力的であり続けることである。つまり、若い世代がそこに住みたくなるだけの魅力がある、そういう住環境に育っていることである。時代がどんどん変化しているため、その時代の変化とともに住環境も変化をしていく必要がある。

三つ目は、郊外の新たな暮らしをつくり出せることである。

四つ目は、世代間の移転がスムーズに進むためには、第一世代の高齢者が、自分の意思で主体的にそこから動くことである。高齢者がひとり暮らしになり、不便でも住み続ける。庭の手入れが行き届かない、2階の雨戸が閉まったまま。そのうち空き家になり……。では、若い世代がなかなか住めない。高齢者自身が自分たちのライフステージ、ライフスタイルのもとで、転居をすることが重要になってくる。

この四つの課題を順にみていこう。

1　住宅が引き継がれるための現状と課題

一つ目は、住宅が引き継がれること。市場で、中古住宅として次の人に購入されることになる。しかし、日本ではなかなか中古住宅の流通が円滑にいかない。実際に家を買った人の10人に9人が、新築住宅を買っている。つまり、中古住宅を買う人は10人に1人しかいない。その理由は、日本の不動産制度にある。

日本の不動産制度の課題

いままで日本の社会は新築重視で、新築に対応する住宅取引制度しか用意してきていない。例えば、新築住宅では、売主である不動産業者に「大事な情報は開示してください」と重要事項説明を宅地建物取引業法で義務付けている。また、予想もしていなかった問題、いわゆる瑕疵《かし》※1があれば、瑕疵担保責任を売主に課している。これは新築住宅取引のときの売主に対する義務であり、こうした制度があることで、買主が守られることになるが、中古住宅の取引では、売主はその住宅所有者、つまり、一般の人、専門家ではないので、こうした義務は売主には課していない。正確には特約で外すことができるため、実際には売主は瑕疵担保責任から逃れるケースが多くなっている。また、買主には情報を収集する義務を課していない。そのため、買主が情報をしっかりと把握すること、そして取引で守られる体制が十分備わっていないことになる。そこで、中古住宅は、取引時には「得体のしれない」ものとなり、買主からみると、不安な商品になってしまう。

実際に、これから住宅を買おうという人に聞いたところ、中古住宅購入が嫌な理由は、「いつまで使えるかわからない」「修繕費がかかる」「価格の妥当性が判断できない」とある。まさに、当たり前の意見である。つまり、買おうと思う住宅の情報がない、保証がない、安心がない中で取引してきたからである。だから、若い人はそういうものを積極的に買ってこなかった。これはわが国の不動産取引制度の問題である。

※1　瑕疵とは、当事者が予想していなかった物理的または法律的な欠陥のこと。民法改正により契約不適合の言葉に置き換わる予定である。本文における「瑕疵」とは、民法改正後の「目的物が種類又は品質に関して契約の内容に適合しない」ことである。

諸外国の不動産取引制度

では、「住宅を買いました」といえば、10人に9人、あるいは8人が中古住宅を買っている国では、中古住宅をどのように取引するのか。

世界的にみると、情報開示型のアメリカ・イギリス・オーストラリアなどと、契約内容確定型のドイツ・フランス・イタリアなどがある。

◆アメリカ

情報開示型では、多数の専門家が取引に関与し、相互の専門家による質の高い情報が生成され、開示される。情報開示型の例として、アメリカでも州により取引体制が異なるため、ここではカリフォルニア州を例に示す。

アメリカをみると、日本では仲介(媒介)といわれる立場で、実際には売主側に立つ不動産業者が関与するだけのケースが多い。この場合、買主には、自分の味方がいないことになる。不動産業者に質問をしても、難しい言葉で説明され、不安が尽きない。しかし、アメリカでは、売主側と買主側にそれぞれに不動産業者がいる。この不動産業者はそれぞれの代理として働く。つまり、買主からみれば、自分のために働いてくれる強い味方をもつことになる。エスクロー会社が契約に必要な書類の整備や権利関係や公的規制などの調査を行う。買主は、買おうと思う住宅がどの程度傷んでいるのか、そのまま使えるのか、修繕が必要か、場合によっては買うことをやめたほうがよいのかを判断するために、自分で建物検査員(インスペクター)に依頼し、建物検査(インスペクション)を実施する。売主は、自らが住宅について知っているすべての情報を開示する責任があり、TDS(Transaction Disclosure Statement：告知書)を買主に不動産業者を通じて渡す。エスクロー会社は、調査の依頼を受けると、権原保険会社に不動産権原保険(Title Insurance)の手続きを依頼する。通常の住宅売買契約では、売主は害虫調査(シロアリ駆除)とその証明書、自然災害情報宣言書や有害物質情報開示書、管理関係の書類や情報、ローン関係書類、固定資産税の支払い、住宅の機器類の保証書や説明書を提示する。なお、取引に関与する不動産業者従業員は全員ブローカーまたはセールスパーソンの資格・免許が必要である。つまり、日本では不動産業者5人に1人の宅地建物取引士を置けばよいので、契約に至るまで、何の資格もない従業員が説明し、案内し、買主からの質問に答え、契約の気持ちを固めるに至ることが許されているが、アメリカでは必ず有資格者が対応することになる。

このように、一人ひとりの専門家が責任を持ち、取引に関与する。ゆえに、取引で確認される情報は多い。しかし、何でも消費者に開示されるわけではない。専門家によって調査され、別の専門家によって確認される。こうして、専門家同士が必要に応じて、専門的な情報を確認し安全で安心取引を実行しているのである。

日本の重要事項説明が、通常の消費者であれば、いつ行われたかの記憶もほとんどないように、形式的に行われることがあるのとは大違いである。

◆イギリス

イギリスでは、売主と買主の間に入る不動産業者は1社である。不動産業者は買いたい人と売りたい人を引き合わせることが役割で、契約にはそれぞれの代理としてソリシター(事務弁護士)が関与する。つまり、ここでも買主側に立って立ち回ってくれる頼りになる専門家が登場する。さらに、イギリスでは、建物検査をビルディングサーベイヤーに依頼する。ビルディングサーベイヤーは、アメリカのインスペクターのように建物検査をし、そのうえで不動産取引の価格を評価する。例えば、「この物件は、まわりの取引事例からみて4000万円ですが、ここところが傷んでいて修繕費が200万円ほどかかるので、3800万円です」という評価である。こうして、価格の妥当性を示すのである。

◆ドイツ・フランス・イタリア

契約内容確定型であるドイツ、フランス、イタリアでは、日本でも多い「言った」「言わない」など、何を契約しているのか不明確なことから生じるトラブルを回避するために、契約内容を明確にし、明文化することで、問題を予防する。この際の情報の確定作業は公証人が実施する。公証人は大学で法律分野を学び、実務経験をもつ法律の専門家である。ここにも、不動産業者以外の専門家が関与しているのである。

つまり、日本では、専門家がいない、情報がない中、性能がわからないままで中古住宅を取引しようとしていたのである。

変わりつつある日本の中古住宅取引制度

さすがに、国も「中古住宅の流通促進」を目指すからに、このままの体制ではいけないと、新たな制度を打ち出している。建物状況調査、住宅履歴情報、安心R住宅などである。

◆建物状況調査（インスペクション）

建物の状況調査を、中古住宅取引では奨励しましょうと、不動産業者の業務を規制する宅地建物取引業法で、不動産業者は、建物状況調査の説明と必要があれば、業者の紹介を行い、そして建物状況調査を実施した場合は、その内容を買主に重要事項説明※2をすることになっている。2018（平成30）年4月から、改正宅地建物取引業法が施行され、中古住宅取引では、上記の対応が求められている。

しかし、残念なことに、中古住宅取引に建物状況調査が義務付けられたわけではない。さらには建物状況調査を行うと、その結果を、買主に伝えなければならないことから、はたして本当に建物状況調査が普及するのかが不安である。売主が、売却後の瑕疵担保責任を明確にするために、進んで建物状況調査をするという美しい姿も想定できるが、中古住宅取引において特約で売主の瑕疵担保責任を免除していることが多いため、建物状況調査を積極的に推し進めるモチベーションとはなりにくい。買主はもちろん自分が購入する建物の性能は知りたいことから、買主が望めば確実に建物状況調査が実施できることが取引上、可能となる体制を構築することである。

※2　住宅購入の契約をする前に住宅購入者がこれを買って本当によいか、しっかりと内容を把握し、判断することが重要になる。そのために、不動産業者は住宅購入契約前に買主に対して、住宅に関する重要な事柄を説明する義務がある。これを「重要事項説明」という。重要事項説明は、宅地または建物を取得しようとする者（売買の場合は買主）または借りようとする者に対して、契約が成立する前に、不動産業者が宅地建物取引士に

よって、書面（重要事項説明書）を交付して行うものである。その際に、説明されるべき内容は法律で決まっている。既存住宅の場合には、新築住宅の場合の項目にプラスして「建物状況調査（インスペクション）の有無と有の場合の結果」「設計図書、点検記録その他の建物の建築及び維持保全の状況に関する書類として住宅履歴情報等の保存状況」を説明することになる。

◆住宅履歴情報

建物状況調査では建物現状がわかるだけである。そのため、その住宅がどのように育ってきたのかを示す住宅履歴情報も必要となる。中古住宅の取引で、その住宅にどのような図面などの住宅履歴情報があるのかを示す取引体制も、２０１８年4月施行の改正宅地建物取引業法のもとで実施されている。住宅履歴情報は、「いえかるて」とも呼ばれ、住宅がどのような状態で生まれてきたか、その後どういうふうに点検し、修繕してきたのか、この情報をしっかり積み重ねていきましょうというものである。これらの情報は通常、住宅所有者自身が持つものであるが、住宅が長持ちする、あるいは引き継がれていくことを考えると、「どこか専門の機関にお預かりしていただいたほうがいいですね」ということで、情報を預かる専門の機関が生まれている。その専門機関の集まりが、住宅履歴情報蓄積・活用推進協議会※3である。当協議会は、住宅履歴情報の普及・促進、情報の蓄積のための具体的な指針の作成、共通ＩＤ番号の配付などを行っている。

住宅が引き継がれるには、その情報も引き継がれることが必要である。しかしながら、情報を確実に保有している住宅は多くはない。また、今回の宅地建物取引業法改正でも、あるかないかを示すだけで、その情報の正確さについては今後の検討となっている。

◆安心R住宅

中古住宅を差別化しようとして生まれたのが、安心R住宅である。前述したように、中古住宅は性能が不明確で、得体のしれないものとなっている。そのため、安心して購入できる中古住宅と、そうでない中古住宅を分けて、取引を進めていきましょうという取り組みである。こちらも2018年4月よりスタートしている。

具体的には、中古住宅の性能に関する「不安」を払拭するために、〈1〉新耐震基準の住宅であること。〈2〉既存住宅売買瑕疵保険に入れるだけの性能を持っていること。中古住宅が持つ「汚い」イメージを払拭するために、〈3〉リフォームが実施されているかまたはリフォーム後が想像できる写真などの情報が提供されていること。さらに、中古住宅が持つ「わからない」イメージを払拭するために、〈4〉新築時の情報、過去の維持管理の履歴情報、保険・保証に関する情報、省エネに関する情報、マンションの場合に管理に関する情報などがあることである。

こうした住宅の要件を満たす住宅を安心R住宅として認定するのは、国や地方自治体ではなく、国に認定を受けた各団体（不動産業者の団体など）である。

※3　当機関は、2010年5月に設立され、53機関が加入。共通IDは807223件に配付している（2018年4月現在）。

住宅が住み継がれるために、必要なこと

住宅が市場で取引され、円滑に引き継がれていくためには、それに対応した体制が必要である。わが国ではその体制づくりがまだ始まったばかりで課題が多い。

アメリカ、フランスでは適正な維持管理が市場で評価されるように、住宅、特にマンションの履歴情報の生成・蓄積・開示を法で義務付けている。日本では、マンションの管理運営の記録は法で管理者責任となっているが、履歴情報の蓄積・開示は義務付けておらず、開示が少ないため、住宅履歴情報開示の蓄積・開示の推進が必要である。

また、新築時の図面が行政に保管され、増改築の情報もストックされ、必要に応じて関係者は閲覧できるという、住宅の維持管理と流通のための行政の情報蓄積体制が日本にはないが、既に民間の市場ベースで始まっている。こうした動きを促進し、買主自らが情報を得ようとする消費者行動の啓発活動の実施、情報開示の促進体制が必要である。

そして、住まいを購入しようとする生活者自身が、住まいに関する情報を収集し、情報を判断し、購入の意思決定をすることがますます重要になる。さらに、消費者がより安心に主体的に住まいを購入できる体制の構築の推進が必要である。

具体的には、以下の点が必要である。

第一に、中古住宅取引における契約内容をより明確にすること。

第二に、中古住宅取引における居住に関する情報の開示を推進すること。

第三に、中古住宅取引における管理情報の開示を推進すること。そのためには住宅所有者自身

の情報の生成・蓄積・開示が必要である。

第四に、住宅履歴情報の登記制度の連携や行政資料の活用スキーム、住宅の情報の一元化を確立すること。

第五に、住宅の価格など、資産価値を消費者が把握できる仕組みと、性能を踏まえた鑑定評価体制を構築すること。

第六に、多様な専門家による連携体制により、重要事項説明の項目をむやみに増やすのではなく、法的な項目は専門家同士が確認し、居住者へは主に居住に関する項目の開示を推進すること。

最後、第七に、上記を推進するために、不動産業者の役割を見直し、全体として直接取引費用が高くならない体制への再編が必要である。

2 住環境が育つための体制の現状と課題

二つ目は住環境が魅力的であり続けること。しかし、1970〜80年代につくられた住宅地・住宅で、空き家・空き地が増加してきている。まちの高齢化、人の高齢化である。空き家や空き地が増え、人々の目が届きにくいまちとなり、防犯性が低下する。人も減り、バスの本数も、買い物の便も悪くなる。40〜50年前につくられた公園。時代に合わない遊具やデザイン。若い人には魅力のないまちとなり、ますます人口減少と高齢化が進む。空き家や空き地が増加し、まちの居住者で助け合いたくても、助けられたい人のほうが多く、手が届かない。なぜそうなったのか。

そもそも初めからそうなるはずだった。これはなるべくしてなったのである。その理由は、①多様な年齢層の居住者がいない。そうしたまちのつくり方・売り方をしてきた。だから、人々が住宅地の中で循環できない。②まちをマネジメントする主体がない。行政も他人の不動産という私権に立ち入れない。民間企業にとっては、儲からない仕事はできない。やりたくない。つくった不動産会社は、分譲後は「手離れよく」を合言葉に去っていく。既成市街地にある自治会や町内会は、そんなことに関与し、まちをマネジメントする力はない。③誰もが住みやすいというユニバーサルデザインという考え方がなかった。用途に関しても、コンビニをつくれないまち、あるいはアパート建設反対と、若者が住める第1ステップの住宅がない。戸建て持ち家しかないまちに、若者がいきなり入るのは難しい。

住環境は、人が大きくなれば、また季節が変われば洋服を変えるように、社会や住んでいる人に合わせて、変化させていかなければならない。しかし、その変化をさせる主体が存在していないことが大きい。

三つのチェンジ

郊外住宅地の再生には、三つのチェンジが必要である。（**図1**）

第一は、人のチェンジで、人が入れ替わることである。人が入れ替わらないと、人々は同じように年をとっていく。つまり、まちの中での不動産の流通の促進が必要である。

第二は、暮らしのチェンジで、新たな暮らし方の実践である。少子高齢化の進行の中で、家族で助け合うことはもちろん重要であるが、地域でも問題に取り組んでいかないと、家族だけで問題を解決するには限界がある。そして、働き方として、①職場が在宅か、遠くまで通勤するのかではなく、住宅地内、徒歩圏内の場で働けること。また②働き方もボランティアかビジネスかという二者択一ではなく、ボラビジ的な働き方など、暮らし方自体を変えていかなければならない。

そのために、第三に、空間のチェンジである。コンビニは？若者が住むアパートは？借家は？仕事の場は？といったものは、高度経済成長期の郊外住宅地ではすべて禁止され、存在できなかった。はたしてそれでよいのか。みんなが集まれる場として公園や集会室がもっと身近に魅力的なものでないと使えない。そこで、空間のマネジメントとして地域の施設などの再生、用途の見直しから用途のマネジメント、サービス、職、新たな価値観、ライフスタイルの提供を可能にする空間、そして空き家・空き地の予防・利活用と流通、地域の魅力アップが必要となっている。（**図2**）

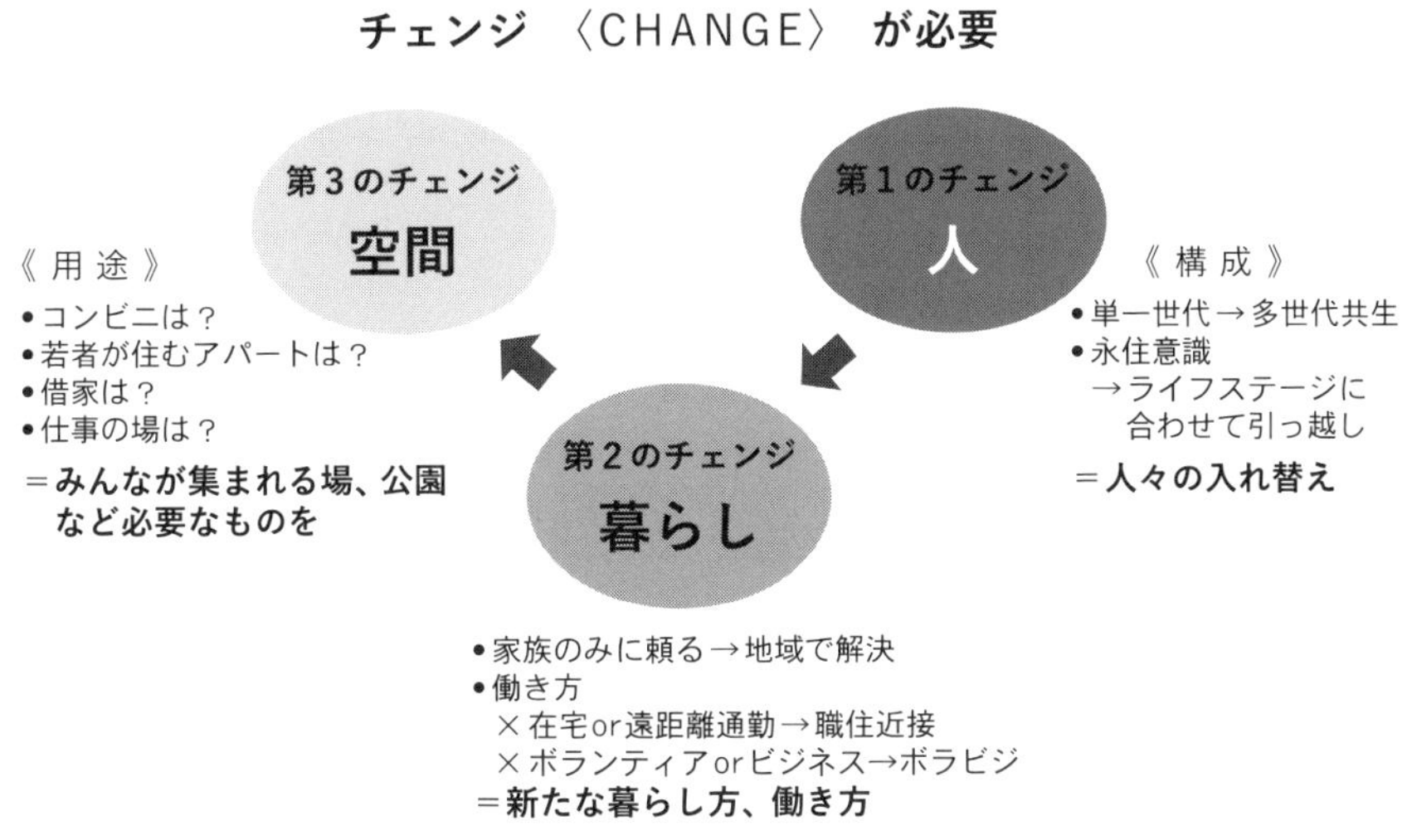
チェンジ〈CHANGE〉が必要
第3のチェンジ
空間
第1のチェンジ
人
第2のチェンジ
暮らし
《用途》
•コンビニは？
•若者が住むアパートは？
•借家は？
•仕事の場は？
＝みんなが集まれる場、公園など必要なものを
《構成》
•単一世代→多世代共生
•永住意識
→ライフステージに合わせて引っ越し
＝人々の入れ替え
•家族のみに頼る→地域で解決
•働き方
×在宅or遠距離通勤→職住近接
×ボランティアorビジネス→ボラビジ
＝新たな暮らし方、働き方

【図１】郊外住宅地の再生に必要な三つのチェンジ〈CHANGE〉

では、誰がこの三つのチェンジを担っていくのか。

市場に全部任せる、あるいは行政に全部任せるのは現実的ではないし、非効率である。地域が求めるサービスを、地域が提供する。そこに新たな職、そして暮らし方が必要ではないか。空き家・空き地問題に関しても、それを予防、利活用、流通して、地域の魅力アップをしていく、こういったことが求められている。地域によって求められることが違い、またいま求められることと、5年後、10年後に求められることが違うので、いま、ここで必要なものを、地域ごとに考える必要がある。

魅力的な空間にし続けて、人をしっかり循環させながら、その新しい住まい方を提案する。それは、従来は、個人が行政に交渉する、あるいは市場、マーケッ

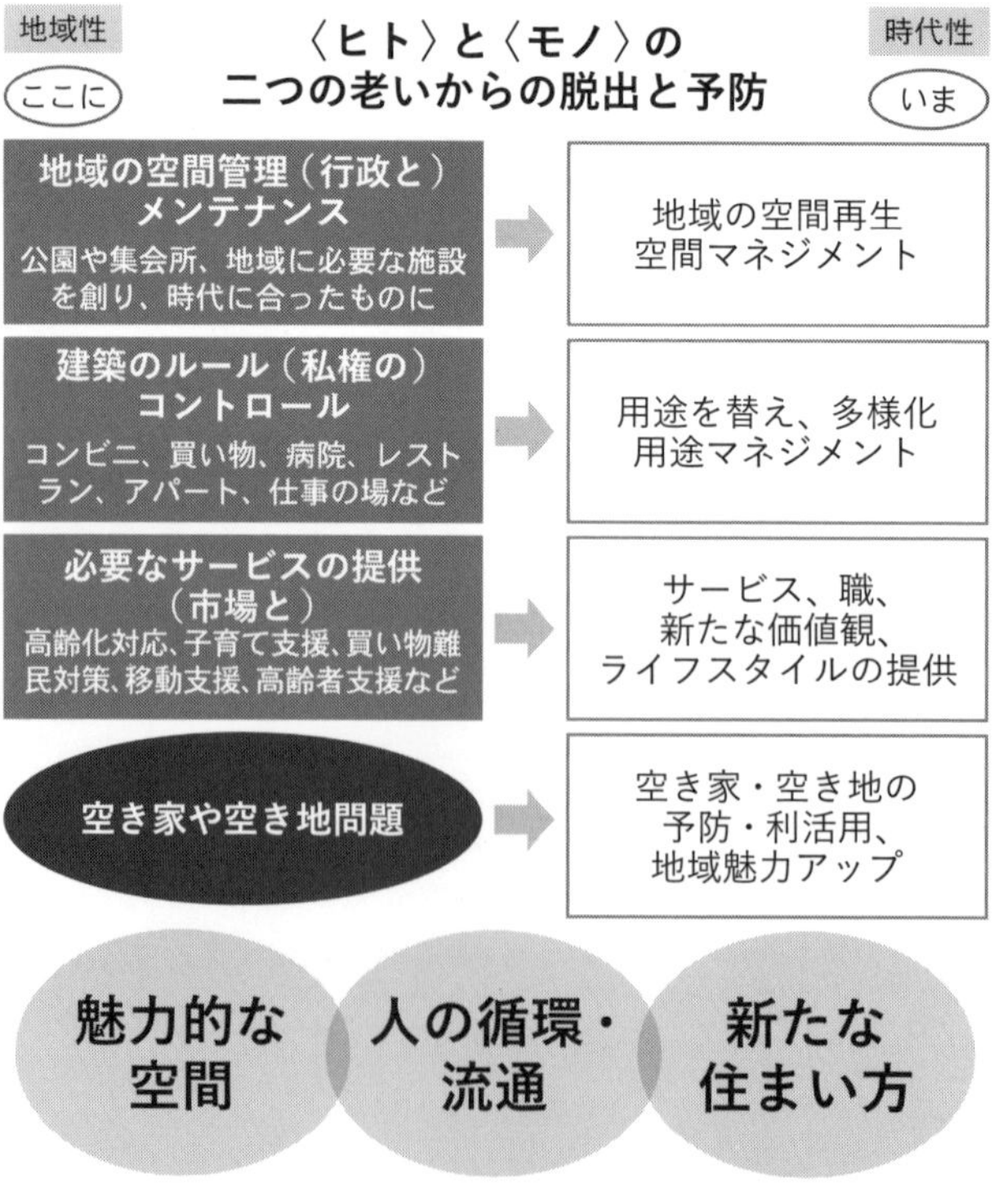

【図２】郊外住宅地の再生に必要な機能

トでお金を出してものを買う、〈個人―行政―市場〉の体制から、その真ん中に「地域」が入り、地域がキーになって連携する体制が必要である。**（図3）**

地域が主体になり、管理からマネジメントへ

住宅地には管理からマネジメントが必要である。管理は原状維持である。しかし、原状維持ではだめで、時代とともに変えていかなければならない。「メンテナンスを含めた管理」を、「戦略をもって経営」する、そして「ガバナンスして統治」と、三つの意味を含んだ、マネジメントが必要である。

◆6＋3のマネジメント力

その実践には、「6＋3のマネジメント力」が必要である。**（表1）**

第一に、みんなでこのまちをどう変えていくかの合意をとる。そして決定をする。決定したことに、「あれはあの人が決めて、私は反対したから関係ない」と言われたら、まちは変わ

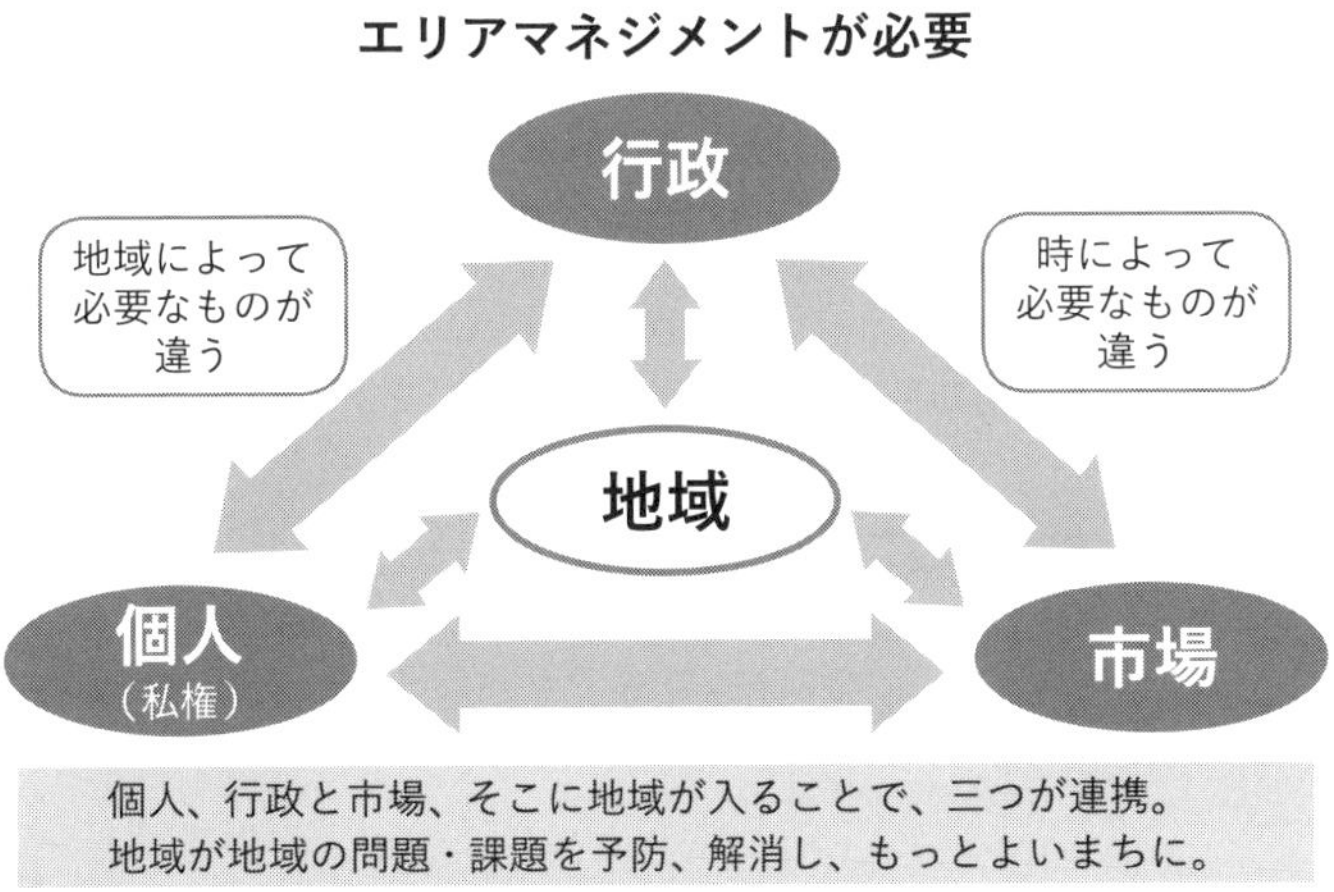
エリアマネジメントが必要
行政
地域によって
必要なものが
違う
時によって
必要なものが
違う
地域
個人
（私権）
市場
個人、行政と市場、そこに地域が入ることで、三つが連携。
地域が地域の問題・課題を予防、解消し、もっとよいまちに。

【図3】住宅地再生に必要な体制

らないため、決まったことに従ってもらう力がいる。地域全体の合意形成力である。

第二に、全体の利益のために、個々の財産権をある程度コントロールする力である。ひどい空き家や空き地があれば、「これは、もう地域で使わせてもらいますよ」ぐらいの強い強制力も時には必要ではないか。

第三は、地域で活動するためには費用が要るから、地域が賦課権を持つ。あるいは活動を維持するための資金の確保、経営能力を持つ。

第四は、不動産を通じたまちづくりの実践のための不動産などの財産保有力である。種地がないとなかなか不動産を動かせない。

第五は、行政とのネゴシエーション能力である。地域として行政としっかり交渉する。そのためには私個人の意見ではない、地域としてまとまった意見を持つことである。行政と交渉する。行政もその方が対応しやすい。

第六は、専門力である。組織の会計や合意形成

【表１】求められる「６＋３の力」

求められる力／組織	6の力								3の力		
	地域全体の合意形成力		私権コントロール力		経営力・賦課力	財産保有力	行政とのネゴ力	専門力	空間を変えるチェンジ力	人を変える流通促進力	職・文化・価値の提供力
	意見の反映	決定を拘束	建築の制限	管理を強制							
管理組合法人	○	○	○	△	○	○	×	×	△	△	△
管理組合	○	○	○	△	○	×	×	×	×	×	△
自治会・町内会	△	×	×	×	×	×	△	×	×	×	×
協定委員会	△	△	△	×	△	×	×	×	×	×	×
ＮＰＯ	×	×	×	×	○	○	×	×	△	△	○
専門会社	×	×	×	×	○	○	×	○	○	△	○
比較：アメリカＨＯＡ＋会社	○	○	○	○	○ 賦課	○	○	○ 会社	○	○ 会社	△
比較：レッチワース財団	○	△ 部分	○	○	○ 収益	○	○	○	○	△	○

○＝あり　△＝部分的にあり　×＝なし

の法律的な専門知識、私権をコントロールするための法律や景観、建築、ランドスケープなどの専門的な知識と技術が必要である。

さらに三つの力を追記したい。①空間を変えるチェンジ力、②人を変えるため、既存住宅地内の不動産を適正に流動させ、利用や利用者の循環を起こす流通促進力、③職・文化・価値を提供する力である。

既存の組織の可能性は?

既成市街地には、残念ながら求められる6＋3の力すべてを備えている組織がない(表1参照)。マンションでも戸建て住宅地でも管理組合法人※4がある場合は「合意形成力」「私権コントロール力」「賦課力」「財産保有力」の四つの力はあり、管理組合でも「財産保有力」はないが先の三つの力はある。しかし、戸建て住宅地では、管理組合の設立は、開発段階から設定されている必要があり、既存住宅地への導入は難しい。自治会や町内会では上記のマネジメント能力をほとんど持ち合わせていない。建築協定などの委員会では、地域全体を包括している場合には合意形成や建築にかかわる私権のコントロール権はあるが、活動内容に制限がある。財産保有や行政とのネゴシエーション能力はない。NPOは多様な取り組みが可能であるが、多くはコミュニティビジネスを主とし、限定した機能である。また、専門会社が地域にそうした権限を持つスキームは、わが国では用意されていない。

※4　日本では、マンションなどの区分所有建物では、管理を行う団体としての管理組合は、生まれた状態では法人格がない。不動産の所有などのためには、集会で3／4以上の多数の合意を得て、法人にする必要がある。法人にするには登記が必要となる。

諸外国の事例

地域でマネジメントとする事例として、アメリカとイギリスの事例をみていきたい。

◆アメリカのHOA型（図4）

アメリカでは、1960年代から道路や公園、プール、人工の池やビーチなどを行政に移管せず、住民が所有する方法で行政の財政負担を下げ、地域や消費者にとっては魅力的な住宅地の開発が増加傾向にある。こうした住宅地（一般的にこれらをCID（Common Interest Development）と呼ぶ）では、住宅所有者全員によるHOA(Home Owners Association：管理組合)が組織される。HOAは、プールや公園、テニスコートや湖、ゴルフコース、グリーンスペースなどの豊かなコモンスペースの所有と管理という【財産保有力とチェンジ力】と、各住宅の修繕や増改築・建替えのコントロールといった【私権コントロール力】を主とし、レクリエーションの提供（【職・文化・価値提供力】）による他の住宅地との差別化と、行政との住環境の管理上の役割分担の協議【行政とのネゴ力】を行う。

アメリカ
ラドバーン住宅地

車の道

豊かなコモン

ラドバーン方式
が生まれたまち

アメリカのHOA（Home Owners Association）によるマネジメントとは？

	住民主体　管理
機能	•プールやビーチなどそのまちの魅力を保有：**財産保有力** •空間を再生する**チェンジ力** •建築などの規制：**私権コントロール力** •レジャーの提供など、**部分的に価値・文化提供力** •行政との協議のための**ネゴ力**
組織構成員	•住宅所有者
運営の仕方	•総会で方針決定 •理事会が執行機関
組織図 地域全体の**合意形成力** 管理会社に業務を委託し、**専門力 流通推進力**	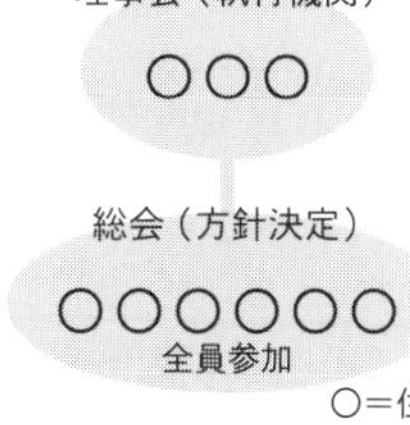
費用負担	•組織構成員が費用負担 •管理費を負担：**経営力・賦課力**
組織法的根拠	•州法、宣言・規約などに基づく
課題	•住民の合意形成が困難など

◆住民が住民のために、
住民によるまちづくり

◆住民主体・行政支援型

私権コントロール力はあり、流通促進力は主に管理会社。

価値や文化の提供はあるが、仕事の提供はほとんどなし。

【図４】HOAによる住環境のマネジメント

ＣＩＤおよびそれを管理するＨＯＡは、州法をもとに成立し、宣言や規約や建築ルールに基づいて運営する。組織の構成員は、全住宅所有者で、住宅地が大きい場合や混合住宅地の場合には空間に合わせ段階構成とする。方針決定は所有者全員による総会で1戸1票（または財産に応じるかは宣言で決める）の投票で決まる（【合意形成能力】）。理事が選ばれ、理事会が執行機関となる。専門的な知識や技術が必要な場合には、管理会社や管理員（マネージャー）を雇用する（【専門力】）。組織運営や管理のための費用は不動産所有者（主に住宅所有者）が負担する（【賦課力】）。

行政とＨＯＡと個人の管理の役割分担は、道は所有がＨＯＡか行政かにかかわらず、埋設管のメンテナンスなどは行政の責任である。個々の住宅の修繕・増改築には景観に影響を与えることから、宣言、契約、規約をもとに、不動産の利用をコントロールをする権限をＨＯＡが持つ。ゆえに、居住者は勝手に修繕や建替えなどができない。ＨＯＡが提供するレクレーションは住宅地の価値を決める一つとなっている。

なお、ＨＯＡを支援する管理会社が専門知識を持ち（【専門力】）、流通を促進する（【流通促進力】）事例が多い。

ＨＯＡのように住民が主体となり、自らのまちの価値を上げていく仕組みは、１９２９年につくられたラドバーン住宅地で既に採用されている。

◆イギリスの専門会社型（図5）

イギリスでも多様な住環境マネジメントの実践があるが、ここでは特徴的なレッチワースガー

イギリス、レッチワース財団によるマネジメントとは？

	専門会社　地主　マネジメント
機能	•魅力の保有　**財産保有力** •空間の更新・再生機能・再生（再生は財団所有の土地を利用）**チェンジ力** **•行政とのネゴ力** •土地利用機能　**私権コントロール力** •地域サービス提供　**職・文化・価値提供力**
組織構成員	専門会社（財団）職員、行政、住民
運営の仕方	•理事会に住民を入れて、意見反映。理事会で方針決定。 •年４回の全住民（3.5万人）に向けた集会。 •年１回全住民に向け会計・事業報告など
組織図 **合意形成力** **専門力**	理事会（執行機関） ●○● 代表参加　代表の仕方が細かく決まっている ○○○○○○　住民 ○＝住宅所有者 ●＝専門家（行政）・専門会社（財団）職員
費用負担 **経営力**	•専門会社が不動産運用の収益で運営。 •住民からの管理費なし。７割が不動産収入。
組織のコントロール権	•法・カベナント（約束事）・管理規制に基づく

◆そこで仕事をする財団が住民の意向を踏まえながら、まちの価値を上げる取り組みをする。

◆そのことにより、まちの魅力が上がり、収入が増える。産・官・住民連携型。

私権コントロール力はカベナントで可能。

流通力は基本は市場。

価値や文化、仕事の提供あり。

【図５】レッチワースの住宅地とマネジメントシステム

デンシティの方法に注目する。レッチワースでは1905年から入居が始まり、ハワードの田園都市構想に基づき、土地を切り売りするのではなく、リースホールドでまちがつくられてきた。その土地を所有する（【財産保有力】）のが、当初は田園都市株式会社、公社、そして1995年からはレッチワースガーデンシティヘリテージ財団である。5500エーカーの土地（当初3818エーカーから拡大）の45%が居住用に利用され、1万4000世帯、3万3000人が居住し、戸建て住宅、2戸1住宅、長屋建て、共同住宅がある。財団は農場、映画館、病院などを所有・経営する。

財団が、豊かな共用施設を所有、管理（【財産保有力・チェンジ力】）し、その延長として公共空間の開発や維持管理を行政と協議をして行い（【行政とのネゴ力】）、各住宅の修繕や増改築・建替えをデザインガイダンスに基づいてコントロールといった【私権コントロール力】、修繕実施の際の補助金の提供、レクレーションの提供や地元居住者活動（クラブ活動やサークル活動）への補助、病院経営やそこまでのコミュニティバスの運営、映画館などの提供（【職・文化・価値提供力】）などを行う。そもそも、まちの中で住み、働くことを前提にしたまちであるから、職もある。まちの開発・再生を行う【チェンジ力】が大きい。その経済的基盤として、組織が不動産を所有・経営していることがある（【経営力】）。財団は住宅地の居住者や地域の不動産所有者から管理費を徴集せず、主な活動のための収入は保有不動産の賃貸料で、収入全体の約7割を占めている。そこで専任のスタッフや専門家の雇用が可能となり（【専門力】）、活動範囲は行政や地域住民個人では解決困難な問題の予防・解決に向けて広がり、多様な取り組みが行われている。

組織の方針決定は、理事会（運営委員会）が中心に行う（【合意形成力】）。理事は、専門会社のスタッフと居住者代表、地元行政で構成される。住民の意向を踏まえた組織運営をするために、住民代表選出方法を細かく規定し、さらに全居住者に対する集会を開き、年次決算と予算の報告を行う。

なお、レッチワース財団が行政との協働の権限を持つことは、ヘリテージ財産法（1995年）で位置付けられ（【行政とのネゴ力】）、また個々の不動産利用のコントロールに権限があるのは、地主として住宅所有者との借地契約の中で、カベナント（約束事）を守ることが位置付けられているからである。ゆえに、既成市街地での後付けはできない仕組みである。

なお、流通促進力は、魅力を高めるものが主であり、具体的な流通を取り扱うことはない。

住環境が魅力的であり続けるためには、6＋3の力を持つ、住環境をマネジメントする主体、それを中心としたシステムが必要である。アメリカやイギリスの事例では、開発時からの設定になっている。ゆえに、日本でも開発時からの設定を当たり前にする体制とともに、既成市街地にも導入できる仕組みが必要である。

3　郊外の新たな暮らしを創り出すための現状と課題

三つ目は郊外に新たな暮らしを創り出すこと。アメリカのHOAのある住宅地やレッチワースの魅力は、そこでの暮らしである。魅力となる共用施設やレジャーなど、そこに住めばどんな楽しみが得られるかが大きな住宅地の魅力となっている。
こうした暮らしの魅力、仕事の創出にチャレンジしながら住宅地をマネジメントしている事例をマンション、戸建て住宅地でみていきたい。

マンションでの取り組み

◆管理会社マネジメント型

築約40年、横浜市にある約6000戸のWマンション。最寄り駅からバスでアクセス。本来であれば、立地に恵まれず、空き家問題に悩まされそうであるが、空き家率は高くない。若い世代、マンションで生まれ育った2代目が帰ってきているからである。

当マンションは中心センター街にスーパーや商店がある。そのまわりには賃貸住宅棟があるが、多くは分譲住宅棟である。センター街には、八百屋さんやまちの電気屋さん、飲食店、子育て支援施設や高齢者用の施設もある。さらに、住民が運営しているコミュニティダイニングがある。この店には、栄養バランスの良いランチがあり、高齢の夫婦、子育て世代など多世代で利用される。管理会社が、店舗所有者である開発事業者の協力を得て、マンション住民のボランティアを募集し運営してもらっている。当初に入った民間の経営者は、採算が合わず撤退したが、いまは「こんな店がほしい」と、高齢者グループや、子育てから少し手が離れて、余裕が出てきたママさんグループが運営している。子育て世代が安心して住めるように、「子育て応援スペース」も運営し、約

200名が登録している。2代目が、友人たちに「生まれ育ったマンションに返ってこよう」旨の情報をSNSなどで発信している。

マンション内の転居もあり、高齢になったらセンター街に近い賃貸住宅棟に転居、あるいは賃貸住宅棟に転居してきた若い世代が分譲棟を購入している。

こうした住民の活動をサポートするのに重要な役割を果たしているのが管理会社である。6000戸規模の管理を行うため、現地に専門の管理会社があり、スタッフが常駐し、不動産の売買や賃貸も行っている。管理会社の仕事は、①分譲マンションの管理、賃貸住宅の管理、駐車場（開発事業者保有）の管理、②不動産の売買・賃貸借の仲介、③リフォームの工事、④開発事業者所有の商店街の運営、⑤コミュニティダイニングやオフィイスの運営などを行っている。管理会社が商店街の店舗の業種や運営を、賃貸料の設定などを通じて、来てほしい業種を呼び込む、あるいは残っていてほしい業種を支援するなどで、活気のある商店街を維持している。その他に、⑥訪問介護ステーションの支援、⑦住民のイベントの協力、⑧団地内の各所から中心商店街への無料バスの運行（80年間運営予定）、⑨マンションの情報誌の発行、⑩生活支援サービスがある。

生活支援サービスは2008年から開始しており、毎日の「困った！」を電話一本で迅速対応するために、現在会員数は約200人。入会金1000円、年間維持費4000円で、多種なサービスを提供している。（**表2**）　また多様な施設やサークルや講座があり、ここに住めばさまざまな楽しみが得られるという価値がある。

管理組合の主体性を、そして地域の多様な組織をつなぐプラットフォームが、専門家としてサポートする管理会社の高い経営能力により支援する。マンションの管理組合と管理会社が力を合わせたことで、6＋3の力を備えたことになる。

◆管理組合マネジメント型

京都市にあるDマンションは、築約40年、約200戸の分譲マンションである。理事を少数精鋭にしながらも、組合員の約半数を評議員や参与などの役員の構成メンバーとして組合運営に参加を促す。「少しでも時代の流れに合わせ、時代の流れを先読みし、新たな魅力を付加するといった将来を見据える」ことを大切にし、専門家や業者任せにせず、管理員、清掃員はマンション住民から直接雇用している。こうした住民の雇用はマンション住民の昼間のマンション常駐率を高め、ローテーションで勤めることができる職であるため、高齢者を介護する人の職の支援にもなる。

効率的な管理組合運営や質の高いマンションを目指し、マスタープランを作成し、エコ・省エネ対策として、共用部分の電気代を削減、高圧一括受電、共用灯のLED化、住戸ガラスの断熱化、外断熱、太陽光発電設備の導入を行っている。特に、注目すべきは隣地の購入である。

京都市では景観条例ができたことから、多くのマンションが高さ

【表2】Wマンションの生活支援サービス

Ⅰ．お手伝いサービス 照明器具管球の取り替え、家具の移動・処分の搬出 高所清掃、水廻り漏水点検 テレビ・レコーダーなどの配線 宅配便など配達物の受け取り・預かり 玄関鍵お預かりサービス 空家管理サービス、留守宅点検立ち会いサービス 水廻りトラブル対応
Ⅱ．修繕サポートサービス 水廻りトラブル、ガラストラブル、建具トラブル 電気トラブル、住戸内修繕全般 ☆ワンストップサービス

制限を受け、既存不適格となった。いつかは迎える建替えも考慮し、隣接地取得等検討会を設置し、建替えに備えての特別会計として環境整備特別会計を、管理規約を改正し整備している。これは、いままで修繕積立金に充当されていた駐車場収入を、「いまの区分所有者が修繕積立金を安くするために消費するのではなく、共有地から生じる収益を共有の建物の再建築費に充当して将来に備え、現金で残すよりも隣地を買収し、現物で将来に承継する」というものである。具体的には隣接するスーパーの店舗の建物と土地を購入し、コミュニティホールに改装を行い、ゲストルーム「子供絵本文庫」やマージャン室を開設している。こうして道路面に接した隣接地を購入することで、土地を広くし、形状をよくすることで、効率的な建替えにつながる可能性を高めた。土地を購入し、本来あるべき共用施設を整備し、それが建替え時に転用できる含み財産となる。基本は自己資金であるが、足りないときは組合員を対象に環境整備債を管理組合が発行し、資金確保もできる仕組みも整備されている。会計を、管理費、修繕積立金、保険、そして環境整備のための費用と四つに分ける。管理費は清算し、余れば全員に返却している。こうした他のマンションとは違う運営をし、マンション独自で中古住宅の売買時に管理の情報を提供するようにしている。

若い世代が中古住宅として購入して入居することを期待し、「子供絵本文庫」の設立に合わせ、幼児同乗シート付自転車優先区画の整備を行っている。日曜日にはコミュニティホールの1階を喫茶室に、また、管理組合はコミュニティ委員会に、集会所の運営、管理組合主催のイベントの企画運営、用品レンタル、文化・厚生活動、サークル運営として助成をしている。その他、修繕委員会などがある。

コミュニティホール以外にも、管理組合所有の物件があり、それを店舗に賃貸し、家賃収入を得ている。将来的には、グループホームをマンション内に持ちたいと考えており、そのために管理組合がリバースモーゲージをしたいと考えている。

本マンションは、「不動産の価値は管理組合の関与によって変えられる」とし、どんな場合も専門家に頼るのではなく、自分たちが区分所有者に説明することを大切にし、まさにマネジメントをしているマンションである。

マンションの管理組合が、自ら学び専門力を付け、行政と連携、地元の不動産業者と協力し、6＋3の力を関係者と連携を取りながら、実現している例である。

既成住宅地での取り組み

マンションでは管理組合が主体となり、マンションを経営し、価値を上げることが行われている。それは、そもそも全員参加の組織が存在し、総会で方針決定を行い、ルールや賦課権を持ち、専門家支援がある体制が備わっているからである。だからといってすべてのマンションで経営まで発展しているわけではない。

一方、戸建て住宅地の場合は、新規開発であれば開発時に、管理組合および管理組合法人を設定することが可能である。しかし、既成市街地ではそれは難しい。たとえ全員合意であっても、他の人の財産権を制限できるのかは大きな問題である。その中で、戸建て住宅地ではどのような取り組みが行われているのか。

◆NPOマネジメント型

鎌倉市にあるI住宅地は、1960年に開発され、入居開始から50年以上経過した、約100haの計画的な戸建て住宅地である。最寄りの駅から徒歩で約15～20分かかるが、異なる駅からバスでのアクセスも可能である。約2000世帯、約5000人が住む住宅地である。第1種低層住居専用地域、第1種中高層専用地域で、住民協定がある。

住民の高齢化がだんだん進行し、空き家などが目立ってきた。2011年より、町内会、鎌倉市、地元の大学、民間企業の4者で協定を結び、プロジェクト活動を始めた。2013（平成25）年2月、「長寿社会のまちづくりについての共同研究プロジェクトに関する覚書」を上記4者で締結し、I住宅地をモデルに、郊外型分譲地再生モデルの構築に向け研究を開始した。

町内会（NPO設立後はNPOが実施している）では5人ほどで空き家実態を調査してきた。住宅地内を歩いて一軒ずつ調べる。毎年6月に実施し、2016年の調査では、空き家96件（4・6%）、空き地50件（2・4%）であった（2100戸を対象。空き家・空き地率は7・0%）。

空き家かどうか判断するのは地元の町内会でもかなり難しい。隣近所に聞き、所有者を確認する必要もあるため、時間がかかる（2～3か月）。登記を確認し、空き家の所有者に空き家利活用の意向のアンケート票を送る。アンケート票の回収率は38%であった。空き家の利活用の中で、「貸す」への意向は大変低い。2013年調査では113軒の空き家のうち、2軒が「賃貸にしてもよい」との回答があった。そこで、そのうちの1軒を使い、まちのサロンをつくった。空き家を利活用するには周辺住民に受け入れられるものにしなければならないと考えたからである。

空き家の調査などを町内会で行っていたが、町内会で活動するのは限界があると考えた。その理由の第一に、人的継続性に問題があった。町内会では役員が1年任期のため、継続した取り組みができない。第二に、財政面を強化する必要があった。町会費は３６００円／戸・年であり、これは町内会を維持するぎりぎりの額である。新しい活動を進めるには、活動に参加する会員からの会費と合わせて、補助金や寄付の受け皿が必要と考えた。第三に、鎌倉市内に多い50年前に開発された団地に対して、アドバイスできる体制、モデルとなる取り組みとなるには力不足だったからである。

そこで、町内会をベースに有志でＮＰＯを立ち上げた。正会員61名、地元のリフォーム会社など団体正会員4社、個人賛助会員93名、団体賛助会員3社（２０１６年8月現在）で、正会員の年会費は２０００円、賛助会員は１０００円である。

こうして、〈1〉いつまでも住み続けたいまち、〈2〉安心・安全をサポートし合うまち、〈3〉多世代が交流し活気のあるまち、〈4〉緑豊かな環境をいつまでも保つまちの理念のもと、空き家バンクの運営、空き地を利用した菜園、個人宅地内の使っていない駐車場の貸し借り、空き家・空き地の草刈り、環境整備、コミュニティサロンの運営を行っている。（**表3**）

【表3】Ｉ住宅地のＮＰＯによる活動

1．空き家バンクの運営
2．空き家を利用したコミュニティサロンの運営
3．遊休駐車場の活用（使っていない駐車スペースの運営）
4．空き地を利用した菜園の運営
5．空き家・空き地の草刈りや枝払いなどの整備保全活動
6．お手伝いネットワーク活動（休止中）
7．ＩＣＴ利用による各種サービスの開発
8．近隣住民参加型のマルシェの運営
9．人材バンクの運営
10．各種イベントの企画運営（文化祭、フェスタなど）

地域による空き家の所有者の特定や意向調査は難しい。市とは協定を締結したが、特に空き家の所有者や連絡先を教えてくれるわけではない。しかし、こうした堅実な活動により、空き家と空き地の数が、最近5年間減少をしている。空き地を使った菜園講習会、文化祭、健康ウォークなどを検討し、今後は住宅地内で医療や介護を受けられるように、地元企業と連携をし、より高齢者が住みやすいまちにしたいとの意向である。

NPOは、空き家を活用したサロンと賃貸住宅を経営し、高齢者のみならず、まちに若い世代を呼び入れる努力をしている。活用した空き家は築約40年の2世帯住宅で、所有者からNPOが借り、1階をコミュニティサロン、2階を若い世代に貸している。そもそも、3年ほど空き家であった。NPOからの働きかけで、所有者は、「空き家を地域に資する使い方にしてほしい」と希望し、賃料は「固定資産税程度もらえればよい」とのことであった。そこで、NPOが住宅一軒を丸ごと借り上げ、民間企業等の協力で、リフォームを実施した。工事代金はすべて寄付によって賄われており、所有者もNPOも負担はしていない。ただしNPOはカーテンや照明など一部備品を購入している。2階を賃貸住宅として貸している収入はNPOにとって重要な収益となっている。また、きれいな庭があったためその庭をできるだけ活用したいと考え、NPOは庭の竹垣を手作りし、日常的にも庭の手入れをしている。1階のコミュニティスペースは時間貸しが可能であり、毎週水曜～土曜、13～16時はカフェを開き、飲み物の提供（有料）をしている。

本事例では当初、市のサポートを得ながら、かつ民間企業や大学の支援を得ながら地域住民が主体となり、活動を行っている。空き家をマネジメントするには、不動産を持つあるいは賃貸できる主体となること、費用徴収と柔軟な費用の使途が可能となる体制が求められている。ここには、合意形成能力、私権コントロール力はないが、自治会と連携することと、また協定運営委員会と連携することで、一定の力は可能となる。NPOとなることで、専門家との支援体制を強化し、一方では自治会がベースとなったNPOであることから、行政との連携も強化している。私有地を中心に、空間を変える「チェンジ力」を持ち、空き不動産の有効活用に寄与し、新たな職や楽しみを提示している。

郊外の新たな暮らしの実現に必要なこと

郊外の新たな暮らしの実現のカギは、地元である。地元が必要なニーズを把握し、発意し、運営する。郊外しかできない暮らし方の提案もそうである。しかし、それを町内会や自治会だけでは難しい。ゆえに、地元をベースにした新たなプラットフォームが必要である。

4 高齢者が自分の意思で転居することの現状と課題

四つ目は高齢者自らが自分の意思で転居すること。郊外の戸建て住宅では、築年数が経つほど、「広い住宅で管理が大変」「庭の手入れが大変」「買い物に行くのも大変なの。坂を上がらないといけないし……」という高齢者からの声は多い。

そこで、高齢者自身が自分の意思で立地の良いところに転居する。その住宅に若い世代に入ることで、地域の高齢化を防ぐ試みを、千葉県流山市で行っている。流山市は、つくばエクスプレス（TX）が通り、都心へのアクセスがよくなったこと、「母になるなら流山」「父になるなら流山」という広報を積極的に打ち出し、人口、特に若い世代の人口増加が進んでいる。TX沿線には人口・若い人が増え、一方で、昔からの郊外戸建て住宅地には若い人が入らず、高齢化、空き家・空き地が進み、二極化がより進んでいる。若い子育て世代が増加する町丁と、人口が減少し、高齢化が進む町丁である。

そこで、流山市では高齢者が住み慣れた市内に住み続けられ、かつ町丁レベルでの人口構成のバランスを考え、計画的な戸建て住宅地で長年住んできた高齢者が安心して市内の立地が良いマンションなどに住み替えができるように、また高齢者が住んでいた住宅に若い世代の入居を促進することで地域の活性化への寄与にもつながるように、2014年12月に「流山市高齢者住替え支援要綱」を制定し、2015年1月から講演会・相談会（以下、相談会）を市が民間企業などと協力し実施している。こうした仕組みの狙いの一つに、ローカル不動産業者を応援することもある。地域に根差し、地域で昔から活動している不動産業者がいなくなると、地域のさまざまな担い手が減ることになる。しかし、ローカル不動産業者の多くは、リフォームの提案などを積極的にできない場合が多い。ゆえに、行政が市民に対して「安心」というプラットフォームを用意し、1社では多様な対応できない業者をチームとすることで、市民に住宅売買や賃貸借・建物診断・リフォーム工事などを、ワンストップで提供する仕組みである。具体的には、以下のようになる。

❶地元の不動産業者と建築事務所と工務店がチームとなり、住み替え支援する専門家チームと

して市に登録する。

❷市は住み替えを検討している高齢者と若い世代を対象に、住み替えの講演会および相談会を実施する。

❸高齢者と若い世代はチームに住み替え相談を行い、相談終了後に、市の職員が相談者に継続相談の希望を確認する。

❹継続相談希望者には、チームが連絡をし、住まいの売買・賃貸借、リフォーム計画の提示や改修工事の実施を業として行う。チームは、業務進捗状況を定期的に市に報告する。必要に応じて住み替え住宅バンクに登録をする。

相談会や講演会は、高齢化が進行した戸建て住宅地で主として行う。なお、本スキームには補助金などは用意されていない。国の安心R住宅制度より前に、流山市独自で、安心中古住宅取引制度をつくってきており、住み替え実績が上がってきている。

行政は、補助金なしで、「安心」というプラットフォームをつくっている。日本の国全体に大きなマーケットがあるが、中古住宅はローカルマーケットの中で動くため、ローカルで安心・安全な体制をつくることに意味がある。こうすることによって、地元の不動産業者も仕事がしっかりでき、郊外の戸建て住宅地に若い世代が入り、そこが地域活性化もしていくことになる。また、高齢者が駅前に移転することで、高齢者サービスの提供エリアも縮められる。空き家・空き地になるよりも、人が住むことで、住民税も行政に入る。新たな公民連携モデルである。

高齢者が自ら転居するために必要なこと

高齢者が安心して住み替えを検討できる体制が必要である。住み続けるのか、転居するのか、どこに転居するのかなどを総合的に相談できる場である。こうした場が少ないこと、さらに高齢者に必要な情報が少ないこともある。相談・住み替え支援は、民間実施の場合には商業ベースになりやすく、行政実施の場合には具体的なアドバイスが困難などの課題がある。そこで、公民連携、かつ民間と民間の連携、さらにはまちづくりや福祉などの公の中での連携を取る体制が必要である。さらに、市民がしっかり理解し、主体的に行動するための住み手の教育も必要である。

さいごに――新たな時代の暮らし方と価値の創出のための連携を

提示した四つの課題を解く鍵は、ローカル性を踏まえた地域連携である。行政、民間企業、地域、大学などである。人口減少時代だからといって現状に嘆いているのではなく、この現状をうまく生かして、新しい職能、業態、働き方、楽しみ方など、新たな時代の暮らし方と価値をみんなでつくることが必要である。住民参加、公民連携・協働から、市場を活用した地域主体のまちづくりが必要となっている。

第3章

郊外住宅はミレニアル世代に「リブランディング」できるのか？

池本洋一

ミレニアル世代である会社の後輩Aと私の会話。

私　へぇー。いま中目黒に住んでるんだ。人気あるよね。
　　ところで実家はどこ？

A　多摩ニュータウンです。多摩センターが最寄り駅です。

私　多摩センターからは通わないの？

A　遠すぎますよ。

私　えっ　でも、お父さんは通っていたでしょ？

A　そうだけど。モーレツに働くサラリーマン世代じゃないんで。

私　子ども生まれたら実家の近くに戻る？　都心は保育園事情とか厳しいでしょ。

A　妻の実家のそばならあるかもですが、僕の地元はうーん。

できたら豊洲とかのマンションがいいですね。

資産価値とかも高いっていうじゃないですか。

郊外住宅地のライバルは、都内の駅近マンションだ。共働きが当たり前の彼ら世代は、親世代の「痛勤」（通勤）をしたがらない。お金に余裕があれば都心に暮らしたい。

そんな利便性を重視するミレニアル世代に、郊外を選択肢に入れてもらうことができるのか？　世代の特徴を紐解きつつ、株式会社リクルート住まいカンパニーの調査データなども参考にしながら考察してみたい。

1　ミレニアル世代とはどんな世代か？

最初にミレニアル世代（millennials）について簡単に記す。アメリカ生まれの言葉で、2000

年代に成人あるいは社会人になる世代。生まれでいうと1980年代以降に生まれた人を指すと言われている。この世代のあとに「ポストミレニアル世代」という呼び名もあり、1995年〜2008年頃に生まれた世代を指す。今回はいまの年齢にして20歳〜35歳あたりの世代を指すことにする。子どもの頃からコンピューターや携帯電話・スマートフォン、インターネットに囲まれて育ったデジタルネイティブの世代である。一般的にこの世代の特徴は次のように挙げられる。

①空気を読む

いまの20代前半は高校生から、30代前半は社会人になってからSNSを使いこなしている世代。彼らはSNS上で「KY（空気読めない）」な奴にならないように、SNSコミュニティの中で周囲の「空気感」に注意しながら生きている。「その割には、うちの若手は空気読めない」という上司もいるが、彼らが言う「空気」は「縦社会の空気感や配慮」。またそういう上司に限って「若者の横社会の気遣い」が理解できない。結果としてうまく折り合えていない（笑）。

②競争より協調／正解志向／堅実志向

同世代の空気を読むこの世代は、社会や友だちから見て「確からしい」ものを選ぶ傾向がある。学歴を重視したり、就職でも公務員が人気であったり。一部はベンチャーを選ぶ傾向もあるが、大多数は大企業を志向する。また共働き比率は上がっているものの、20代〜30代の女性に聞くと「専業主婦になりたい」希望は3割から4割と意外に多いことに驚く。

③同質性＋少しの自分らしさ

基本的には、自分と似たような価値観の人が多くいるコミュニティに帰属したい。つまり同質性願望がある。ただしまったくの同質性だと「無キャラ」になってしまうので、ちょっとしたこだわりは表現したい。最近「ＤＩＹ」が流行っている。ただし彼ら世代は大工道具を使う本格ＤＩＹではなく、好きな壁紙を張ったり、棚を取り付ける程度のライトなＤＩＹが多い。草食系ならぬ装飾系。少額・ひと手間で個性を少し出すデコレーションが好みだ。

④シェア・短期売買

彼らはシェアリングエコノミーの体感世代。シェアハウス、カーシェアリング、メルカリやヤフオクなどでの中古品の売買には慣れっこだ。コスト合理性を重んじる。住まいは地方部と都市部で少し違う感覚。郊外・地方都市では変わらずに新築志向が強い。郊外に土地を買って新築一戸建てを建てる。一方で東京の中心部では、立地を重視し、新築に限らず中古を購入する傾向が高まっている。一生住むのではなく、将来的に売ったり貸したりすることを視野に入れている。

⑤たまに非日常

イベント好き世代。特に「ＳＮＳ上」で反応がよさそうなものを好む。「インスタ映え」する音楽フェスや、肉フェス、コミケ（コミックマーケット）など。サッカーワールドカップの試合の時に、渋谷のスクランブル交差点が若者により盛り上がる風景が報道される。ハロウィンがバレンタイン市場を軽く抜いていったが、その一端を彼ら世代が担っていると考察する。

2 「住みたい街ランキング」は所詮人気投票、されど人気投票

次に「住みたい街ランキング」というリクルート住まいカンパニーの調査から、いまの人気の街の条件を紐解いていきたい。住みたい街ランキングとは、20代〜40代の男女を対象に、「どの街（駅や自治体）に住みたいか？」を聞いた調査である。住みたい街を駅名や自治体名で1位から順に三つ選んでもらう。1位は3点、2位は2点、3位は1点と傾斜配点し、合計した点数で順位付けをしている。

このランキングは居住経験や訪問経験、メディアから受ける印象に基づいて選ぶ人気投票である。実際の住みやすさを示すものではないため、大した価値はないという声も聞くが、侮《あなど》りすぎてもいけない。20代〜40代の住まい探しがネット中心の昨今では、指名してもらえるかどうかは重要なのだ。いまはGoogleなどの検索エンジンで「渋谷　賃貸」のように検索するか、SUUMOなどの不動産ポータルサイトで沿線、駅と絞り込んで探す時代。知られていない街は不利なのだ。

2000年以前は少し違った。リクルートが『週刊住宅情報』という新築マンションから中古・土地まで一冊に集めた情報誌を主体に事業を営んでいた時代。夫婦でページをめくりながら「へぇ。こんなきれいな街並みがあるんだ！」とグラビア写真に目が留まり、「佐倉ってどこ？ 成田のほう？ 遠いなあ。でも一度見に行ってみようか」。こんな会話がなされていたはずだ。いまから考えれば、情報誌は知らない街との偶発的な出会いをもたらす効果があった。郊外ならではの豊かさを伝え、その誘導役を担っていたわけだ。

郊外に目が向かなくなりつつあるのは、かつて郊外の開発に力をいれていた大手デベロッパー（開発会社）が、容積率緩和などで開発しやすくなった都心部に力を注いでいることや、都心部が住みやすくなっていること、共働きが増えて職住近接を望むようになったなどの要因が大きいが、家探しの利用メディアが変化したことも些少ながらの影響があると考える。

キーワードは、「おしゃれ」「再開発」「ごちゃまぜ」「郊外中核」

ではさっそく「住みたい街ランキング」の傾向を見ていこう。上位に選ばれる街（駅）には四つの傾向が見られる。「おしゃれ・洗練」「再開発」「ごちゃまぜ」「郊外中核」がそれだ。

表1は2017年の住みたい街ランキング関東の上位ランキング。吉祥寺、恵比寿、

【表1】2017年の住みたい街の上位と5年の推移

順位	駅名	2013年	2014年	2015年	2016年	2017年	2017年得点
1	吉祥寺	1位	1位	1位	2位	1位	586
2	恵比寿	2位	2位	2位	1位	2位	511
3	横浜	3位	5位	3位	3位	3位	460
4	目黒	4位	11位	4位	6位	4位	366
5	品川	8位	8位	6位	13位	5位	346
6	武蔵小杉	12位	9位	5位	4位	6位	321
7	池袋	13位	3位	9位	7位	7位	319
8	中目黒	10位	4位	7位	11位	8位	312
9	東京	19位	15位	17位	9位	9位	299
10	渋谷	16位	14位	13位	12位	10位	274
11	自由が丘	6位	6位	12位	4位	11位	266
12	新宿	7位	7位	10位	8位	12位	253
13	二子玉川	14位	13位	15位	10位	13位	238
14	鎌倉	5位	16位	10位	14位	14位	224
15	大宮	15位	23位	16位	21位	15位	220
16	表参道	9位	10位	8位	16位	16位	206
17	北千住	48位	21位	28位	18位	17位	200
18	中野	11位	12位	14位	15位	18位	178
19	浦和	39位	36位	21位	32位	19位	177
20	立川	44位	45位	26位	29位	20位	165
21	赤羽	42位	62位	48位	20位	21位	150

筆者の経験則による分類
おしゃれ・洗練
再開発
ごちゃまぜ
郊外中核

出典：SUUMO住みたい街ランキング2017 関東版（リクルート住まいカンパニー調べ）

目黒、中目黒などは「おしゃれ・洗練」の代表格だ。

続いて「再開発」。品川・武蔵小杉・渋谷などは再開発によって注目が集まった街だ。代表格である武蔵小杉は２０１３年が12位だったが、２０１６年は4位まで順位を上げた。

そして「ごちゃまぜ」。「おしゃれ・洗練」とはある意味で対極的。おしゃれなカフェもあるが、大衆居酒屋や一角には風俗的なお店もあり、街を行き交う人も多種多様な人がいる街。北千住、赤羽が代表格である。これらの街が、たまプラーザなどの郊外のおしゃれタウンより上位の20位前後に位置しているのだ。２０１３年時点では北千住は48位、赤羽も42位でいまほどの注目を集めていなかった。なぜ近年ランキングを上げているのか？　そこにはミレニアル世代の価値観の変化があると考える。それは、背伸びして憧れの街に住むより、等身大の街に住む方がスマートだというものだ。その価値観醸成に一役買っているのがタレントのマツコ・デラックスさん。自身が出演する「月曜から夜ふかし」などの番組で、二子玉川や中目黒を「感じが悪い」「ファッション誌に書いてあることを鵜呑みにするような人が好む街」と酷評している。逆に北千住、赤羽、小岩、蒲田などは「人間味があってどんな人も受け入れる」という街の寛容性をあたたかく評価している。

最後に「郊外中核」。大宮・浦和・立川・柏などが代表的な街である。都心一極集中という言葉があるが、東京都心一極ではなく、首都圏郊外部においても中核駅への人気集中がみられる。**表2**および**図1～2**は三浦展氏の著書『東京郊外の生存

【表２】2010年に３県に住んでいた人が2015年に同県に住んでいる割合

東京都への転居率は６％

	自県内	東京都
埼玉	84.5％	6.0％
千葉	83.0％	6.2％
神奈川	82.7％	7.5％

出典：三浦展『東京郊外の生存競争が始まった』より引用

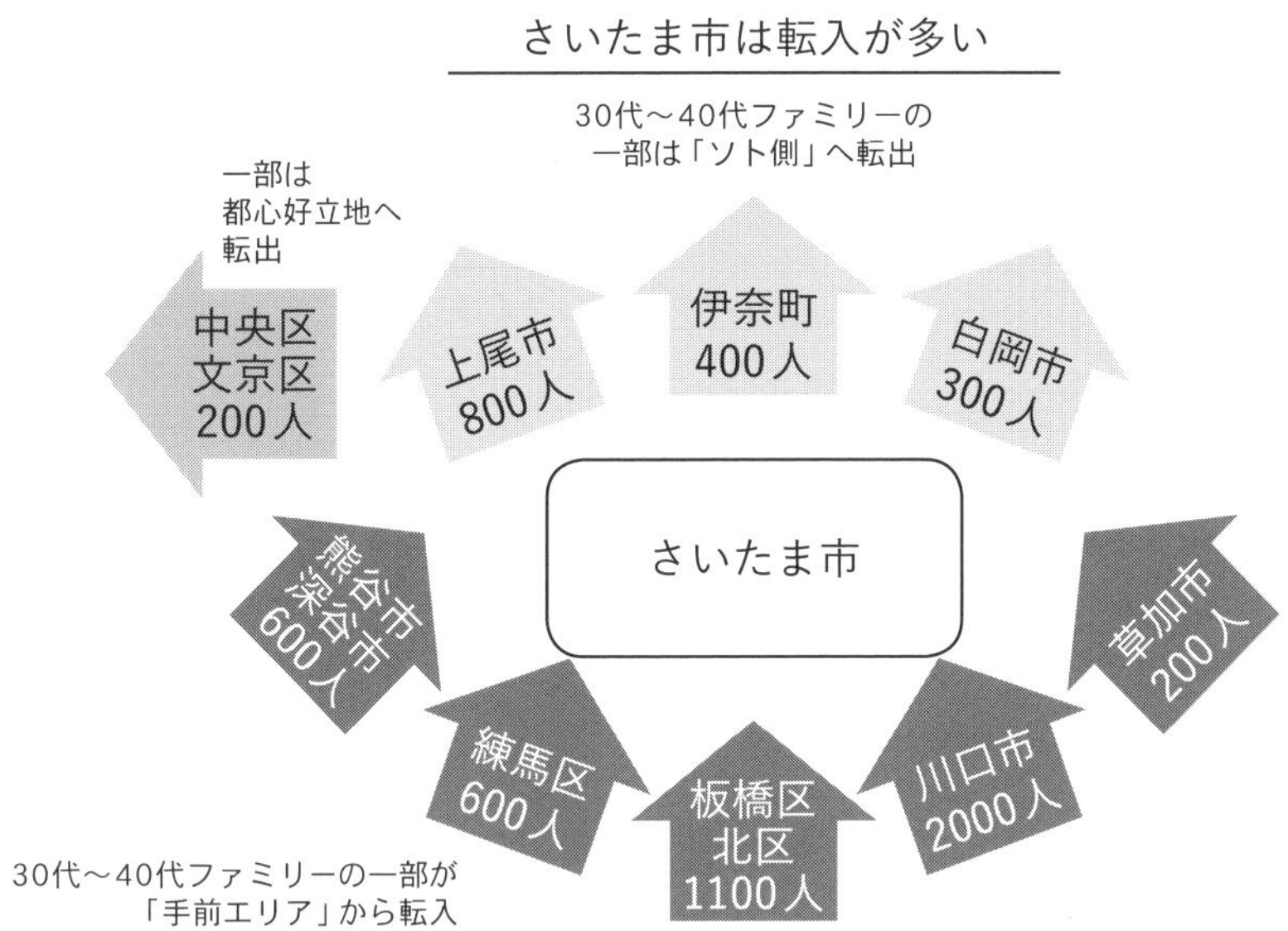

【図１】さいたま市における2010年〜15年の転入転出
出典：三浦展『東京郊外の生存競争が始まった』を参考にし、作図。数値は概数。

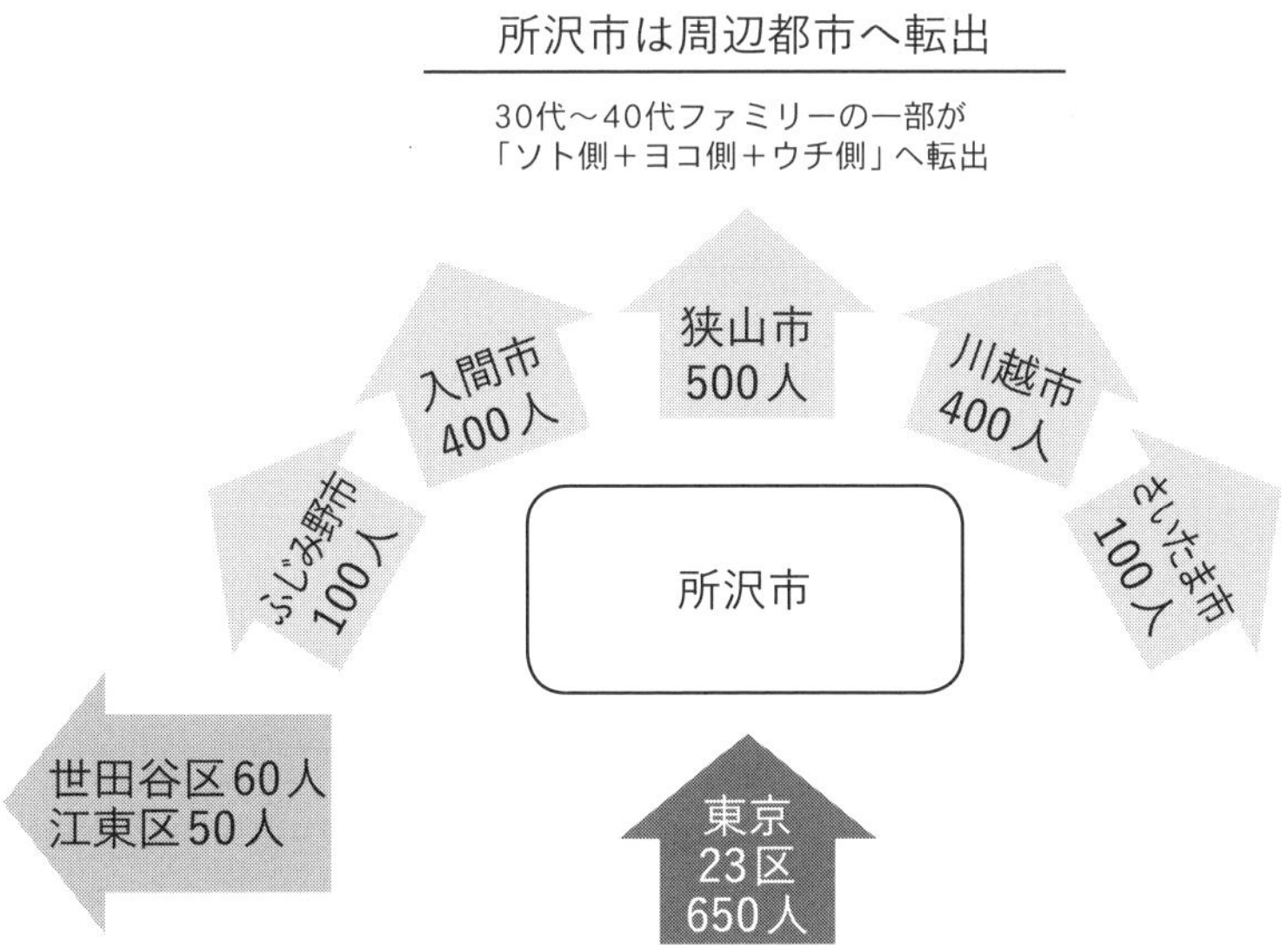

【図２】所沢市における2010年〜15年の転入転出
出典：三浦展『東京郊外の生存競争が始まった』を参考にし、作図。数値は概数。

競争が始まった！』からの抜粋だが、ここからある実態が見えてくる。東京都心に人が流れ、今後は郊外が空洞化するという「逆ドーナツ化現象」の話をよく聞く。確かに表2のように埼玉、千葉、神奈川の各県から東京都に移り住んでいる。だがその比率は6～7％で、多くは同じ県内の中で継続居住している。

図1はさいたま市の人口移動、図2は所沢市の人口移動を示したもの。わかりやすさのために数字は多少丸めている。さいたま市は上尾・伊奈・白岡という郊外に人口を流出させている。子どもが生まれるなど家族人数が増えると、家が手狭になる。いまのエリアで借りるか買えればよいが予算的に厳しい人もいる。そうなると同じ沿線の少し外側に移り住む傾向がある。内側に隣接する北区・板橋区・練馬区からのさいたま市への流入も同じ要因だろう。草加、熊谷、深谷といった埼玉県内からもさいたま市に流入が起こっている。大宮や浦和を例に取ると、上野や東京方面だけでなく池袋、新宿、渋谷方面に電車1本で出られ、大型商業施設が多数あり、公共施設や大きな病院なども揃っている。郊外中核都市はすべてそこで完結する集積力がある。また、さいたま市には評判の良い公立高校が多数ある。その高校への進学実績の高い公立の小中学校もある。さいたま市は中学から私立に通わなくてもそこそこいいところへ進学できそうだという「教育コスパ」が高いことも魅力の一つだ。ただし、さらなる利便性や教育環境を求めてか、東京の中央区・文京区へは流出している。

埼玉県所沢市をみてみよう。さいたま市同様に、手前エリアから人口が流入しているが、転出エリアが入間市のような外側だけではなくて、さいたま市や川越市やふじみ野市といった都心か

【表３】2017年関東　住みたい街ランキング（21位以降）

郊外中核都市が上昇

順位	駅名	2013年	2014年	2015年	2016年	2017年	2017年得点
21	赤羽	42位	62位	48位	20位	21位	**150**
22	**藤沢**	**28位**	**42位**	**39位**	**35位**	**22位**	**141**
22	たまプラーザ	18位	25位	22位	27位	22位	**141**
24	荻窪	20位	19位	19位	17位	24位	**140**
24	三軒茶屋	21位	24位	18位	19位	24位	**140**
26	下北沢	22位	34位	41位	27位	26位	**137**
27	銀座	24位	18位	30位	48位	27位	**134**
28	三鷹	17位	22位	20位	21位	28位	**130**
29	上野	22位	17位	34位	32位	29位	**122**
30	川崎	26位	42位	25位	47位	30位	**120**
31	秋葉原	25位	20位	32位	24位	31位	**117**
32	有楽町	31位	65位	26位	25位	32位	**115**
32	**海老名**	**65位**	**＊**	**60位**	**39位**	**32位**	**115**
34	**柏**	**49位**	**41位**	**64位**	**64位**	**34位**	**114**
35	**千葉**	**55位**	**＊**	**96位**	**49位**	**35位**	**109**
36	**大崎**	**79位**	**49位**	**71位**	**61位**	**36位**	**105**
37	つくば	33位	33位	49位	60位	37位	**104**
38	大井町	30位	70位	45位	25位	38位	**103**
39	町田	32位	36位	31位	56位	39位	**102**
39	**調布**	**65位**	**42位**	**56位**	**41位**	**39位**	**102**
41	**清澄白河**	**129位**	**156位**	**85位**	**68位**	**41位**	**101**
42	高円寺	39位	34位	39位	36位	42位	**100**
43	桜木町	29位	65位	51位	40位	43位	**98**
44	**津田沼**	**81位**	**76位**	**46位**	**50位**	**44位**	**97**
45	青山一丁目	37位	31位	24位	57位	45位	**96**
45	相模大野	44位	61位	56位	53位	45位	**96**
47	目白	111位	28位	37位	31位	47位	**93**
47	代々木上原	126位	45位	29位	23位	47位	**93**
47	**大船**	**83位**	**53位**	**96位**	**112位**	**47位**	**93**
50	駒込	89位	30位	91位	69位	50位	**91**
50	錦糸町	98位	76位	83位	38位	50位	**91**
50	**辻堂**	**88位**	**103位**	**127位**	**81位**	**50位**	**91**
53	**新浦安**	**121位**	**111位**	**122位**	**90位**	**53位**	**88**
54	茗荷谷	60位	36位	41位	44位	54位	**86**
54	府中	43位	62位	85位	42位	54位	**86**
54	**川越**	**83位**	**96位**	**64位**	**57位**	**54位**	**86**
57	練馬	47位	56位	38位	53位	57位	**85**
57	豊洲	27位	27位	22位	30位	57位	**85**
59	代官山	39位	76位	56位	53位	59位	**84**
60	**流山おおたかの森**	**100位**	**125位**	**81位**	**78位**	**60位**	**83**

※色が塗られた駅は、2017年において過去最高位であった駅。＊印はランキング圏外

出典：SUUMO住みたい街ランキング2017 関東版（リクルート住まいカンパニー調べ）

ら同心円に位置する地域に転出している。所沢市はさいたま市とは違うのだ。中核都市でも開発が進んだり、交通利便性が良くなっている街は、周辺から流入を得られており、一方で、ネタがない、もしくはあっても世の中に伝わっていない街は流出をしている可能性がある。

表3は先の住みたい街ランキング2017の21位以降のデータである。太文字は過去5年間のランキングの中で、2017年が最高位であった街。藤沢、海老名、柏、千葉、津田沼、大船、辻堂、川越。郊外駅でも人気度を上げている駅は多数ある。

流山おおたかの森も2014年125位から、2017年は60位まで上げている。2018年の調査は調査パネルと手法を変えたので単純比較はできないが46位であった。ちなみに**表4**の2018年の住みたい街ランキングは、9位に大宮、10位に浦和という埼玉県の2駅がトップ10入りしたことが話題となった。

郊外の代表的な駅を補足する。港北ニュータウンのセンター北、センター南は、10〜20年前は特に注目された街である。駅前に大型商業モールを有し、観覧車もあり、計画的に作られた道路は街路樹に包まれ、公園も適材適所に配され、歩行者専用道路もある。個人的にはいまも好きな街の一つだが、経年で見ると、順位は下落傾向だ。公表している100位以内に入ってこない。同じく千葉ニュータウン周辺駅や、多摩市を代表する聖蹟桜ヶ丘や京王多摩センター・小田急多摩センターも100位外だ。なぜか？ 類推するために、ミレニアル世代がどんな街を望んでいるのかを調査データを元に考えてみたい。

【表4】2018年関東　住みたい街(駅)ランキング

順位			駅名(代表的な沿線名)	得点		
2018	2017	2016		2018	2017	2016
1位	3位	3位	横浜(JR京浜東北線)	995	460	452
2位	2位	1位	恵比寿(JR山手線)	822	511	600
3位	1位	2位	吉祥寺(JR中央線)	774	586	520
4位	5位	13位	品川(JR山手線)	552	346	279
5位	7位	7位	池袋(JR山手線)	544	319	350
6位	6位	4位	武蔵小杉(東急東横線)	542	321	411
7位	12位	8位	新宿(JR山手線)	527	253	314
8位	4位	6位	目黒(JR山手線)	520	366	354
9位	15位	21位	大宮(JR京浜東北線)	511	220	150
10位	19位	32位	浦和(JR京浜東北線)	430	177	122
11位	10位	12位	渋谷(JR山手線)	402	274	281
	8位	11位	中目黒(東急東横線)	366	312	283
13位	11位	4位	自由が丘(東急東横線)	366	266	411
14位	14位	14位	鎌倉(JR横須賀線)	356	224	238
15位	18位	15位	中野(JR中央線)	350	178	206
16位	9位	9位	東京(JR山手線)	336	299	304
	13位	10位	二子玉川(東急田園都市線)	336	238	298
18位	69位	43位	船橋(JR総武線)	309	79	99
19位	21位	20位	赤羽(JR京浜東北線)	308	150	162
20位	30位	47位	川崎(JR京浜東北線)	284	120	96
21位	34位	64位	柏(JR常磐線)	282	114	82
22位	20位	29位	立川(JR中央線)	281	165	132
23位	17位	18位	北千住(東京メトロ日比谷線)	263	200	175
24位	24位	17位	荻窪(JR中央線)	250	140	184
25位	16位	16位	表参道(東京メトロ銀座線)	247	206	200
26位	32位	39位	海老名(小田急小田原線)	243	115	114
27位	43位	40位	桜木町(JR京浜東北線)	239	98	106
28位	44位	50位	津田沼(JR総武線)	228	97	93
29位	63位	*	さいたま新都心(JR京浜東北線)	227	80	*
30位	63位	73位	舞浜(JR京葉線)	225	80	75

※得点は1位→3点、2位→2点、3位→1点と傾斜配点。*印はランキング圏外

出典：SUUMO住みたい街ランキング2018 関東版(リクルート住まいカンパニー調べ)
2018年から調査手法を変えたため、それ以前との比較は参考値。

3 ミレニアル世代が好む街の条件とは？

まず住みたい街ランキングをミレニアル世代と、その上位世代で分けてみた。**表5**は2017年の住みたい街ランキングの得票率を20歳〜34歳と35歳〜49歳に分けて比較したもの。2017年の総合ランキング1位は吉祥寺であったが、実は20歳〜34歳に絞ると6位に後退する。その世代の1位は恵比寿で、池袋が3位に、新宿が8位に上昇する。また北千住、上野、赤羽も順位が高い。

吉祥寺が若い世代だと順位を落とすのはなぜだろうか？ 住みたい街ランキングのフリーコメントや20代へのヒアリングから類推すると、理由の一つに「コスパがよく長居できる店が少ない」というのがあるようだ。おしゃれな内装のカフェや雑貨屋が至るところにあっ

【表5】ミレニアル世代が好む街

20-34歳		
1	恵比寿	7.52％
2	横浜	5.74％
3	池袋	5.41％
4	目黒	5.15％
5	品川	4.98％
6	**吉祥寺**	**4.90％**
7	武蔵小杉	4.48％
8	新宿	4.39％
8	表参道	4.39％
10	中目黒	4.22％
11	東京	4.14％
12	渋谷	3.89％
13	自由が丘	2.79％
14	北千住	2.70％
14	立川	2.70％
14	上野	2.70％
17	二子玉川	2.62％
18	大宮	2.53％
19	鎌倉	2.45％
20	赤羽	2.03％

35-49歳		
1	**吉祥寺**	**6.83％**
2	恵比寿	5.73％
2	横浜	5.73％
4	目黒	4.20％
5	品川	4.05％
6	中目黒	3.88％
7	武蔵小杉	3.45％
8	自由が丘	3.41％
9	渋谷	3.34％
10	池袋	3.24％
11	鎌倉	2.92％
12	東京	2.88％
12	二子玉川	2.88％
14	大宮	2.70％
15	新宿	2.60％
16	北千住	2.31％
16	中野	2.31％
18	表参道	2.28％
19	銀座	2.10％
20	浦和	2.06％

※表4の得点数ではなく、得票数で算出している
出典：SUUMO住みたい街ランキング関東版2017（リクルート住まいカンパニー調べ）

て街は素敵。だが値段が高く混んでいる。広くて安くてゆるく時間を過ごせるファミレス的な店が相対的に少ない。ゲーム・一般映画・カラオケなど学生や若者が求めるアミューズメント系も街の利用規模の割には少ない印象である。他方、順位を上げているのは「ごちゃまぜ」感の強い街だ。おしゃれ、洗練というよりは庶民的、ごちゃごちゃな印象の街だ。

彼らはどこに街の魅力を感じるのか？　傾向を深掘りするために、「住みたい理由」を上記2世代で対比させてみた。**表6**では20歳～34歳が35歳以上と比べて高い項目は、「買い物施設の充実、「飲食店の充実」「おしゃれ・洗練」「デパート・商業施設」「ステータス感・高級」「友人・知人が多い」「ランドマーク・話題の

【表6】ミレニアル世代の「住みたい理由」

20～34歳が高めの項目＝買い物・飲食店・大規模商業・ステータス・友人・発展・刺激的な人
20～34歳が低めの項目＝緑が豊か・下町っぽさ・歴史伝統・病院・図書館・カルチャー

住みたい理由	20～34歳	35～49歳	特徴
日常生活で便利（電車などで）	32.1％	30.9％	△
日常生活で便利（徒歩などで）	30.2％	28.3％	△
買い物施設が充実している	27.3％	25.6％	△
通勤・通学先に便利（公共交通利用）	26.3％	25.7％	
飲食店が充実している	24.2％	22.9％	△
おしゃれ・洗練されている	20.9％	17.2％	△
快速や急行などが停まる	20.9％	19.2％	
デパート・大規模商業施設がある	20.4％	16.7％	△
通勤・通学先で便利（徒歩利用）	19.9％	19.4％	
街並みがきれい	18.8％	17.1％	△
静かで落ち着いている	18.2％	18.8％	
ステータス感・高級感がある	18.2％	16.0％	△
複数路線が乗り入れている	17.4％	17.2％	
銀行・金融機関・郵便局が充実	13.9％	15.3％	▼
商店街があり活気がある	13.0％	14.0％	
素敵な景観がある	12.7％	12.6％	
親・親戚が住んでいる実家に近い	12.3％	11.1％	△
食文化が豊か（安くてうまい店がある）	12.3％	12.0％	
緑が豊か	11.9％	14.7％	▼
資産価値が維持できそう	11.7％	16.0％	▼
公園が多い	11.6％	12.3％	

住みたい理由	20～34歳	35～49歳	特徴
過去に住んだことがある	11.2％	11.7％	
友人・知人が住んでいる	11.1％	8.6％	△
これから発展しそう	11.1％	8.9％	△
レジャー施設が充実	10.8％	8.3％	△
ランドマーク・話題のスポットに近い	10.8％	9.2％	△
個性的な店や、老舗の店がある	9.3％	10.1％	
通った学校や会社があり慣れ親しみあり	8.8％	8.1％	
犯罪が少ない	8.4％	7.6％	
気取らない下町っぽさがある	8.3％	10.5％	▼
歴史・伝統・文化（お祭りなど）がある	8.1％	9.5％	▼
外で身体を動かせる場所がたくさんある	8.0％	7.7％	
魅力的で刺激的な人たちがいる	7.9％	6.5％	△
病院や診療所、保健所が充実している	7.9％	10.4％	▼
図書館、美術館などの文化施設が充実	7.8％	9.6％	▼
始発駅	7.3％	7.8％	
電車が混んでいない	7.3％	6.9％	
役所などの公共機関窓口が充実	7.2％	8.1％	
独自のカルチャーがある	7.2％	9.2％	▼
海・川など水辺が近い	7.2％	8.3％	▼
空気がきれい	6.9％	6.5％	
広い道路が多い	6.8％	7.2％	

※特徴欄は20～34歳が35～49歳より１％以上高いと△マーク、低いと▼マークを入れている。

スポットに近い」「魅力的で刺激的な人たちがいる」。これをみるとミレニアルも大きく二層に分かれるようだ。一つは、刺激的な場に身を置いて、自分を磨きたいという「都心型ミレニアル」。もう一つは、昔からの仲間を大切にずっと地元にいるマイルドヤンキー的な「郊外型ミレニアル」だ。

生活の利便性が担保された街に住みたい。これはどちらの層にも共通な重要事項だ。その中でも特に買い物と食が重要なのだが、「郊外型」に聞くと大切なことはワンストップ感だ。彼らの多くは、子どもの頃から、イオンなどの大規模商業施設に連れて行かれている。商店街や駄菓子屋の買い物は未経験な彼らにとっての生活利便性は、車で出かけても駐車料金が取られず、ワンストップで誰もが何かしらで楽しめるロードサイド型大型商業施設があるかないかが重要な要素になる。他方、「都心型」は少し違う。SNS、特にインスタ世代でもある彼らは、空間の設え、雰囲気を意識する。食についても見た目のインパクトが大事。

さて、もうひとつ見えてくるキーワードは「帰属コミュニティ」だ。これも層により違いがあり、「郊外型」は親しい知人や友人が住んでいるという地元コミュニティを求め、「都心型」は魅力的で刺激的な人がいる街に身を置くことを求めているようだ。

ミレニアル世代に選ばれる街、池袋の魅力は何か?

実は池袋は20代の女性に人気がある。先の表5のように池袋はミレニアル世代の住みたい街で3位。20代に絞ると2位まで上昇する。そして男女で分けると女性の得票数が多い街なのだ。なぜ若い女性に人気があるのか。

まずは商業の多彩さ。ハイブランドからファストファッションまで、ありとあらゆるファッションブランドがこの街で一通り網羅できている。駅直結の西武百貨店、ＰＡＲＣＯ、東武百貨店、EchikaやEsolaとファッション施設がてんこ盛り、少し離れたマルイも地下通路で駅から雨に濡れずに行ける。ファッションの街といえば原宿や渋谷などをイメージするが、池袋は多様なショップを網羅的にそして「コンパクト」に押さえられる地域なのだ。さらにビックカメラやヤマダ電機という家電量販店も充実。サンシャインシティの西側には、アニメイトをはじめとするオタク文化の聖地が広がっていて、「秋葉原・中野的要素」もある。北口・東口に行けば、雑居ビルの中に昔から営業している飲食店がたくさんあり、「赤羽・北千住的な要素」、も持つ。サンシャインシティには水族館やナンジャタウンなどの子どもが楽しめる場所もあり、家族で行っても満喫できる場所が見つかる。つまり池袋は複数の顔を持っていて受け皿が広い街なのだ。誰もが「自分の居場所」を見つけられる。どんな人も許容する「懐《ふところ》の深さ」を感じるのだ。

ただ、子どもを連れて行くには、放置自転車が多くて歩きにくい。呼び込みが激しい。出かけ先の候補として避けてしまいがちな人もいた。ならば、それを改善しようと、古くから池袋で商売をやっている方々がボランティアで地域パトロール隊を編成して活動している。「池袋の良さ」をわかっている地域の人が、その魅力をキープし進化させようとしている。行政もいい感じだ。思いのある市民とともに南池袋公園をリニューアルした。夜は酔っ払いやホームレスがいた場所と聞いたが、そこを全面芝生敷きにしてカフェを併設したおしゃれ公園に。週末はイベントが開催され活気がある。（**図3**）豊島区役所が移転した東池袋周辺も開発が進む。旧庁舎の一帯は「文化拠点」と位置付けて、２０２０年には宝塚や歌舞伎などを上演できる大型文化施設が完成の予定だ。

メインカルチャーとサブカルチャーが混ざり合い、文化面も多様性を大切にしている。

住まいはどうか。池袋も他の街と同じく再開発によるタワーマンションが新住民を集める装置になっている。だが湾岸エリアと異なるのは、例えば、雑司が谷のほうに行けば昭和の古い街並みが残っていて一戸建ても多くあることだ。また「消滅可能性都市」に選出(!?)されたことをバネに行政も保育施設の整備はじめ、本気で子育てしやすい街づくりをしている。都心の割には家賃もリーズナブルで「等身大の街」の感じがする。「池袋」はミレニアル世代には、同世代から見て好感をもたれる街なのだと思う。そしてそれを支えているのは「池袋」を少しでも良くしたいという地域の市民である。池袋は豊島区の財政難もあって大規模な開発が遅れていたが、ある意味それがよかった。大きな開発が起こると地権者は土地を手放す。その土地はビジネス的な側面が強くなる。ボランタリーな活動は起こりづらくなる。街をよくしたいと思う市民がどれだけいるか？ 活動し評価されているか？ これは都心・郊外を問わず大切な一つの条件と考える。

郊外エリアで人口増加が止まらない街、流山市の魅力は何か？

池袋は都心のビッグターミナルだ。学べるところもあるが、郊外で同じこ

グリーン大通りはアウトドアリビング空間に

芝生化されイベント活用される南池袋公園

【図３】ＳＮＳ時代の公共空間

とはできない。では郊外での注目都市をみていこう。取り上げる街は「母になるなら、流山市。」のキャッチコピーでミレニアル世代を含む若いファミリーに人気の流山市だ。

かつての流山市は「首都圏30㎞圏内の陸の孤島」と言われていたが、ここ10年で人口が約2万人も増加している。成功要因はいくつかある。一つは獲得する住民を明確にターゲティングしている点だ。ターゲットは東京通勤、ミドル年収帯の、共働き志向のファミリーだ。特に子育てする女性をメインターゲットにし、「ママがキラキラと輝ける街」をイメージづけている。「母になるなら、流山市。」の広告内容も「輝いている人の日常」にフォーカスをしている。郊外移住がうまくいっているところは「ロールモデル」が存在している街が多い。まちづくりへの共感も大事だが、暮らしている人の共感のほうがさらに重要。人に共感して人が動くのだ。

さてもう一つの成功要因。それはターゲティングに連動した子育て支援施策だ。例えば、送迎保育ステーション。流山おおたかの森や南流山の駅前に子どもを連れてくれば、各保育園に送迎するというサービス。東京に通勤する共働き志向のファミリーにとってみれば、家の近くの保育園に入れなくてもなんとかなりそうという安心感がある。そしてこの施策がメディアに好意的に取り上げられ、子育て世代に広く知れ渡ったことも重要だ。

もう一つは「流山おおたかの森S・C（ショッピングセンター）」の存在だ。通常のS・Cとしての飲食・買い物系のテナントはもちろん、ゲームセンター、映画館などのアミューズメントや行政の窓口も入る。駅前広場もいい感じだ。毎年駅前広場で開催される「森のナイトカフェ」はインスタ映えする人気イベントに。さらに付近にメディカルモールも整備。大きな公園もある。駅前にすべてがそろっている「駅前オールインワンシティ」なのである。

最近では、新しい戦略として、出産・子育てで一度職場を離れた人の復職支援もスタート。もともとスキルある子育て中のママの中には、東京まで仕事で出るのはちょっという声も多かった。そこで自治体と民間が協業して、空き家を改装し「Ｔｒｉｓｔ」という施設を立ち上げた。ここの一つの機能はサテライトオフィスである。東京企業を引っ張ってきて、東京仕事を流山でできるようにした。復職時のスキルを上げるために、教育プログラムを提供しパソコンのＯＡ業務を学び直すこともできる。

またシティプロモーションも学ぶ点が多い。目指す都市イメージを「都心から一番近い森のまち」に設定。子育て世帯に響くプロモーションを展開。施策当初は「母になるなら、流山市。」「父になるなら、流山市。」のキャッチコピーが印象的なポスターを都心の駅を中心に貼った。10数年前にここまでシティプロモーションに力を入れている自治体は他に見当たらなかった。弊社の住宅情報誌に「街のＰＲ広告を打ちたい」と最初に相談来られたのも流山市であった。２０１６年の住みたい街ランキングでは「保育サービスが先進的だと思う」自治体も調査したが、ベスト10に流山市がランクインしており、そのブランドは社会に届いていることもわかる。

4　郊外リブランディングに向けた5つの方策

《方策①》働き方改革で「郊外リブランディング」に神風を吹かせる

これまで述べてきた街の魅力とミレニアル層の特徴を整理すると**図4**となる。

図5は郊外団地のＳＷＯＴ分析だ。郊外の強みは敷地が広い、緑が多い、豊かな共用部がある。弱みは郊外に住みたい志向の減少、古さ。脅威は空き家の増加、地域の価格下落、高齢者の街イメージによる流入減少のマイナスループ。同質性を大事する若者世代を呼び込みたいならレッテルが張られる前に手を打つ必要がある。その時期はいつか？これから10年が勝負であると考える。既に小学校の統廃合が始まっている。通う小学校が遠く、人数もあまりに少ないとなると、ミレニアルの親は避けたいとなって

①教育環境が良い	→	**正解志向／堅実志向**
②保育環境・自治体補助が魅力的	→	**経済的合理性**
③同世代が多く住んでいる	→	**同質性**
④流行り感がある街	→	**空気を読む／少しの自分らしさ**
⑤大規模商業施設がある	→	**経済的合理性＋買い物好き**
⑥美味い店、好きな店がある	→	**少しの自分らしさ＋飲食好き**

【図４】ミレニアル世代が街に求める条件

S＝強み Strengths	**W＝弱み** Weaknesses
①広い敷地・緑 ②豊かな共用部・空間 ③築年の割に内装がキレイ ④駅近、希少立地もある	①若者層の住みたい意向が弱い ②外観に古い住宅感がある ③高齢化が進み活気がない
O＝機会 Opportunities	**T＝脅威** Threats
①働き方改革（時短・在宅） ②近居志向・仲間志向 ③若者の脱持ち家志向	①世帯減少による空き部屋増加 ②戸建の空き家増で相場下落 ③高齢の街ブランドの定着

【図５】郊外団地のＳＷＯＴ（対子育て層）

しまう。

では機会の欄をみてみよう「働き方改革」と「近居志向・仲間志向」である。まずは「働き方改革」。この中でも「働く場の自由度を高める」にフォーカスすると、郊外にサテライトオフィスなど働ける場を作るのが合理的だ。ところが話はそう簡単ではない。各企業が独自に開設するのは「運営管理のノウハウがない」「費用がかかりすぎる」「負担を考えると設置できる数に限りがある」という問題が出ており進んでいない。そこで最近登場しているのが、多数の企業で借りるシェア型のサテライトオフィスだ。これを多数郊外に整備することで、特に子育て・介護期の働く女性は大きく助かることだろう。**図6**のようにサテライトをうまく活用できれば郊外の実家の近くに住めて、保育園も複数から選べる。

CASE 1 複数のサテライトオフィスを活用

通勤の負担を軽減し、子育てと仕事を両立

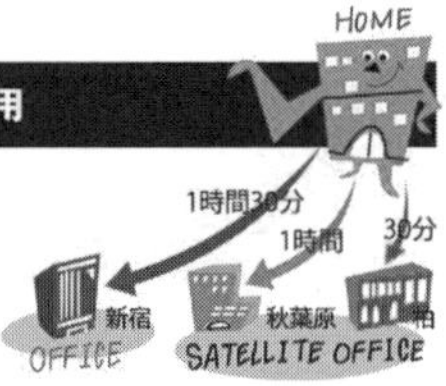

松本直子さん／38歳
（茨城県牛久市在住）

テンプスタッフにて企業の求める人材と登録者のマッチングを行う。登録者への仕事紹介のほか、派遣後のフォローやケアも重要な仕事のひとつ。本来の勤務地は新宿だが、週4日、秋葉原、千葉県柏のオフィスにサテライト勤務中

松本さんのスケジュール	月	火	水	木	金
	秋葉原（サテライト）	柏（サテライト）	新宿本社	秋葉原（サテライト）	秋葉原（サテライト）
自宅を出る時間	7:30	8:00	6:50	7:30	7:30
勤務時間（現在時短勤務制度を利用中）	8:30〜16:30	8:30〜17:00	9:00〜16:00	8:30〜16:30	8:30〜16:30

▼仕事のこと

家に近いサテライト勤務で仕事や個人の時間が充実

夫の実家がある茨城県牛久市に住む松本さん。本社のある新宿までは約1時間半かかるが、育休からの復帰を機に、サテライト勤務を利用している。「秋葉原や柏勤務の日は通勤時間を短縮できる分、30分早く出勤し、たまった事務作業を一掃。その後の仕事がスムーズに進みます」。時間と場所を意識することで、仕事の効率が上がり、わずかだが仕事帰りにウインドーショッピングの時間を取れることも。「出産後、自分の時間がないなかでの貴重な息抜きになっています」

▼家えらびのこと

近くに住む家族に支えられ子育ての時間を満喫

住み慣れた牛久で子どもをのびのび育てたいと一昨年、マイホームを購入した。「共働き夫婦の場合、仕事に合わせて都度住まいを変えるのは難しいですが、テレワークの選択肢があれば、勤務先に多少遠くても、家族により良い場所が選べます」。保育園も入りやすいため、育児休暇は前倒しで切り上げず、1年間取得できた。「今の家は姉の家や、私の実家とも行き来がしやすい場所。子育てしながら働く立場になってからは、家族の支えのありがたさを強く感じています」

自治体を挙げてテレワーカーを支援

テレワークの活用・推進には自治体も積極的だ。例えば、茨城県ではサテライトシェアオフィスを開設し、東京圏の企業を支援。同県内の市町村では都内への高速バス通勤者を対象に、最大月額2万円の定期券購入費の補助を行う例も。

【図6】サテライトオフィスを活用し郊外で子育てする
出典：「ＳＵＵＭＯ新築マンション」記事より引用

既に大手不動産会社がこのサテライト型シェアオフィス事業に参入し、郊外に複数企業が使えるサテライトオフィスは増加している。だがいまのところこの恩恵にあずかるのはそれなりにする利用料金を払える体力がある企業に限られている。そこで自治体や鉄道会社が主体となりつつ、意欲ある市民とともに空き家を改装するなどローコストで安定運営可能なサテライトシェアオフィスを増やしていくとよいのではないだろうか？　既に郊外都市・地方都市のいくつかでそれは実現している。

また「近居志向・仲間志向」もうまく活用したい。UR賃貸住宅では、親子が近居すれば家賃を5年間にわたり5％割引く「近居割」というサービスを展開しているが好評だという。核家族化の反動か、親世代・子世代がリビングに集い、大きなテーブルを囲んで大人数でご飯を食べることに幸福感を感じるという若い夫婦は多い。また子どもの面倒を親にみてもらえることは共働き夫婦にとってはこの上なくありがたいものだ。こうして親世代の家の近くの集合住宅に若いファミリー世代が戻り始めれば、その世代の交流も生まれ、夏祭りなどのイベントも活性化する。そして、その光景を見聞きした仲間志向の強い若い世代が、安心してその郊外の集合住宅に引っ越してくる。こんな好循環も生まれる可能性がある。いくつかの郊外団地ではその兆しも見えている。

《方策②》「職住近接」から「育住近接」のトレンドをつくる

次に「教育環境・保育環境」の整備。土地面積あたりの入居人数が大きいタワーマンション群がある地域の保育環境不足は深刻だ。このことは郊外にとって都心から人を呼び込むチャンスかもしれない。SUUMOでは2018年の住宅トレンドとして「育住近接」というテーマを取り上げている。これは自宅から職場の時間だけでなく、保育園や学童保育などへの送り迎え時間も考慮して住む家を選ぶという流れだ。自宅のすぐそばに保育施設や学童保育施設があることが大事で、保育園や学童保育をマンションの共用部に配置するマンションが増加すると予測している。また、今後は保育園に入れるという数の充足だけでなく、都心よりも魅力的な保育メニューやサービスがあるという差別化も必要だ。例えば、お互いの子どもを預け合うことを予め合意して入居をしてもらう賃貸があるが、これは駅から15分以上離れた立地でも待ち客が出るほど人気がある。ある分譲マンションでは、共用部に民間の学童保育を入れて、英語を教えたり、ブレインゲームを入れるなど学習的要素、塾的要素を盛り込んだサービスを展開している。

郊外での育住近接型マションは生活者側だけなく、供給者側にもニーズがあると考える。都心好立地のマンションに適した用地は、オフィス、商業、ホテル、物流などとバッティングし高騰している。建築コストも高騰し、用地取得が困難だ。他方で、郊外部は建売専業ビルダーがコストイノベーションを起こし、マンションよりも安い値段を実現して供給を伸ばしている。ただ戸建て住宅はまとまった区画のものは少なく、魅力的な共用空間をつくることが事業特性上難しい。その点では大規模マンションは共用部が集客エンジンとなるためにそこには投資される。その共用部に魅力的な「保育園」「学童保育」があれば、子育て層を呼び込む装置になる。

だがこのマンション内の保育園は課題がある。認可にするとマンション住民が優遇されない。他方認可外にすれば優先権を得られるが保育料は月々10万円近くと高額になる。保育施設が不足している地域は特別に、分譲マンション内に保育施設をつくる際には、一定の入居者優先枠を付けた認可型の保育園設置ができないものだろうか？ 本来は居住者のものである共用部を公共福祉的な要素に供出するのだから。賛否両論ある話だが、それができれば郊外マンション供給の可能性は高まり、それによりまた郊外の街のＰＲ機会も増えて、郊外価値を伝える一助にはなると考える。

《方策③》 郊外の親元のそばに住むという経済合理性をどう伝えるか？

ミレニアル世代の親は郊外に住んでいるケースも少なくない。親元に戻って二世帯、あるいは近居はどう？ という提案も有効だ。だが本章のリード（書き出し）でも書いたように、親がいるから戻るという状況でもない。ではどんな条件が整えば郊外の親元に戻るのか？

サンシティという三井不動産が開発主体の大規模マンション（東京都板橋区）は、全部で１８００世帯以上が暮らしているが、そのうち１００世帯が「巣戻り」であるという。そこで生まれ育った子どもは、大人になるとそのマンションを卒業するが、結婚後にまた戻ってくるケースが多いという。

なぜ戻っているのか？ 話を聞くと三つほどの理由がありそうだ。一つはここにしかない価値があるから。都心に比較的近く、最寄り駅からも歩ける地域なのに、**図7**のように多くの森林が保全されているということ。二つ目は幼少期の思い出が良いから。自分の子どもも自分と同じようにこの環境で育てた

【図７】子育て期に巣戻りするマンション

いと思うそうだ。三つ目は資産価値が保たれているから。ここは築40年にもなるがあまり値下がりしていない。ちなみに資産価値は郊外の戸建て住宅地では維持が難しい。

もう一つの選択肢として**表7**を見ていただきたい。郊外の親の住む実家を二世帯住宅にリフォームしていく提案だ。実は1980年代から90年代にかけて、分譲された郊外の一戸建ては土地が50坪から60坪、建物も35坪から40坪と大型のものが多い。だが築年数も古く、当時は断熱性が意識されていなかったので冬は寒い。親も60代から70代となり、ヒートショック予防も考えるとそろそろ大規模なリフォームが必要な時期だ。それならば、子世帯に子どもが生まれたタイミングで二世帯型にリフォームして同居するのはどうだろうか？　自治体側からみれば、税金を払ってくれる若いファミリー世代がやってきて、親世代は子育てを手伝うことがある意味で健康維持につながり、また介護時もある程度は子世帯に自宅で面倒をみてもらえるので、介護保険の出費も減る。子世帯にとっても子どもが病気のときはもちろん、日常もご飯やお迎えを親世帯が手伝ってくれればこれは大きなメリットだ。この二世帯同居型における耐震や断熱も含めた大型リフォームに、自治体は大きめの補助サポートを付けてもよいのではないかと考える。

【表７】郊外の実家の二世帯リフォームは合理的

	現状	選択肢① 親子別居	選択肢② 親子同居
親世帯例	●世田谷区在住 ●築35年の一戸建て ●土地130㎡　建物110㎡ ●ほぼ無断熱､屋根も傷みあり ●子ども部屋は余っている	●耐震／断熱工事の実施 ●子ども部屋を減築、もしくは趣味部屋に改修 ●費用：約1,500万	●耐震／断熱工事の実施 ●１階を親世帯、２階を子世帯にするなど、二世帯住宅にリフォーム ●費用：約2,500万（建て替えの場合の費用は、約4,000万）
子世帯例	●目黒区在住 ●50㎡の賃貸住宅 ●夫・妻・長男で住むがもうすぐ次男が生まれる	●目黒区内に転居 ●70㎡の新築マンションを購入 ●費用：約7,000万	
合計金額例		約8,500万	約2,500万（約4,000万）

《方策④》見知らぬ郊外の街のエントリーは、魅力的な賃貸

前述のように親が郊外に住んでいる場合は、近居・同居での郊外居住は合理的な選択肢だ。だがそうでない人たちにはどうやって郊外に目を向けてもらうのか？そのヒントは、２０１６年グッドデザイン賞の金賞を獲得した「ホシノタニ団地」にある。（**図8**） 座間駅すぐにある小田急電鉄の社宅のリノベーション物件だ。グッドデザイン賞の受賞シートには次のように記されている。

『自動車が乗り入れることのないこの環境を「こどもたちが安全に遊べる駅前ひろば」、「まちのひろば」ととらえ、団地内住人だけでなく地域のひとびとに開き、交流の場所となることを目指した。従前の一階住戸は部分的に子育て支援施設、カフェ、コミュニティーキッチンに用途変更し、敷地内空地には貸し菜園、ドッグランを設け、その全体を子ども達の遊び場として緑化整備している。４棟の建物のうち2棟はこれから子育てをはじめる若年カップルをターゲットとした間仕切りの少ない１ＬＤＫに改修し、他2棟は既存の間取りを活かして市営住宅への転用をはかり、これによって多世代が団地に暮らし、さらに地域住人とともに活発な交流が生ずる場となっている。』

ポイントは二つだ。一つは賃貸なのに豊かな共用空間・景色をつくり出したこと。この素敵な共用空間に惹かれて座間市以外から多くの若い人たちを引っ張ってきた。世田谷区など23区からも移住している方もいる。もう一つのポイントは間取りが１ＬＤＫである点だ。二人暮らしなら不自由はない。子どもが小さいうちもなんとかなる。だが2人目が生まれたり、小学校に上がる頃には手狭になる。住んでいれば自然と街に愛着が生まれてくるもの。友だちもたくさんできる。だからこの街で広めの家を探そうとなる。ここで築30年くらいの中古一戸建てをリフォームして購入

ホシノタニ団地（座間市）

部屋は37㎡のワンルーム。賃料は月額7万〜7万2000円で、1階のみ庭付きで月額9万5000円（共益費は月額5000円）と周辺相場よりもやや高め。それでもオープンから数か月で9割の部屋に申し込みがあった。

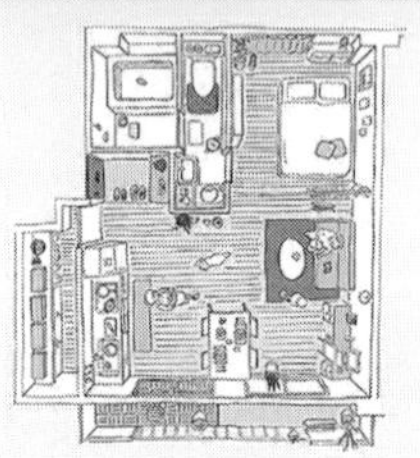

郊外らしい風景を作り出す。団地を街に開く。

団地の真ん中には広場があり、カフェやサポート付き貸し農園、子育て支援施設、ドッグランといった人が集える施設や場所がある。

団地を街に開く→外からの人が来る→街の魅力に気付く→転入の増大

団地の敷地全体を含めたこの景色、考え方が気に入ったという方が多い。

座間市外が9割を占める。町田市や海老名市からが多く、

次いで東京23区から越してきた人が多い。

部屋のスペックだけではなく共用空間も付加価値となる。

【図8】魅力的な賃貸が街のエントリー

する。郊外の中古一戸建ては1000万円台もざらだ。多少手を加えてもいまの賃料＋駐車場代＋アルファ程度。買えない額ではない。こうして将来の空き家予備軍の郊外中古一戸建てが若い世代に活用される元手になる。いきなり見ず知らずの街の中古一戸建てをリフォームして買うというのはハードルが高い。このようにまず駅前の魅力的な賃貸によって広域から若い層を呼び込み、いずれは戸建てをという循環シナリオ。他の鉄道各社でも同類の取り組みが始まっている。

《方策⑤》王道は大型商業施設、汎用的なのはマルシェ・小商い

「大型商業施設」が好きなミレニアル世代。東急電鉄は南町田のグランベリーモールをさらに大きな商業施設にリニューアルすべく工事中だ。（**図9、図10**）中央線沿いで吉祥寺に次いで人気の立川も相次ぐ商業施設のオープンで人気を上げてきた。だがすべての街に大型商業施設をつくるというわけにはいかない。その街はどうすればよいか？ミ

近隣からも人が集まる、マンション内の名物マルシエ

本来、マンションの敷地内はそこに暮らす住民のためのスペース。しかし、茅ヶ崎市矢畑の大型分譲マンション「ライオンズ茅ヶ崎　ザ・アイランズ」では、敷地の一部を定期的に地域へ開放し、近隣住民との交流をはかっている。毎月1回、第4日曜日に開かれる名物の朝市「アイランズマルシェ」ではエントランス前のテントで、出店者たちが新鮮な野菜、総菜やお弁当、焼きいもなどを販売。広場には数台のキッチンカーも並ぶ。インドカレーやソーセージ、おにぎり、もつ焼きなど、多彩なラインナップだ。

【図10】団地でマルシェ運営

東急電鉄は、田園都市線南町田駅前のショッピングセンター(S･C)であるグランベリーモールの敷地を再整備する「南町田プロジェクト」をスタート。町田市と共同で商業施設や住宅、エンターテインメント施設などを複合した新しいまちづくりを進める。

【図９】駅前に大型商業施設

レニアル世代の「たまに非日常が好き」だということに着目してはどうか。フェスやマルシェが好きなミレニアル世代には、街なかに週末だけでも楽しめるような公園や広場があるといい。そこにはローカル野菜やオーガニックフードが売られているといい。都心で人気の店をマルシェに呼ぶのもいい。絵にもなるのでSNS的にも有効だ。

私が広場や公園でのマルシェを押すのはもう一つ理由がある。それは市民のまちづくりへの参加だ。日本におけるまちづくりは官主導や事業者主導が多いが、郊外のまちづくりでは住民参加型ができるかが一つのカギになる。郊外は都心部のような民間投資が期待しづらいという理由もあり、従来のように民間や公共で大きな商業ビル（ハコ）をつくってブランディングする手法は限界がある。ならば、地域で女性が輝ける街であることをPRしてはどうか。いきなり店を持つのは難しいが、定期的にマルシェが開催されていればいいお試しの場になる。パン、カレー、洋菓子などの飲食提供でもいいし、手作りのアクセサリーや雑貨などの物販にチャレンジするのもいい。ある程度実力が付いたら固定の店を出してもいい。

街のリブランディングに必要なのは、「話題作り」と「人プロモーション」

前述したように、いままでは郊外の街のブランディングは、郊外で大規模な一戸建てやマンションを販売する開発事業者が担っていたと考える。その開発案件を売るために、街の魅力を抽出し、それを新聞広告、雑誌広告、電車の中吊り、WEBを通じて告知した。ある意味シティプロモーションを彼らが代行してくれていたのだ。

だが郊外から都心に開発の場が移っていく中で、郊外の魅力を伝える広告量は大きく減少し、街のブランディングは自分たちで進めなければならなくなった。シティプロモーショを自治体自身が行う必要性が生まれたのだ。街の競争優位性は首長や自治体職員の中核が作っていくことになるが、総花的で似たようなPRになっていることが多い。ではどうしたらよいのか？

まず、PRするネタは「話題性があるかどうか」が大事だ。その話題は、「建物」だけではなく「人」中心に作れるといい。背伸びをしたがらないミレニアル世代には、少し頑張ればマネできる等身大＋αな市民がもっとも有効なPR材料になる。これをマスメディアはもちろん、インスタ、ツイッターなどのSNSチャネルで広く伝えていく。

そして「人プロモーション」。前述の流山市の取り組みで紹介したように、等身大の輝けるママの日常をホームページで紹介するのは有効だ。似たような取り組みは草加市にもある。「3ビズ」という「月3万円稼ぎましょう」という地域の女性の小商いを支援する取り組みがあるがこれも楽しげな女性の表情を主役にし、小さな成功事例を掲載している。

郊外のリブランディング、持続可能なKEYは何かと聞かれればそれは「人」だ。魅力的な住民は街に必要な店やサービスを作り出し、街を豊かにする。そのPRによってまた魅力的な人が集まってくる。魅力的なミレニアル層を呼び込むためには、まずいま住んでいるミレニアル層から輝ける可能性ある人を見つけ、支援していく仕掛けが肝要だと思われる。

2017年9月のシンポジウムでの内容をもとに執筆

パネルディスカッション
［その1］

団塊世代が形成した郊外住宅ストックの世代間移転とその可能性

―― 第47回住総研シンポジウム記録（2017年9月11日）――

園田眞理子（明治大学 教授）
齊藤広子（横浜市立大学 教授）
池本洋一（リクルートSUUMO 編集長）
◆ 総合討論コーディネーター：野城智也（東京大学 教授）

戸建て住宅地に「共」を生み出すエリアマネジメント

野城　会場からの質問を交えながら、議論を深めていきたいと思います。はじめに、齊藤さんへのご質問が届いています。「流山方式に関心があります。実績や推進上の課題について教えてください」ということですが、お答えいただけますでしょうか。

齊藤　いま千葉県流山市で取り組んでいる流山方式は、補助金に頼らず、１９７０年代にできた計画的戸建て住宅地に若い人を呼び入れようとするもので、始まってから約3年が経ちました。何をもって実績というのかは難しいところですが、いま2か月に1回相談会を開いています。これも単に窓口があるだけではなかなか集まりませんので、ある程度ターゲットを狙って、同市内の計画住宅地である江戸川台や平和台などの公民館や集会所で相談会を行ってきました。相談会に来られた方には「いますぐ住み替えなくても、マンションという選択肢があるんだな。老人ホームだけではなく、〈サ高住〉（サービス付き高齢者向け住宅）という選択肢もあるんだな」と、まずはさまざまな選択肢を理解してもらえるような話を全体にさせていただき、そこから個別の相談会に移行していくというようなことを行っています。

　相談は予約制ですが、当日の飛び込みも含めて、高齢者から若い世代まで、これまで１００組以上の参加があります。しかし、ここで相談をしたあとの成立件数はまだ5組ほどです。実際には、ここで相談をしたあと、他の不動産屋に頼んだという方もおられて、そちらが9組近くあります。

　これらを通じて学んだことは、高齢者の方はそれほど早く決断をしないということです。つまり、すぐに結論が出なくても、終《つい》の住まいにも選択肢があるということを理解してもらうことに意味があって、こうした試みが住み替えを前向きに検討するきっかけにゆっくりとつながるということです。この流山方式は補助金に頼らないスキームですので、他の市や自治体でも、ぜひご検討いただけたらと思います。

野城　続いて齊藤さんに、エリアマネジメントに関する質問もいただいています。「齊藤さんのお話の中にレッチワースとＨＯＡの具体例がありましたが、双方における役割や強みは対照的でした。日本のエリアマネジメントにおいては、どちらの方向に進むべきだとお考えでしょうか」。

齊藤　結論的にいうと、両方を兼ね備えたような組織が理想的ではないかと考えています。わかりやすく言うと、アメリカのＨＯＡ型はマンションの管理組合を平面したような感じで、管理はできるけど再生まではできないという意味でいろいろな限界があります。一方で、イギリスのレッチワース型は、住民の意向を踏まえながら専門家が主導します。住民、行政、専門家の三者でやっていくという意味では非常に合理的だと思いますが、やはり、私は住民が主体となって考えていくほうが望ましいと考えています。

ただ、どちらも既成市街地という場合においては、現在の法律と制度のうえでは、難しいと思っています。今後は、そういったものが既成市街地でつくられるような仕組みが必要になってくると思います。

野城　いまのやり取りに関わるご質問です。「以前、園田さんが1棟のサ高住を平面的に広げたときに、地域包括が可能になるとおっしゃっていたことがありました。今回、齊藤さんのマンションを平面的に広げたときは、マンションの管理組合が地域のコーディネーター役になり得ると言っておられましたが、マンション1棟と、それを平面的に展開したときのマネジメントの違いがあれば教えてください」。

園田　いま、「サ高住」というのはさまざまな問題に直面しています。今日議論になっているような、120㎡を超える郊外の一戸建てに住んでいた人が、「サ高住」の18㎡の部屋に住み替わっているような現実は、やはり貧しい選択としか言いようがありません。

郊外住宅地はコンパクトですから、例えばその地域の空き家を「サ高住」にすることができないのか、これが以前お話しした「1棟のサ高住を平面に広げる」という話で、これを私は「分散型サ高住」と言ったりしています。外付けのサービスや見守りを訪問型でフォローします。戸建て住宅をシェア居住型にしてもよいでしょう。つまり、郊外住宅地そのものを「サ高住」にするような方法もあるのではないかと考えています。

ご質問の、「マンションの管理組合がやっているようなことを平面的に広げたらどうなるか」ということについては、まずマンションとの違いでいうと、一戸建て住宅地というのは公地と私地しかありません。敷地と自分の家である「私」、接道している「公」道で成り立っていては、そこに「共」の部分がないのです。一方で、マンションの管理組合というのは、たとえいがみ合っていようとも、共有・共用部分というものがあり、運命共同体にならざるを得ません。その運命共同体であることが非常にポジティブに働くと、資産価値も、生活の質も担保されます。さらに住民が協力して管理運営すれば付加価値が増して、ますます資産評価が増えていくという図式になるわけです。

園田眞理子

ところが、一戸建て住宅地の場合は、公地と私地しかないので、住民が本気にならないかぎりどうにもなりません。そこで私は、共同出資して「共」の部分をつくることを提案しています。例えば児童遊園や、もう不要になった遊水池、あるいはスーパーが出て行ったあとの遊休土地などがあるはずです。土地の所有権まで受け渡しをすると高額で煩雑になるので、その部分は無償提供、あるいはかなり低額で借地し、上物部分をやる気のある住民で共同出資をしてつくって運営をする。例えば、そこにみんなで「サ高住」をつくればいいと思うのです。

住宅地を魅力的にするには、誰かがリスクを取って、きちんと経営していくことが大切です。そうであれば、住民が共同出資者になればどうか。あまりわがままを言うと、経営がうまくいかなくなるというモラ

齊藤広子

ルハザードも抑止できる。そのために「共」の部分をあえてつくってはどうでしょうか。

齊藤　戸建て住宅で管理組合をつくる必然性をなかなか理解してもらえないとは思うのですが、私は戸建て住宅地にこそ管理組合をつくったほうがいいと考えています。姫路市に私がプロデュースしている「のぞみ野」という住宅地があります。そこでは、いま園田さんがお話されたような「共」の部分をあえてつくりました。それは、コミュニティハウス（集会所）です。このために住人で管理組合法人をつくってもらい、若干土地も所有してもらっています。このコミュニティハウスは、２９３戸の戸建て住宅の真ん中につくり、何かあればみんながそこに行けるような「まちのリビング」です。マンションと同じように共有の部分をもち、景観協定をつくり、この管理組合法人が、一軒一軒の建築のコントロールもしています。お互いが快適に暮らすために、各家が思い合って暮らすということが大事だという点で、集合住宅に似た管理形態になっているのです。さらにここではマンションと同じようなサービスも提供しています。例えば、ごみ収集の後の清掃や、緑の管理を行うスタッフを雇用し、コミュニティハウスには、いわゆるコンシェルジュのような人が常駐しています。

さらに、管理組合法人は、コミュニティハウスの一部を店舗にして、住宅地が自ら収益を上げて管理費を抑える仕組みを持っています。いま実際に、交番に土地を貸していて、その借地料を収入としています。このように、新規の住宅地においては、ＨＯＡとレッチワースのおいしいところ取りをしながら仕組みをつくることはできると考えています。

問題なのは、既成市街地にどうつくっていくのかということです。さきほど園田さんがおっしゃられたように、空き家をみんなで借りるということができると思いますが、現実にいきなり全員参加は難しいので、その空き家を利用することでメリットがあるような人たちが会員になり、その組織で何かを所有するというかたちができるのではないかと考えています。

池本　ＳＵＭＯというメディアを運営する中で感じる変化がひとつあります。それは、大規模な分譲マンションの理事長たちが主体となって、自分たちのマンションの資産価値を上げていくために、未来まで見据えた運営をしはじめているということです。なかには、「ＲＪＣ（理事長）48」というグループをつくって活動している方たちもいて、各々のマンションでの取り組み成功事例を展開・共有する形での情報交換が始まっています。なかには、自分のマンションと周辺ライバルマンションとの売買価格の差分を数値で取り始めている事例も。このように、きちんと管理運営に取り組んでいるマンションの資産価値が維持される、もしくは向上していくということが可視化されるようになれば、それはゆくゆく戸建てにも影響を与えるようになるのではないのかと思うのです。

一部の不動産サイトでは、マンションの売却価格予測をウェブ上で公開し始めています。今後はそれに加えて、管理状態の善し悪しの可視化や住民コミュニティの質の評価なども進んでいくような気がしています。

世代間の住み替えを促すためのポイント
――駅からの解放と、空き家対策について

野城　続いて、「子育て世代が郊外にも多く移り住んでいるのは事実だと思いますが、地域的には駅の近くであって、郊外住宅の中ではないのではないか」というご意見と、「郊外住宅ストックの世代間の移転を進めていくためには、空き家、空き地の私権に踏み込むことが不可欠だと思いますが、そのあたりについてどう思っていらっしゃいますか」という質問になります。

園田　現役で働いているときは通勤がありますの

で、郊外といっても意外と駅に近いところにいるというのはご指摘のとおりだと思います。ところが、リタイアして通勤がなくなった途端に駅なんかどうでもよくなるんですよね。つまり、通勤するという選択肢をなくしたときに、別の解決の糸口が見えてくるように思います。

例えば、1週間に3回だけ、しかも好きな時間に本社に行けばいいという先進的な会社が出てきたり、あるいは、最近はカフェがオフィス化していて、モバイル機器を持っていればどこでも仕事ができるようになりました。つまり、オフィスが分散化しはじめていて、具体的に言えば郊外に拠点機能を持っているような働き方ができれば、若い世代でも「駅からの解放」の可能性はあると思います。

齊藤　ご質問の趣旨が、高齢者に、より積極的に住み替えてもらうということが大事だということであれば、私もその通りだと考えています。老人ホームがだめだとは言いませんが、やはり高齢者が、自らの意思で住み替えていくことがとても大事です。それを支援するために流山方式というものを考えました。

けれども、転居してポツンと空いた中古住宅に、若者が本当に住みたいかといったら、それも壁があるというふうに感じています。そこで、地域で2～3軒でもまとまった土地があれば、若い人向けの住宅にしたり、いきなり家を買ってもらうのではなく、まずは賃貸を入り口にしてもらうことも有効ではないかと考えています。さきほど紹介したWマンション（68頁左上参照）にも、一棟だけ賃貸棟があります。まず、この賃貸棟に若い人たちが住み、そこのコミュニティを気に入ったら買って住むという流れです。そうして、所有形態をうまく駆使しながら動かしていく工夫も重要ではないかなと思っています。

また園田さんがおっしゃるように、郊外居住においては、若い人が通勤から解放されることも大事だと思います。自宅で在宅勤務もいいですが、私はやはり、シェアオフィス的なものがあったほうがいいだろうと思います。従来であれば用途をミックスしないほうがよいと考えられていましたが、本当にそうなのか考え直す時期にきていると思います。そのうえで、私は用途マネジメントというのが非常に重要になってくるのではないかと思っています。

次に空き家対策です。空き家・空き地問題には個人の私権がかかわるので、そこにどう踏み込んでいくのかというのはたいへん難しい問題です。さきほど紹介した鎌倉市の今泉台では、自治会発意でＮＰＯをつくり、地道に一軒一軒登記簿を調べて空き家・空き地の所有者を調査しています。しかし所有権移転登記は義務ではありませんので、登記簿だけではなかなか所有者確定までに至らず、たいへんな時間と労力がかかります。それでも今泉台では、空き家すべてに手紙を送り、返ってきた返事の中に、「使っていいですよ」と言われた空き家が２軒見つかりました。そのうち１軒の１階をコミュニティハウス、２階を賃貸にして、その家賃収入で自分たちのＮＰＯの運営資金にするというような、ここもレッチワースのように収入を得る仕組みを持っています。このように、地域で空き家問題に取り組める体制ができるとよいと思います。

池本　空き家の問題については、戸建て住宅の買い取り再販の活性化をするべきだと思います。いま、首都圏の新築マンションの供給総量が４万戸弱、中古マンションの供給総量も約４万戸弱と、新築と中古がほぼイコールのマーケットになってきました。ところが、戸建て市場で見ると、新築の供給が６万戸、中古の流通が１万戸です。つまり、マンションはずいぶん新築と中古の差が埋まったが、戸建てに関してはあまり変わらないという状況があります。

これは建て替えができる戸建てと、建て替えが容易ではないマンションの特性も相まっているとは思いますが、もうひとつは、買取再販市場が中古マンション市場ほど盛り上がっていないからだと思っています。これから戸建ての買取再販で、幅のある展開ができはじめれば、例えば、郊外の中古戸建てでも、おしゃれにリフォームされたものが市場に多数出てくるようになれば変わっていくような気がします。新しい買取再販市場の支援が必要で、僕たちメディア側としても、ポータルサイトで中古リフォーム戸建ての魅力が伝わりやすいつくり込みをしなければいけないなと日々感じています。

園田　私は基本的にローカルマーケットがつくれないところは、ワールドマーケットもつくれないと思っていますので、ローカルでオンリーワンの存在になれるかどうかがポイントだと思っています。これからは隣り合った住宅地間でも、元気になる場所と没落していく場所がでてくるようになり、とてもシビアに競争が行われていくと思います。

一方、池本さんがおっしゃった戸建て買取再販についてですが、マンションの買取再販の場合は、一戸が問題なければ、他の住戸も同じようにできるのですが、戸建ての場合は個別性が高く、個々で管理していて、そのやり方もまったく違うので、業者としてはリスクが高い、つまりやりたくないというのが民間のマーケットが考えていることです。戸建て買取再販は、そこの目利き力《りょく》もかなり必要になりますのでかなりシビアです。

住み替え事業をすすめる「主体」は誰か？
――エリアマネジメントの担い手像について

野城　これまでのお話を振り返ってまとめると、いまの郊外住宅地は優勝劣敗で、頑張ってある成果を出したところは生き残っていくし、そうではないと非常に厳しい状況に陥っているというような、そういう方向性がみなさんのお話で共通していたと思います。

では、「誰が」そのプレーヤーを担うのかということについて、もう少しお伺いできますでしょうか。今日のみなさんのお話でいうと、どうやらそれは自治体ではなさそうですよね。池本さんの話では重要なプレーヤーとして地域に根差している不動産仲介業者が登場しましたが、そのあたりのイメージについて、それぞれお伺いできますでしょうか。

池本　ビジネスとして考えてみれば、目に見えて利があるのは鉄道会社で、次に仲介会社とリフォーム、リノベーションを組み合わせた業態ではないかと思います。私が知っているかぎりにおいても、リノベーションの事業者と鉄道会社が組んで、いくつか取り組みが始まっています。これまでは物件の一軒一軒に対してリフォームして販売していましたが、既に点を面に広げ、地域の付加価値を高めていくような取り組みも始まっています。それを評価できる枠組みをつくっていくということが、僕たちメディアの仕事だと思っています。

齊藤　「誰が」主体になるのかについては、「その地域に合ったものが」という言い方になってしまいますが、それはさまざまなパターンでの可能性があると思います。例えば、さきほど例に挙げたような管理組合法人だったり、自治会が地元の企業と連携するというような新しいスタイルもあると思います。いずれにしても、住みたいと思う人を増やすためにも、まずはその地域の魅力を発信することが不可欠です。人が出て行ったり入ってきたりするところのマッチングは、もはや不動産業だけでは難しくなってくると思います。これからは、地域の価値を上げることにもっともメリットがある人たちが集まって、同じプラットフォームの中でいっしょに取り組んでいくことが大切ではないかと思います。

池本洋一

園田　結局、ビジネスとして考えた場合、郊外住宅地も分譲マンションも同じだと思うのですが、地域密着型経営の不動産流通の回路が必要です。

　居住用不動産（土地や建物）を持っている人は、要するに株主と同じなのです。「株式」は、英語でストック（Stock）とか、シェア（Share）ですよね。みんな小さな株主で、自分だけ高く売り逃げしようとか、高値づかみして焦げついてしまったとか、個々でプレーするのではなく、束ねたかたちでどう上手に経営していくかということではないかと思います。それにはやはりプロの経営者か、あるいはアドバイザーが必要

野城智也

です。ＵＲも公社もいまはそういうことはできませんし、ハウスメーカーやデベロッパーは、右肩上がりの時代に売り逃げ、建て逃げしてしまいました。これからは、郊外住宅地にしかないワクワク感とか、豊かな生活をコーディネートできるプロフェッショナルが再び必要となるでしょう。しかしながら、これ以上人口は増えませんので、たぶん単純なお金の流れでは成立しないのだと思います。古い家をリノベーションすることで、よい生活や環境を提供し、徐々に面的な広がりをつくっていくこと。そしてそれは、一度に利益が上がるというものではなく、一年一年上向きに循環していくようなビジネスモデルになるのではないかと思います。

用途地域規制緩和による郊外住宅地活性化の可能性

野城　みなさんのお話の中に、かつての都市計画は非常に用途地域規制が厳しく、それが高いハードルになっているという話がありました。しかし就業形態の多様化やＩＣＴの発達により、用途地域上は住宅地域でも、いろいろな可能性も見えてくるという話もありました。大きなハードウエアの投資をしなくても、自律的にスモールビジネスや、地域に根差した仕事ができていく可能性について、あるいはそれによるブランディングの可能性などについてご意見お伺いできますでしょうか。

池本　民泊新法により、住宅地の中でも１８０日以内であれば民泊を運営することができるようになりました。先ほどのビジネスの話ともつながりますが、住居として活用しきれなくなった物件の中には、別の用途に転用することで、まだまだ付加価値をつくり出せるものもあると思います。

いまはまだ、使っていない部屋を、ある期間、誰かに宿として貸し出すというビジネスしか表立っては見えていませんが、それ以外にもいろいろな用途で使える可能性があるのではないかと思います。使いたい人と、使ってもいいという人たちが始めた新しい試みを、自治体レベル、あるいは地域ごとの判断で支援していくこと。いくつか先行事例をつくりながら、社会的に認められるようにしていくと、少しずつ変わっていくのではないかと思います。その成功事例をメディアは叩くのではなく、温かく広げていく役割を果たすべきなのかなと、個人的には思っています。

齊藤　私は、用途を混在していく方向と、地域の中で自治を持つということが大事ではないかなと思っています。いま、各地で空き家を活用した、さまざまな地域拠点が生まれています。高齢者が溜まれる場になっていたり、子育て世代のお母さんたちが集まってランチをつくり、そこで高齢者もご飯を食べられるような場になっているケースなど、かなり多様な使われ方がされ始めています。こうした空き家利用については、地域の中でどういうふうに合意を取っていくのか、自分たちでルールをつくっていくということがとても大切になってくると思います。

園田　空き家は病気と同じで伝染していきます。それを反転して考えれば、住宅地の再生・活性化は、おおがかりな計画ではなく、丁目単位や、もっと小さい街区単位での地域密着型のしかけに可能性があります。小さな芽から変わっていくのではないでしょうか。

しかし、実際に郊外住宅地でいろいろなことをやろうとアイデアを出しても、法律がガチガチで、たいていは実現不可能なのです。例えば、集団規定と用途のところでつまずきます。例えば、ヘルパーステーションの用途は事務所なので、住宅地の中にはつくれません。しかし、これは数年前に規制緩和がありました。それも国交省ではなく、内閣府による緩和でした。また最近は、小規模多機能型施設や看護小規模多機能型施設が増えていますが、これは建築基準法上の用途分類が不明でした。結局は、老人福祉センターの扱いにすることで住宅地にも立地できることになりました。これも内閣府の規制緩和によるものです。

それから、第1種低層住居専用地域は、原則として店舗や事務所の出店は不可で、コンビニも立地できませんでした。これも規制緩和されましたが、「関係住民全員から許可をもらってくること」という条件付きです。これはなかなか厳しいハードルです。また空き家をB&Bやシェア居住にするのもよいアイデアだと思いますが、若い人のシェア居住は「寄宿舎」で、高齢者のシェア居住は1人でも住まわせて何らかのサービスを提供したとたん「有料老人ホーム」となります。そうすると建築基準法に消防法も絡んでくるようになるので、本当に大変になってきます。特にきちんとした企業ほどコンプライアンスは絶対ですから、新しい試みはほぼ不可能です。もはや、単体については建築リノベーション法のような別法をつくるしかないと思うのです。そうでもしなければ、ストックはどうにも動きません。

また、用途規制に関しては、例えば、地区計画がかかっているとどうしようもありません。都市計画の先生に相談したら、「地区計画を変えるなんて、何十年かかるかわからない」と言われました。20世紀の間、地区計画をかけ、よい住環境を守るために用途純化し、よい家をつくろうとやってきたことが、いますべてデッドロックになっているのです。残された時間がありません。私たちが働きかけて何かムーブメントを起こさないかぎり、せっかくのストックは利用されないままゴミになってしまいます。

野城　もう特区では間に合わないところにきていて、特別法をつくって、その要件を満たせば自律的なことができていくようにしていかなければならないということですね。いまの園田さんからの発議は非常に大きな問題だと思います。その地域のサスティナビリティとか、住宅地が死なないようにするためには、そういうしかけが必要で、「木を見て森を見ない」とはならないように、合意を形成し、事をすすめていく必要がありそうですね。

それでは時間になりましたので、最後にひとことずつお願いできますでしょうか。

池本　今回のテーマについては、机上の議論だけではなく、すぐにでも何らかの答えを出さなければいけないのだろうと思います。自分も郊外に住む一人の住民として、あるいは郊外に親を持つ住民として、何ができるのかを考え、一歩を踏み出しはじめることだと思います。そういう個々の想いや行動が大きなうねりを生み出し、時代に合わせた規制緩和や制度変更につながっていくといいなと感じました。

齊藤　今日私が一番勉強になったのは、若い人たちの価値観がずいぶん変わっているということでした。時代とともに、ワクワクするようなことも変わっていく。それと同じで、これから郊外住宅地にも、新しいワクワクするような魅力をつくっていくことが大事だなと思いました。みんなで解決していくしかないと思います。ぜひみなさんと実践に向けての第一歩を歩んでいきたいと思います。

園田　この問題については、私たちに残された時間は少なく、おおいに焦ったほうがいいと思っていますが、一方でまだまだできることもたくさんあると思います。私は、住宅や住環境にかかわって40年以上がたちましたが、実はこんなにおもしろい時代はないと思っています。いま齊藤さんが、「いまの郊外にワクワクするものがない」という話をされましたが、それこそがフロンティアだと思うのです。今日お付き合いいただいた方々も含めて、少しでも「ワクワク」するような何か芽を出すことができれば、新しい未来が見えてくるのではないかと思います。

第2部

住宅の使用価値の実体化の可能性

第2部　まえがき

野城智也

本第2部は、市場に焦点をあてている。

「住宅の世代間循環」とは、市場を介して、シニア世代が使っていた住宅を次世代に循環していくことである。中古住宅市場が成熟していなければ、「住宅の世代間循環」を絵に描いた餅になってしまう。

しかしながら、現状では、日本の中古住宅市場は未成熟だと言わねばならない。本第2部は「住宅の使用価値の実体化の可能性」と題し、以下の二つの疑問に答えていくことを主題とする。

《第一の疑問》　出回るべき良いモノが十分にストックされているのに、なぜ中古住宅市場がこの国で成熟していかないのか?

《第二の疑問》　成熟していないという事実は、住宅が持っている使用価値が市場の価値として実体化していないことになるが、しからば、どうしたら、それを実体化できるのか?

本第2部には、三編の論考が収められている。「使用価値をもとにした取引ができる市場を創るには」と題した中川雅之氏の論考（第4章）は、第一の疑問に答える形で、この国で中古住宅市場の発展を阻害する構造的要因群について解説をしている。加えて、第二の疑問に関連して、「住宅の買い手は住宅の使用価値を調べない、売り手は〝ならば〟と（住宅の）手入れをしない」という点で均衡してしまっているという現状の均衡から、「住宅の買い手は住宅の使用価値を調べる、売り手はならばと価値を上げるために（住宅の）手入れをする」という均衡へと遷移させるにはどうしたらよいのか考察している。また、住宅をいったん買っても、市場に出てくる物件の状況を見て買い直すことができる柔軟な不動産流通市場が構築されている場合に、住宅需要の価格弾力性は高くなること、そして、価格弾力性が高くなれば住宅の滅失率が低下しても住宅資産額、住宅価格、住宅投資額も高くなりうることをシミュレーションで示している。こうした見通しを社会全体で共有することが、不幸な均衡から望ましい均衡へと移行させるきっかけになると述べている。

「住宅ストックのブランディングによる実体化」と題した中林昌人氏の論考（第5章）は、前記の第二の疑問に答えるもので、「一般のサラリーマンが購入した住宅の価値が20年で半減してしまうというような状況がまともな国で起きる現象として正しいわけはない」という問題意識のもと、誰もが納得できる住宅評価基準・方法が社会的常識として普及していけば、優良な住宅ストックがもつ使用価値を市場で実体化できることを論じている。中林氏の論考は、同氏が「優良ストック住宅推進協議会」に参画し、「スムストック」のブランディングとともに住宅使用価値の実体化に成功した実績に基づいて展開されている。「スムストック」とは、①50年以上にわたる長期修繕計画があり、②その計画通りに点検、修繕が行われ、かつその履歴が残されていて、③新耐震設計基準以上を満たす耐震性能がある住宅が対象となっている。❶協議会により資格認定された販売士が査定から販売まで実施すること、❷建物を構造体（スケルトン）とインフィル（設備内装）に分けて評価すること、❸土地建物の価値を分離して表示することという三点の条件を満たすことにより、住宅評価基準・方法への売り手・買い手の納得感を高めている。こうした実績を一般の住宅にも展開していくことを視野に、中林氏は、「住宅維持管理業者登録制度」の構想を紹介している。

「金融システムのデザインによる中古住宅の使用価値の実体化」と題した大垣尚司氏の論考（第6章）は、前記の第二の疑問について、革新的な答えを提示している。同論考は、「売る」という方法以外の「家をお金に変える仕組み」を導入することにより、言い換えれば、金融システムのデザインにより中古住宅の使用価値を実体化する方法について理論面、実践面両面にわたって論じている。新築以来20年以上経過し、売ろうとすればゼロ査定されてしまう住宅が、賃貸に出すとそれなりの賃料で借り手がついてしまうという事実。そのことは、不動産の価値をそれが生み出す収益の現在価値で評価すれば、住宅の使用価値を実体化することができることを示唆している。大垣氏は、五つの文脈（論点）を挙げているが、その五つ目として「そもそも新築の住宅を20年といった一定期間だけ所有し、その間の居住費相当だけ負担すればよいようにできないか」という論点を挙げている。実は、筆者も似たような考え方について、「完成しない家」と名付けて２００９年から10年をかけて検討したことがある（文献1）。インフィルを消費財、スケルトンを資産と捉えて、その所有・利用の権利を分離する、インフィルは、ニーズと懐具合とを兼ね合わせながらリース、レンタルも活用しながら適宜変更していく一方で、スケルトンについては、20年程度の長さの期間利用権を設定し、住み継いだ人々が少しずつスケルトンの初期投資の償還をしていくという仕組みである。大垣氏の論考が、住宅の期間所有を含む住宅の所有とあり方を根本的に変革するイノベーションのトリガーを引くことを切に願いたい。

なお付言として、耐用年数の捉え方について述べておきたい。

中川氏、中林氏が指摘するように、新築後20年ほど経った日本の戸建て住宅の建物価値をほぼゼロとする評価慣行が概ね定着している。その慣行がさらには、「日本の住宅は20年〜30年ほどで耐用年数が尽きる」という、一般市民の思い込みを形成し、そのことが、中川氏が指摘するように、市場取引におけるアンカリング効果を生んでいる可能性すらある。

では、その誤解的思い込みを生んだ評価慣行はどこから生まれたのか？ 多くの人が指摘するのは、税法上の耐用年数表である。では、現在の税法上の耐用年数はどのように定められたのか。筆者は、それについて興味深い資料に接したことがある。それは、建設省建築研究所（現・研究法人建築研究所）に所蔵されていた「新海文庫」の中にあった、１９４０年代後半の経緯資料である。新海文庫とは、建設省建築研究所第一研究部長であった新海悟郎氏が遺された資料・文献をまとめたものである。

新海氏は、戦前、警視廳建築課や内務省防空局に技師として勤務した後、戦後、建設省建築研究所に勤務し、建築経済関連の研究を牽引した人物である。新海氏が、東京大学第二工学部関野克氏、伊藤鄭爾氏らとともに行った昭和23年度文部省科学試験研究「既存建物の今后の耐周年限に関する研究」（１９４９〈昭和24〉年４月）の報告には、①都市住宅の年齢構成調査（京都、金沢、札幌の各市で小学校6年児童の自宅である木造住宅の年齢を調査し、全市の住宅の年齢構成および平均耐用年限を推定）、②都市木造住宅の老朽現況調査（京都市、金沢市、東京都の抽出された住宅について、屋根、柱、土台、基礎などの老朽度を調査）、③木造住宅の建設年代による質の変遷調査の結果が収められている。特にこの③の調査は興味深く、「昭和14年9月に建てられた世田谷のラスモルタル塗木造アパートが〈よくいままでもちこたえたと思われるほどの朽ち方〉である一方で、日露戦争当時（築後45年）に建てられた東京本郷の住宅や100年ほど前に作られた京都の商家がびくともしない事例」に遭遇している。「木造住宅の老衰」（物理的耐用年数）は、「建物の構造的質」と、「自然環境」「維持管理の程度」により著しく異なることが示されている。

「新海文庫」には、「固定資産の耐用年数等に関する省令」（1951〈昭和26〉年大蔵省令第50号）とほぼ同時期に作成されたと思われる「固定資産の耐用年数算定方式」（1951年大蔵省）という文書が所収さている。そこでは、「効用持続年数は（中略）現況を基準とする技術及び素材の材質等によって定め」、「原則として（中略）一般的に行われる修繕を行うことを前提とする外（中略）普通の作業条件により使用される場合等の一般的に考える年数によることとする。なお、特殊な立地条件、作業条件等により（中略）、必要がある場合は、その旨を明記して特掲することとする」という考え方が記されており、前記の新海氏などの調査研究の間接的な影響を推測させる。

しかしながら、一方では、「耐用年数は、減価償却計算における償却率の基礎となるものであることが本来の使命であることにかんがみ、物の寿命というような通俗的な考え方ばかりでなく、所得の適正把握の目的手段で」あるとも記述されている。そのうえで、部位別の建設コスト・耐用年数をもとに、年当たりの償還額を計算し、これを基準に償還年数（税法上の耐用年数）を設定している。その結果、「固定資産の耐用年数等に関する省令」では、一般木造住宅30年、木骨モルタル造住宅27年、土蔵造住宅35年という耐用年数が設定されている。なお、これを改訂した「減価償却資産の耐用年数等に関する省令」(1965〈昭和40〉年大蔵省令第15号)では、木造住宅の耐用年数は22年、木骨モルタル造住宅の耐用年数は20年に短縮されている。

いずれにせよ、住宅の物理的耐用年数が、構造・構法、使用環境、維持保全の内容程度で影響される事実は認識されつつも、税法上の償却年数はそれとは別概念であると措定され、それをもとに大蔵省の耐用年数表は作成された。にもかかわらず、現代の日本において、その償還年数が物理的耐用年数と混同されてしまっていることは、誠に奇異なことであり、「住宅の次世代間循環」をすすめるためには、打破しなければならない誤解的神話(Myths)である。

参考文献

1. LIXIL住生活財団『200年住宅の実現のために』(200年住宅研究会報告書)、2010年11月
2. 野城智也「新海悟郎氏所蔵資料にみる昭和20年代の耐用年数論議　その1」、『BELCA NEWS』、(社)建築設備維持保全推進協会、30～37頁、1990年1月
3. 野城智也「新海悟郎氏所蔵資料にみる昭和20年代の耐用年数論議　その2」、『BELCA NEWS』、(社)建築設備維持保全推進協会、31～42頁、1990年3月

第4章

使用価値をもとにした取引ができる市場を創るには

中川雅之

日本の不動産市場で既存住宅流通が小さな位置付けしか占めていないことは、その住宅の使用価値を反映した価格で取引が行えないことに大きな原因がある。

しかし、従来言われてきた既存住宅の建物品質に関する情報の非対称性のみならず、アンカリングなど人間の認知の歪みや、複数均衡問題と言われる「悪い状態」であることを当事者が知っていても、その状態から容易には抜け出せない状況が、いまの日本の住宅市場に広がっている可能性がある。

このような状況を脱するためには、情報環境を整えることが非常に重要であろう。また、不動産業者の役割がより複合的なものに深化することが期待される。もっとも重要なこととしては、既存住宅流通が活性化した豊かな生活に関するビジョンを社会が共有するということが挙げられよう。

1　日本の不動産流通の特徴

日本政府は既存住宅流通を活性化するための取り組みを、急速に進めようとしている。**図1**には、全住宅流通量を既存住宅流通量と新築住宅着工戸数に分けたものが示されている。全住宅流通量に占める既存住宅の比率をみると、日本が13・5％であるのに対して欧米主要国のそれは７～９割に上っている。

２０１６年に改定される前の「住生活基本計画」においては、日本政府はこの比率を２０１５年までに23％にするという目標を掲げていた。そして、２００９年には「長期優良住宅の普及の促進に関する法律」に基づき、耐用性能の高い住宅に対する補助、税制、金融上の措置による支援を行っている。また住宅に関する修繕履歴などを蓄積することも進められている。

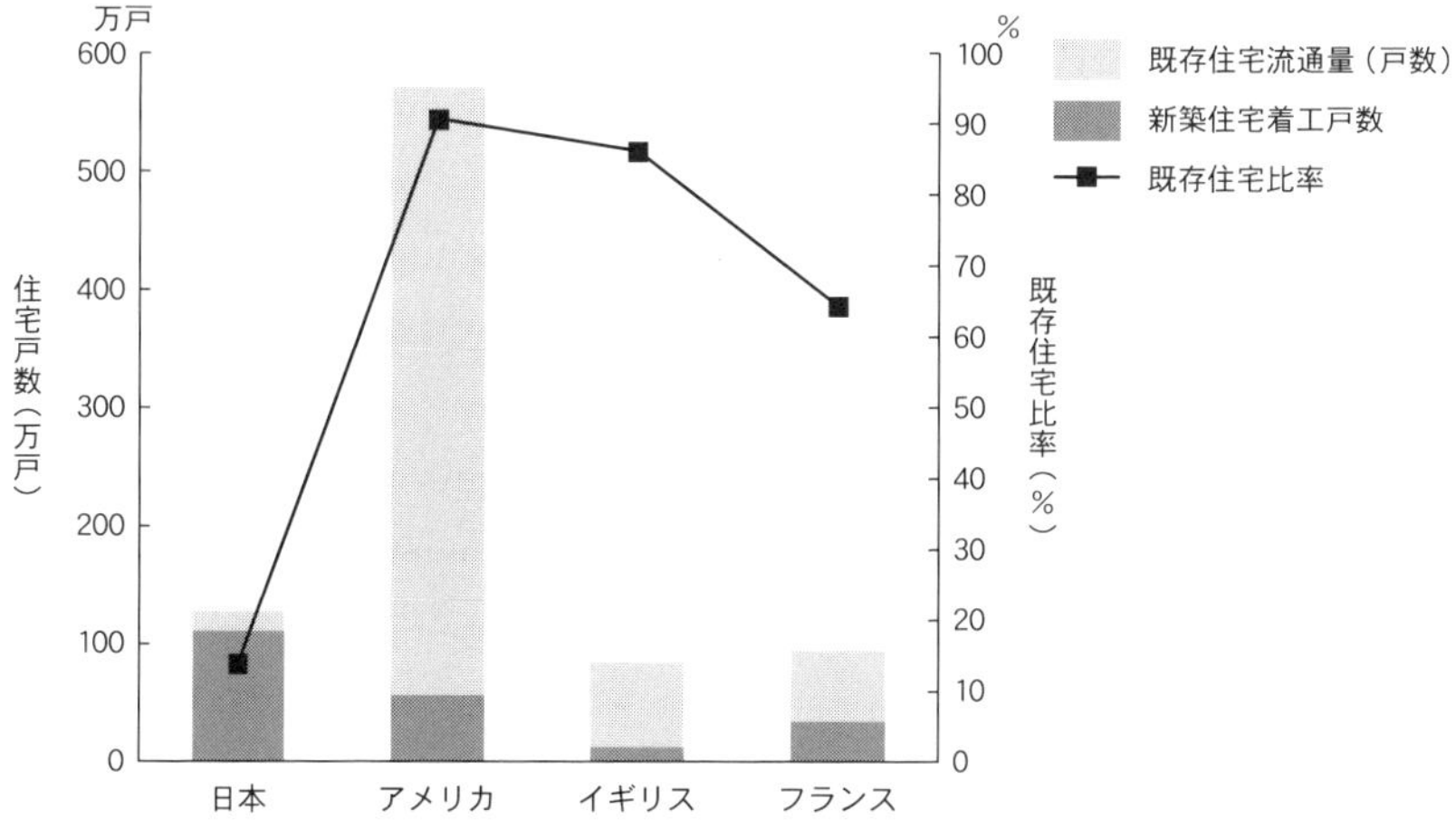

【図１】全住宅流通量に占める既存住宅流通戸数の国際比較（出典：国土交通省資料）
※日本は2008年、アメリカ・イギリス・フランスは2009年の数値

2　何が既存住宅の流通を阻害しているのか？

情報の非対称性問題

このような「日本の不動産流通の特徴」を引き起こしている原因として、「情報の非対称性」が指摘されることが多い。売り手と買い手が持っている、財の品質に関する情報量に大きな格差がある場合は、「逆選択」と呼ばれる市場から良質な財が逃避してしまう現象が生じることが知られている。このような逆選択が、日本の既存住宅市場を縮小させている可能性が指摘されている。ただし、既存住宅市場で流通している住宅の品質が粗悪であるという、Akerlof（1970）の指摘した「レモン仮説」を直接検証した研究は、日本だけでなくアメリカにおいてもない。しかし、瀬下・原野（２０１１）においては、住宅性能保証などの追加された情報が既存住宅価格を上昇させていることを実証している。また日本住宅総合センター（２００７）においては、日本の住宅が経年変化とともに急速に減価していくことが示されている。

アンカリングの可能性

情報の非対称性が既存住宅の価格形成を不十分なものとしているということは、既に言い尽くされている観があるため、ここでは「アンカリング」という心理的な特性が影響を及ぼしているとする新しい説明を遠藤・中川・浅田（２０１６）に従って加える。ここでは、まずアンカリングとは何かについて解説する。友野（２００６）によれば、アンカリングとは、「不確実な事象について予測をするとき、初めにある値（アンカー＝錨）を設定し、その後で調整を行って最終的な予測値を確定するのが〈アンカリングと調整〉というヒューリスティクス（経済学が想定してきた完全合理的な意思決定手法とは異なる、直観的、簡便な意思決定手法）である。しかし、調整の段階で、最終的な予測値が最初に設定する値に引きずられて、十分な調整ができないことからバイアスが生じることがある」としている。

典型的な例としては、Tversky and Kahneman（1974）の実験が知られている。この実験ではまず被験者に０から１００までの数字が書かれたルーレットを回してもらう。このルーレットは特定の数字（10か65）で止まるような仕掛けになっているが、被験者にはそのことを知らせず、止まった数字を見せた後に次の２つの質問をする。「国連加盟国でアフリカ諸国が占める割合は、いま見た数字よりも大きいか小さいか」と「国連加盟国に占めるアフリカ諸国の比率は、何％か」である。その結果、「10」を出した被験者の回答の平均は25％で、「65」を出した被験者の回答の平均は45％になった。この実験にあるように、まったく無関係なルーレットの数字にも被験者は明らかに影響を受けている。これが「アンカリング効果」であり、「10」や「65」といった数字が「アンカー」となって、見積り値が「アンカー」の近くに留まってしまうというものである。

不動産の価格に関して調整不十分のアンカリング効果を研究したものは、Northcraft and Neal（1987）が挙げられる。彼らは、不動産取引の専門家である不動産業者と一般の学生の被験者に対して、特定の住宅の販売価格を見積るという作業を依頼した。被験者には、実際の不動産取引に使われる情報と遜色ない10ページのパンフレットを渡し、住宅の見学にも行ってもらうという現実に近い設定をした。学生を4グループ、不動産業者を2グループに分け、それぞれに異なった売り手の希望売却価格を告げた。そして、4つの価格（①適正市場価格、②推奨販売価格、③買い手としての購入価格、④最低オファー価格）を見積らせた。その結果、学生も不動産業者も、低い希望売却価格を知らされたグループの査定価格が、高い希望売却価格を知らされたグループの査定価格よりも有意に低いという結果が得られた。このことから、希望売却価格というアンカーが査定額に影響を及ぼすということが示された。また、アンカリング効果には不動産業者の経験年数・性別・年齢・年間の取引案件数などは関係がみられなかったことが示唆された。

日本においては、20~25年経った住宅の建物価値はゼロとする評価が長い間実態上行われ、国税庁の通知などにおいてもそのような評価を前提とするものが発出されていたとされる。遠藤・中川・浅田（２０１６）では、Northcraft and Neal（1987）と同様に、日本においても客観的な査定を社会的に要請されているはずの不動産業者でさえ、顧客の希望価格がアンカーとなって価格査定が行われていることが実証的に明らかにされた。このような場合、既存住宅流通における価格付けにおいて、客観的な評価が行われるのではなく、広く流布している（客観的なバックグラウンドがないという点においては「思い込み」に近い）20~25年経った既存住宅の価値であるという、アンカーに引きずられた建物評価を行う可能性は、非常に高いものと考えられよう。

日本政府は、情報の非対称性問題を解決するためにさまざまな対応を行おうとしている。これまでにも住宅履歴情報の蓄積を進める政策が取られてきた。現在もアメリカで普及しているMLS（Multiple Listing Service）をモデルに、不動産取引においてやり取りできる情報を蓄積する「情報ストック構想」、インスペクションの充実などの政策が講じられようとしている。

このような政策の施行によって、既存住宅流通の活性化は進むだろうか。ここで、既存住宅の売り手と買い手が登場する簡単なゲームによって、日本の既存住宅市場の状況を描写する。売り手の選択できる戦略は、現在居住している住宅に関する管理レベルである。一方、買い手には売りに出されている既存住宅の品質に関する「調査をしない」という戦略と、「調査を実施する」という二つの戦略があるものとする。

二つのゲームのプレーヤーの選ぶ戦略の組み合わせは4通りある。〈管理レベル低×調べない〉という組み合わせを基準にして、**表1**で（売り手の利得、買い手の利得）を整理している。売り手だけ〈管理レベル高〉という戦略に変更しても、品質に関する調査が行われないから、既存住宅は高い価格では売れず、売り手の利得が0に低下する。次に買い手のみがインスペクションを行っても、売り手が高いレベルの管理を行っていない限り、コストをかけた分だけ買い手の利得は低下して0になる。しかし両方が同時に戦略を変えた場合は、双方の利得が倍増する。

このようなゲームは複数均衡問題として知られている「解決が困難な問題」である。このゲームでは、〈管理レベル低×調べない〉という状態と、〈管理レベル高×調べる〉と

【表１】既存住宅市場の売り手と買い手の利得表

	中古の品質を調べない	中古の品質を調べる
自分の家の維持管理レベル低	(10, 10)	(10, 0)
自分の家の維持管理レベル高	(0, 10)	(20, 20)

いう状態が双方とも、「ナッシュ均衡」と言われる状態になっている。しかし、〈管理レベル低×調べない〉均衡に社会がある場合に、双方にとってより望ましい〈管理レベル高×調べる〉という均衡に移行することができるだろうか？

それは非常に困難だ。表1から明らかなように、一方だけが戦略を変えても、相手が戦略を変えない場合、戦略を変えた方の利得は低下する。二つの均衡のうち社会的な価値が低い均衡を、価値が高い均衡に移行させることは、自然には実現しない。売り手と買い手が同時に選択を変更することが必要になる。そのためには、売り手と買い手というゲームに登場するプレーヤーが「同時に行動を変える」ことが、双方にとって好ましい結果をもたらすという世界観を共有することが重要だろう。

既存住宅流通の阻害がもたらすもの

自分が住んでいる家を売却することができない場合、自分だけで「その住宅を使い切ってしまう」という居住スタイルがもたらされる。技術的には、住宅という財は世代を超えて存続させることができる。しかし、既存住宅市場が発達していないことから、日本の住宅の寿命は欧米のそれに比較して非常に短いものとなっている。滅失住宅の平均寿命を国際比較すると、日本は27年（住宅土地統計調査、２００３／２００８）、アメリカは64年（American Housing Survey, 2003 / 2007）、イギリスは84年（Housing and Construction Statistics, 2003 / 2008）となっている。

このように既存住宅の流通が日本で阻害されていることは、人々にさまざまな悪影響を与えている。これらを解決するためには、どのような対応が図られるべきであろうか。次に、既存住宅流通に大きな役割を果たすであろう不動産業者の役割を考察してみた。

3　不動産業者の役割

不動産業者とはどんな存在なのか？

既存住宅は新築時の図面がなかったり、備えていた性能が不明であるケースがたくさんある。そもそも、住宅購入後の維持管理状態が現在の建物の品質を大きく左右する。このため既存住宅流通にあたって必要な情報は、新築住宅に比べて種類も量も飛躍的に増大する。必要な情報がやり取りできない場合は、買い手は既存住宅の品質および価格の妥当性を判断することができず、売買は成立しない。つまり、既存住宅流通を促進するためには、質の良い十分な情報のやり取りが行われる環境が必要だ。

しかし不動産市場とは、不動産の売買を行ったことのない売り手と買い手が、非常に高額な取引を行う場所である。このような専門知識も経験もない主体同士が相手をサーチするような場合、そのコストが非常に大きなものとなり、自分の好みにあった住宅を取得できない、思ったような価格で売れないなどの結果がもたらされよう。このため、一定の資格を認定された専門家がそのやり取りを仲介する仕組みが、どの国においても発達している。不動産業者とは売り手と買い手のサーチコストの削減を通じて、不動産売買を促進する役割を果たしてきた。

不動産業者はこの役割を、不動産取引の二つのステージで異なる機能を果たすことで達成してきた。一つは、売り手と買い手を引き合わせるマッチングステージにおける情報提供機能、もう一つは売り手と買い手に取引を完遂させるバーゲニングステージにおける、売り手エージェントと買い手エージェントとしての代理機能である。

マッチングステージにおけるネットワーク外部性

マッチングステージにまず着目する。このステージでは、売り手が提供する物件のリストを買い手に開示することで、売り手と「物件が自らのニーズに合致していると考える買い手」のマッチングを実現する。

物件の情報提供サービスは、リストを作り上げるまでは大きな費用が必要だが、もう一人の買い手に情報提供する追加コストは、非常に低いか0だという情報財としての特性をもつ。この場合、自然独占が生じる。また、このリストは「ネットワーク外部性」として知られる性質がある。古い譬えだが、よく用いられるものを示そう。「世界で1台しかないファクシミリ機」に価値はなく、ファクシミリ機の価値は、同じ機能のものを他の人たちも持っていて、相互にファックスのやり取りができる点にある。持っている人の数が多ければ多いほど、価値が大きくなるファクシミリ機のような性質を「ネットワーク外部性」という。不動産業者が持っているリストはまさにそのような性質を持つと考えられよう。リスティングされる売り手にとっては、そのリストを利用する他の売り手が多ければ多いほどリストの価値が上がる。そのようなリストは高いサービスを買い手に対してもたらすため、多くの買い手を引き付けるからだ。このため、地域不動産市場ごとにこのサービスは独占的に供給されることが効率的だ。

アメリカにおける実態を見てみよう。アメリカでは民間会社が、登記情報、住環境に関する情報などの基礎データを一元的に収集管理している。地域の不動産市場ごとに設立されているＭＬＳ（Multiple Listing Service）は、地域のほとんどの不動産業者の持つ物件リストを、この基礎情報と併せて提供することで、マッチングを効率的に進めている。

ＭＬＳについては、豊富な先行研究が提供されている。Yavas（1992）は、売り手と買い手がサーチに投入する資源を減少させるので資源節約的だとする。また、情報の集約と配分に規模の経済性があることを前提に、ＭＬＳを自然独占により生み出される主体と位置付ける研究も多い。このためYinger（1981）は政府の関与が必要だとした。しかし、インターネットの出現により、ＭＬＳによらない効率的な情報の検索も行いうるようになっており、このような主張は再度慎重に検討される必要があろう。

ＭＬＳの機能は、参加する事業者の生産性にも影響を与える。例えば、Frew and Jud（1986）は、企業規模、フランチャイズへの参加によって売買量、収益が増加することを見い出しているが、ＭＬＳへの参加も大きな効果がある。一方、Frew（1987）は、もともと大きなリスティングが自前で可能な大企業ほど、獲得できる仲介手数料の減少につながるため、参加のインセンティブが低いことを示す。しかし、ＭＬＳは中小事業者だけではなく大手不動産業者も参加しており、彼らによる囲い込みも起こらないよう管理されている。これには、ＭＬＳが地域独占の仕組みであるという性格付けが影響している。つまり、地域不動産市場の独占を可能ならしめている仕組みだからこそ、構成不動産業者はＭＬＳの効率性に重大な関心を寄せる。例えば、囲い込みの禁止など適切な管理を行うインセンティブが存在する。

わが国でマッチング機能を果たしているのは、レインズだ。レインズは全国を四つの地域に分け、地域不動産市場を超えた空間的範囲を対象としている。これは、アメリカのＭＬＳが自然発生的に誕生した地域独占の仕組みであるのに対して、レインズは人為的に事業者が政府の関与の下に誕生させた仕組みであることに起因するのかもしれない。レインズによって、わが国の不動産流通市場における情報提供の一定の効率性が確保されている。しかし、現在のレインズは地域不動産市場としては過大な規模で運営されているため、情報の管理を適切に行うインセンティブがない。近年是正する試みが行われたものの、囲い込みを可能とする情報の操作も可能な状況となっていたとされる。

レインズの分割によって、レインズ自体に適切な情報管理のインセンティブを持たせるという対応も、理論的にはありうる。しかし、地域独占の主体を新たに創設することについては大きな弊害も予想される。政府がＭＬＳを手本にすすめている情報ストック構想など、不動産情報の一覧性、総覧性を確保する試みとともに、これらの情報環境のあり方についての総合的な議論が求められる。

バーゲニングステージで求められるもの

もう一つのステージであるバーゲニングステージにおいては、売り手あるいは買い手の代理人として、詳細な契約条件についてそれぞれ相手と交渉をし、融資、登記などの関連手続きも含めて契約を締結する。アメリカでは不動産業者は、基本的には売り手のエージェントか買い手のエージェントの一方であり、双方代理はその旨を開示して顧客が了解した場合に可能になる。一方わが国では、双方代理についてはアメリカのような厳格な対応は取られていない。

このような性格を有する不動産業者の機能や役割は、既存住宅流通が大きな役割を占める環境の下では、どのように変化するだろうか。まず、バーゲニングステージでの不動産業者の役割を考察しよう。新築住宅の流通においては、建物品質に関する情報の非対称性は確かに存在するものの、建築確認や住宅性能表示制度などがあるため、消費者はその品質に関して一定の信頼を寄せている。これまでの不動産業者の売り手あるいは買い手に対するコンサルティングあるいはアドバイスは、建物品質に関連するものよりも、対象土地の都市計画上の位置付けやインフラの整備状況、権利関係に関するものだった。しかし、既存住宅は建物品質に関する不確実性が高いため、建物品質に関する買い手の不安の払拭が不動産業者の大きな役割となる。場合によっては売買時に適切なリフォーム提案を行う場合もあろう。伝統的な不動産業者がこのような機能を果たしてきたかという問いに関しても、今後果たすべきかという問いに関しても、消極的な答えが返ってくるだろう。専門性の異なる膨大な仕事を、不動産業者だけに担わせるのは非効率的であり、むしろ既に存在しているリフォーム事業者、インスペクターなどの職能とのネットワークのコーディネーターとして、そのような機能を果たすことを考えるべきだ。

アメリカのほとんどの州では、教育、資格規制を不動産業者に対して課している。これらはサービスの質を確保するという目的で導入されているが、参入規制として作用しているという指摘も行われている。その結論は大きく二つに分かれる。消費者サービスの上昇に結びついているという研究（Shilling and Sirmans, 1988）がある一方で、競争制限と不動産業者の利益に結びついているという研究（Carroll and Gatson, 1981）がある。資格制度が二つの相反する効果を持つことが予想される以上、その効果とコストの慎重な見極めが必要だろう。

不動産業者に求められる新しい機能

バーゲニングステージにおける不動産業者の役割がこのようなものだとすれば、マッチングステージにおける情報提供環境はどのように設計されるべきだろうか。前述のように、バーゲニングステージにおける不動産業者の機能が他の職能とのコーディネートにあるとすれば、提供される情報も伝統的な不動産業者が提供したものを深化拡大する必要があろう。つまり、住宅性能表示、建物履歴、マンション管理組合などの管理体制に関する建物情報を豊富に含むものが、マッチングステージにおいて提供される必要がある。

既に「いえかるて」、「マンションみらいネット」などにおいて、これらの情報の蓄積が進みつつある。前述のようにこのようなデータベースにはネットワーク外部性が存在するため、それぞれのデータベースが一元化、またはデータベース間の接続が行われることで、その機能は大きく向上する。そもそも住宅履歴情報やマンションの管理体制にかかる情報などは、不動産売買のデータベースとアクセス可能になることで、管理状況と売買価格、売買確率の関係が明らかになり、本来のねらいが実現されるのではないだろうか。前述のとおり、アメリカでは「リアリスト」という単一のデータベースにより、不動産の周辺環境、過去の成約価格などの情報が集約されている。

MLSがそこから情報を引き出すことで、リスティング依頼のあった不動産に関する詳細な情報が作り上げられる。わが国においても同様の情報提供体制が整備されることが必要だろう。政府が進めている情報ストック構想の進展やその効果を注視していきたい。

それと併せて実施すべき対応としては、レインズなどのマッチングステージの情報提供環境へアクセスできる主体の拡大がある。そもそも、マッチング段階では情報はできるだけ詳《つまび》らかにすることで、適切なマッチングが行われる。しかし、バーゲニングステージでの代理機能の遂行にあたっては、ネガティブ情報に代表される特定の情報の存在が取引の成就の邪魔になるという場合もある。つまり、情報提供機能と代理機能がバンドルされている、あるいはバンドルしたサービスを提供するというのはもともと矛盾をはらんだものである。このため、情報提供機能と代理機能のアンバンドリングが追求されるべきだとする主張が、Miceli, Pancak and Sirmans（2000）よって行われている。そこでは、バーゲニングステージで代理機能を果たす不動産業者によってのみ利用可能なMLSの情報を、すべての関係者が利用可能なものとすることで、不動産業者には相反する機能の遂行からの解放を、売り手、買い手には、情報提供機能と代理機能の別々のサービスの購入を可能とするねらいがある。

不動産取引にかかるすべての情報を、売り手または買い手のエージェントになるだろう不動産業者に集中させて、マッチングステージでの情報提供を行わせる仕組みは、インターネットの普及、FSBO（For Sale By Owner）の登場によって時代遅れになりつつある。またわが国では、マッチングステージにおける十分な情報提供は、不動産業者が保有する情報だけでは不十分であることも明らかになりつつある。関係するデータベース間のアクセスを可能とするほか、不動産の売り値、買い値の形成に必要な周辺物件の過去の成約価格、周辺の住環境、建物の管理情報などの情報に、不動産業者を通して、売り手も買い手もアクセス可能な環境を整備することが必要だろう。このことにより、リフォーム提案などの後のバーゲニングステージでの交渉の見通しをある程度つけたうえで、十分な情報を持つ売り手と買い手のマッチングを行いうる環境が形成される。

このように、既存住宅流通市場において適切な価格形成機能を回復するためには、不動産業者の役割の変化を受け入れ、新しい役割を発揮しやすい環境を整えることが求められる。しかし、情報の非対称性やアンカリングの問題を解決しただけで十分だろうか。複数均衡問題がある限り、好ましい均衡に移行することは自然には期待できない。売り手、買い手双方にとって行動を変えることが好ましいという信念を与えることが必要になる。そのようなビジョンは提供できるのだろうか。

4 好ましいビジョンの共有

日米比較

既存住宅市場を活性化させることは、消費者の住み替えや移動を促し、消費者の厚生水準を向上させそうである。しかし、供給者側にはどのような影響をもたらすだろうか。住宅メーカーや不動産業者は前述の表1（137頁参照）に直接登場するプレーヤーではない。しかし、耐用性能の高い住宅を供給したり、既存住宅を仲介することでゲームを進行させるこれらの者が、住宅価格の下落や住宅投資の減少などの懸念を持っている場合、表1に示した新しい均衡に移ることはできないだろう。

まず、既存住宅市場が発達していると考えられている、アメリカの住宅市場と日本のそれを比較してみる。**表2**に整理したデータをもとに、一人当たりの戸数（戸／人）、金額（10億円／人）のフロー、ストックの数値を算出し、**表3**において表示している。**図2**は日本のそれぞれの値を1とした場合のアメリカの指数である。

図2から明らかなように、日本とアメリカの住宅ストック数は両者の人口規模を勘案すればほとんど差がない。一方、新築住宅着工戸数は日本の方が3割程度多い。2005年時点での比較を行っており、2005年はアメリカの住宅ブームの頂点であるから、通常はもっと大きな差がついていると考えられる。このことは日本の住宅の短い住宅寿命、高い償却率を反映している。

しかし金額で比較すると、一人当たりの住宅投資額も住宅資産額も逆にアメリカのそれが日本の2倍もの値を付けることになる。これは、耐用年数のみならず広さなども含めた住宅の質が、アメリカで高いことを反映してい

【表2】日米の住宅市場関係データ（2005年）

	総人口（千人）	世帯数（千世帯）	住宅ストック（千戸）	新築着工戸数（千戸）	住宅投資額	住宅資産額
日本	127,708	49,040	53,866	1,236	18,955.3（10億円）	346,991.6（10億円）
米国	291,089	111,278	120,834	2,068	775（10億ドル）	13,275.9（10億ドル）

出典：“Financial Accounts of the United States”,” National Income and Product Accounts Tables”,
「国民経済計算年報」、「既存住宅市場に関する日米比較」（リクルート）

【表3】日米の住宅フローおよびストックの戸数と金額ベースの比較（2005年）

	フロー（戸数）	ストック（戸数）	フロー（投資額）	ストック（資産額）
日本	0.00968	0.42179	0.14843	2.71707
米国	0.00710	0.41511	0.29345	5.02680

※米国の資産額、投資額については2005年の為替レートで円に換算。

る可能性がある。質の良い住宅が転々流通していく社会では、住宅資産の価値が高いのはもちろん、それを供給、維持管理するための投資額も大きなものとなっている可能性が高い。

シミュレーション ①用いるモデルの説明

次に国際比較だけでなく、既存住宅市場が活性化した場合の住宅市場の全体像について、ストックフローモデルを用いた簡単なシミュレーションによって表す。

ストックフローモデルとは、住宅に対する需要を、他の金融資産とのバランスを考えながら決定する消費者の行動と、そこで決まった価格に応じて新築住宅を供給する住宅メーカーなどの行動を前提とした住宅市場モデルであり、長期的な住宅市場の分析においては標準的に用いられている（Potaeba,1984 / Dipasquale and Wheaton, 1994）。**図3**では四つの図が関連付けられて描かれているが、第I象限は住宅サービス市場の均衡を表したものとなっている。住宅のサービス水準は住宅ストック水準によって表すことができるため、横軸に住宅ストック、縦軸に家賃をとった住宅サービス需要関数を描いている。ストック

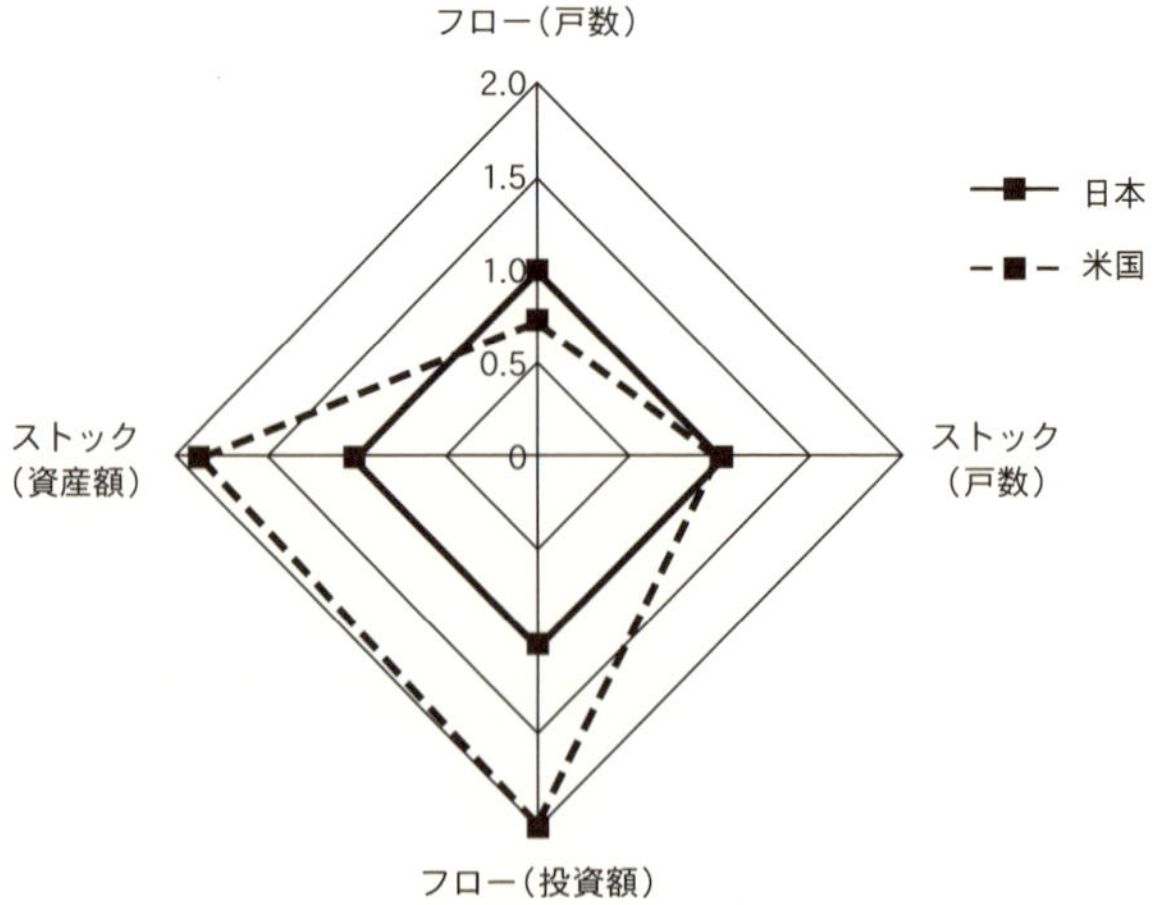

【図２】日米の住宅市場構造の比較

としての住宅サービス量は短期的には固定されたものと考えることができる。このため、与えられた住宅ストック量H0に対応して、住宅サービス需要曲線上の家賃r0が決定されている。

次に第Ⅱ象限においては、住宅サービス価格である家賃と住宅資産価格である住宅価格の関係を描写している。二つの変数の関係は、無限期間の耐用年数があるものとして、住宅価格＝家賃／利子率という関係が成立している。このため、住宅サービス市場で成立した家賃r0に従って、住宅価格P0が決定されることとなる。

次に第Ⅲ象限においては、住宅供給曲線が描かれている。横軸には住宅価格、縦軸にフローである住宅建設戸数がとられている。描かれている曲線が再建築価格により示された住宅の限界費用曲線だと考えれば、この曲線は、住宅価格P0が与えられた場合に供給される住宅建設戸数C0を示す住宅供給曲線でもあることがわかる。

第Ⅳ象限は、住宅のフローとしての新規建設戸数と整合的な住宅ストック数の関係を表したものとなっている。住宅ストック数の変化を△Hとして、新規建設戸数をC、滅失率をδとすれば、

$$\triangle H = C - \delta H$$

という関係が成立する。定常状態のフローとストックの関係

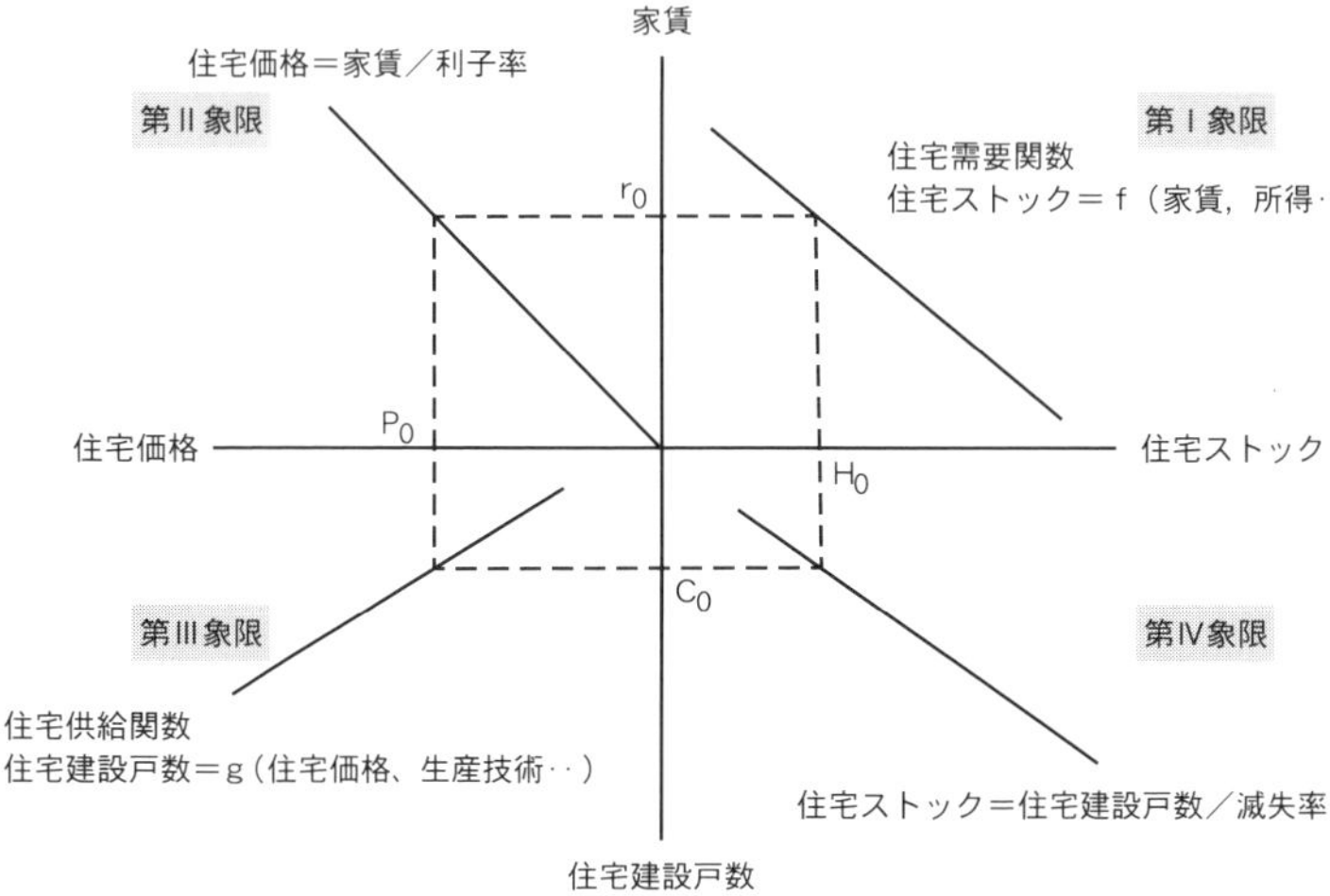

【図3】住宅市場のストックフローアプローチ

は、$\triangle H=0$が成立しているため、住宅の新規着工戸数C0が与えられた場合、住宅ストック数は、

$$H0=C0/\delta$$

として表されることとなる。図3に描かれているように、この四つの図が四角形で結ばれているとき、住宅サービス市場、住宅資産市場の同時均衡が達成されている。

シミュレーション② 既存住宅市場が活性化されるとはどういうことか？

これからこのストックフローモデルを用いたシミュレーションによって、既存住宅市場の活性化がどのような影響を住宅市場全体に与えるかを考察する。シミュレーションにおける重要な問題として、既存住宅市場が活性化したということを、モデル上どのようにして表現するべきかという問題がある。もっとも直接的な表現は、住宅寿命が延びることで、住宅の滅失率が低下するというものであろう。

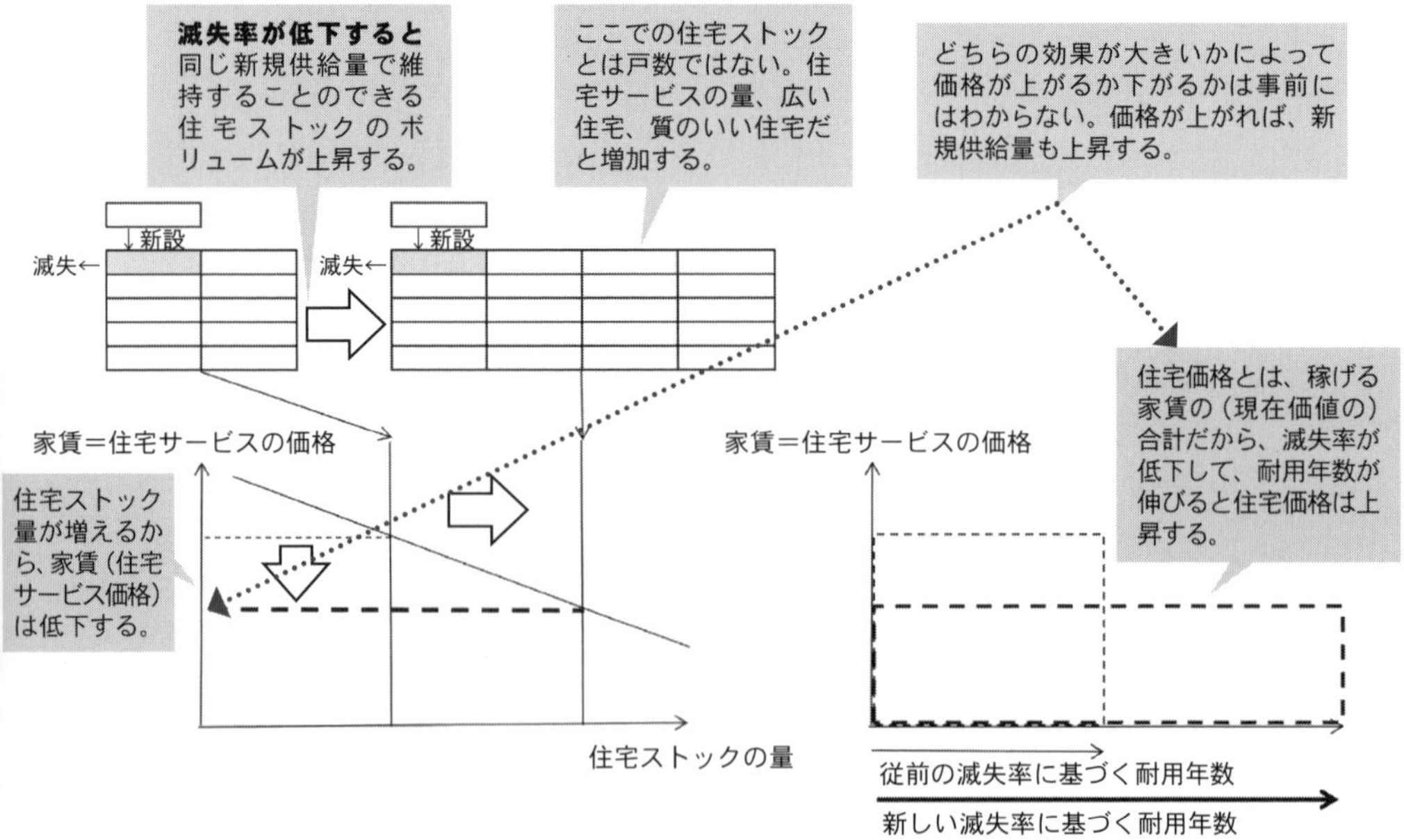

【図4】減失率低下の影響

図4の左上の二つの図に表されているのは、図3の第Ⅳ象限の住宅建設戸数と住宅ストックとの関係である。滅失率が低下するということは、同じ新規供給量で維持できる住宅ストックのボリュームが上昇することを意味する。このため住宅ストック数は増加する。しかし、ここで注意が必要なのは、住宅ストックとしてここで位置付けられているのは、住宅サービスの質も含めたものであるため、より広い住宅、バリアフリー、省エネ、耐震性能などの良質な住宅が供給されることは、この住宅ストックの量は増加することになる。

この住宅ストックの増加は何をもたらすだろうか。これは先に説明した図3の第Ⅰ象限の関係から導かれる。改めて図4の左下に描かれているが、住宅ストックの量が増加したときに、家賃つまり、住宅サービス価格が低下することが描かれている。しかし、これは住宅価格が低下することを即座には意味しない。先に説明した図3の第Ⅱ象限においては、住宅が無限期間存続することを前提に、家賃と住宅価格の関係が描かれているが、実際には住宅には寿命があるため、図4の右下の図のように、住宅価格は獲得できる家賃を住宅が存続する期間中加算したものになる。このため、住宅価格は家賃の低下と住宅寿命の長期化の相対関係で決定されることになる。図3の第Ⅲ象限に描かれているように、住宅価格が上昇するか下落するかによって、新規供給量が増加するか減少するかが決定される。

滅失率以外に、既存住宅市場が活性化した場合の影響を受けるだろうと考えられる、ストックフローモデルにおける重要な変数として、住宅需要の価格弾力性を上げることができる。既存住宅市場が未整備な場合、「いったん買って、市況や出てくる物件の状況を見て、買い直す」という方法をとることができないため、代替財があまりない中で、短いサーチ期間で選択をしなければならない。それは日本の住宅需要の価格弾力性を低位に留めている可能性があろう。白石（2003）の実証分析結果を**表4**に示しているが、アメリカの方が価格弾力性が高い。このように既存住宅市場が活性化することで、滅失率が低下し、価格弾力性が上昇する可能性がある。

図5に描いているように、価格弾力性の高い緩やかな傾きの住宅サービス需要曲線の場合、住宅ストックが増えても大きく、家賃が下落しない。このため、既存

【表4】日米の住宅需要（帰属家賃）の価格弾力性

	日本		アメリカ	
	帰属家賃	その他消費	帰属家賃	その他消費
所得弾性値	0.46634	1.10833	0.2468	1.0892
価格弾力性	-0.40041	-0.98864	-0.53696	-1.03472

出典：白石（2003）より

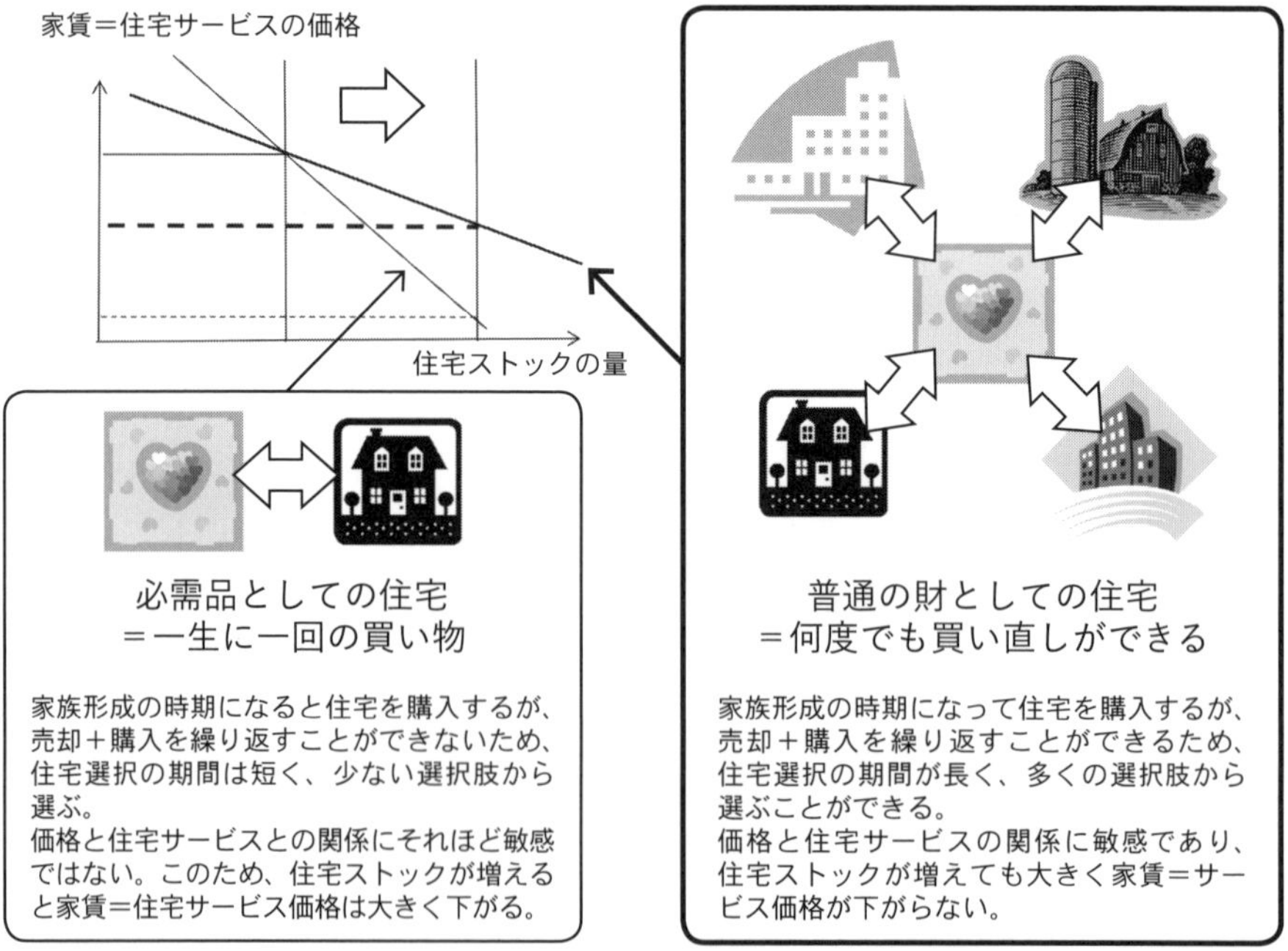

【図5】 住宅サービス需要の価格弾力性の影響

住宅価格も上昇する可能性が高くなるだろう。逆に傾きの急な住宅サービス需要曲線、つまり価格弾力性が低い場合は、住宅価格が下落して住宅の新規供給量も減少する可能性が高くなるだろう。以上のように、住宅価格に対する滅失率低下の影響は一意には定まらないため、現在の日本の住宅市場で成立しているであろうパラメータの値を前提に、滅失率や価格の弾力性を変化させるシミュレーションを実施する。

シミュレーション結果

図4から住宅ストックについては、滅失率が低下すれば必ず増加することがわかる。このため価格Pに関して、δを0・11[※1]から0・75まで変化させた場合のシミュレーションを行った。前述のとおり需要の価格弾力性について0・6〜2のバリエーションを持たせて検証をしている[※2]。**図6**は滅失率が0・11の場合の価格を1として、滅失率の変化に伴う価格の変化を指数によって表現している。

※1　国土交通省資料によれば、日本の住宅寿命は27年、イギリスの住宅寿命は84年、アメリカの住宅寿命は64年とされている。この場合残存価値が5％以下となる滅失率は、もっとも短い日本で0・11、アメリカとイギリスの平均で0・04となる。シミュレーションでは、現在の滅失率0・11を、アメリカおよびイギリスの滅失率との中間の値0・075まで変化させた。

※2　吉田・西方・中村（2010）では、マンション需要の価格弾力性を時系列的に計測しており、0・6〜2・0程度としている。

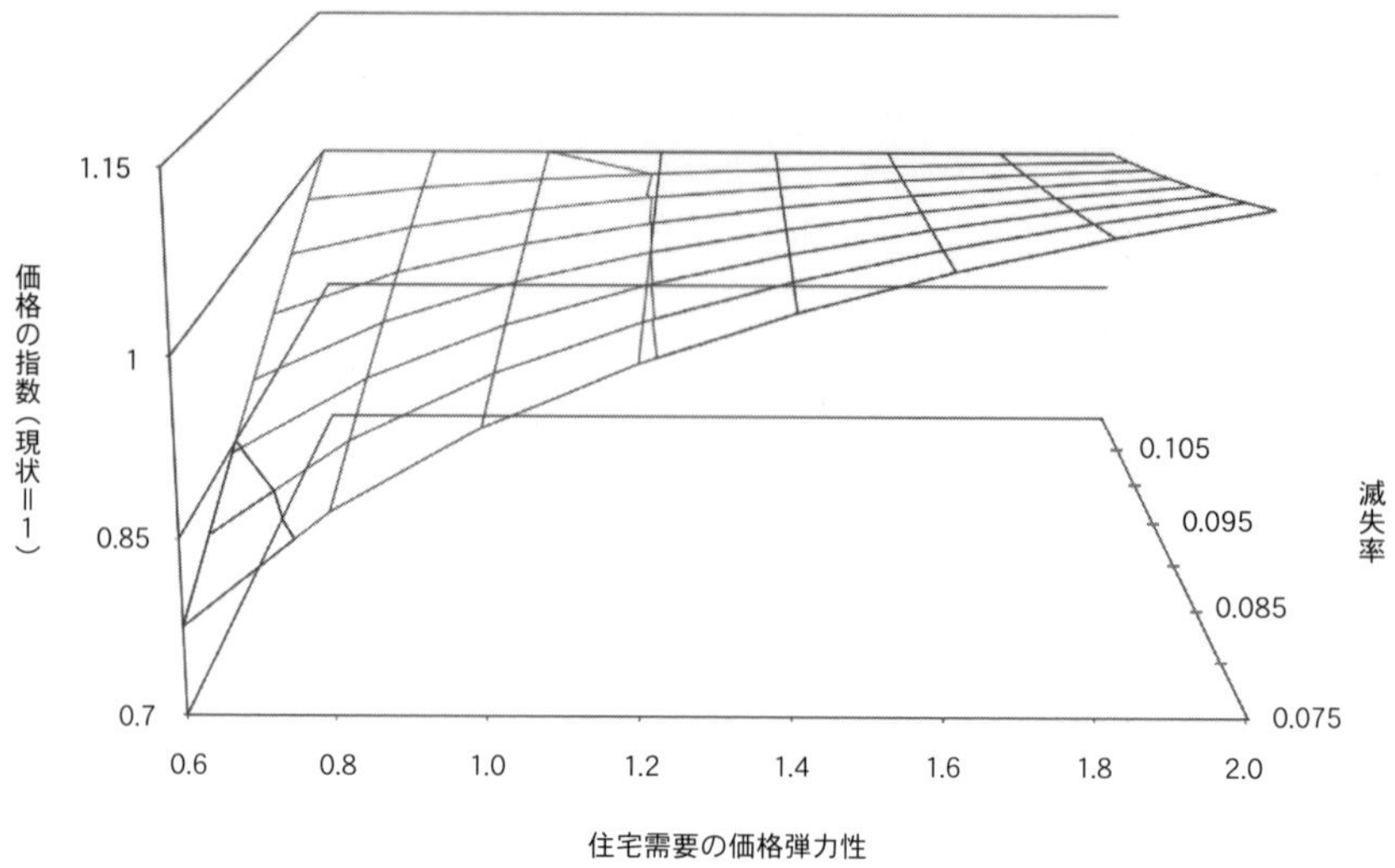

【図６】住宅価格Ｐに関するシミュレーション結果

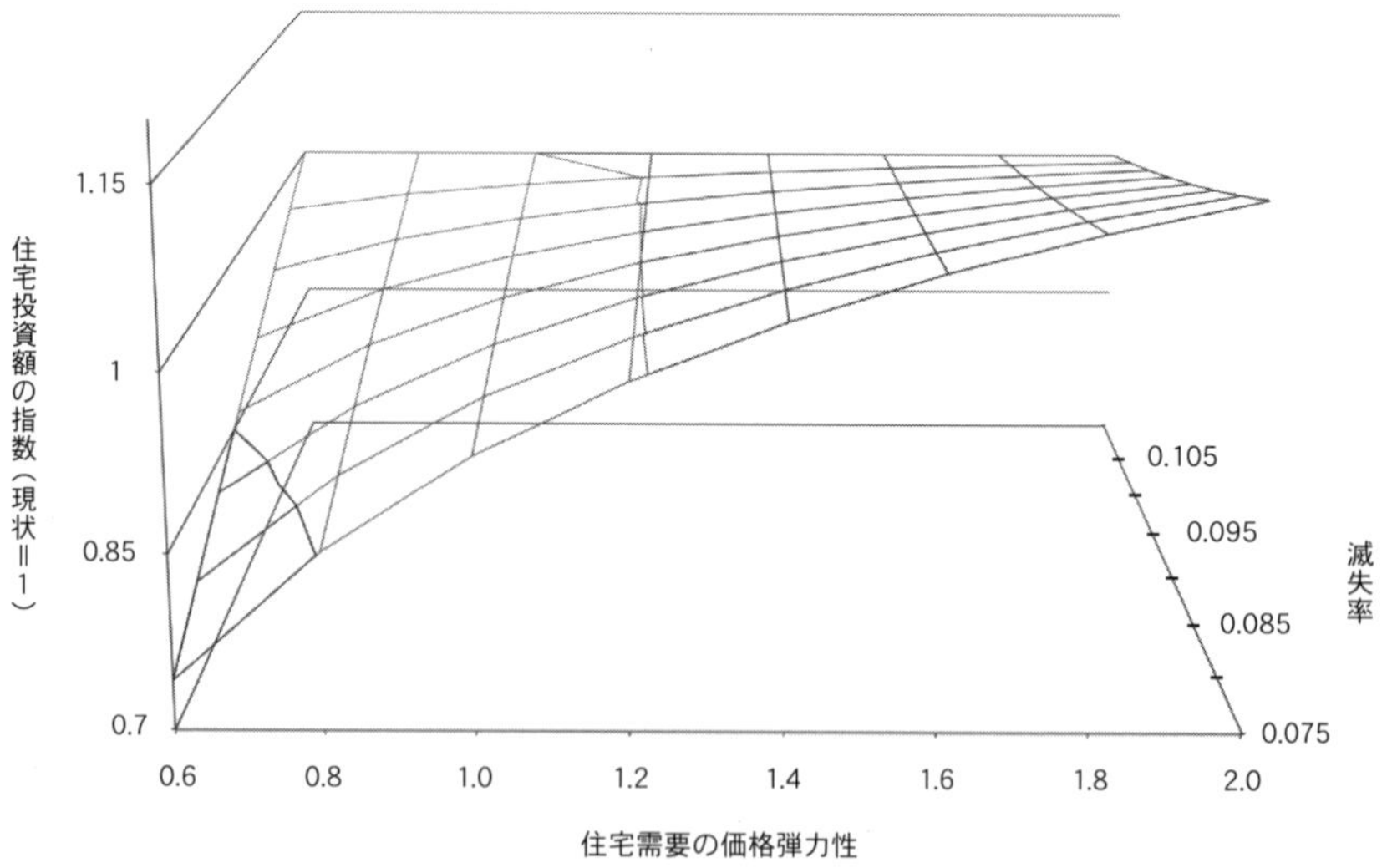

【図７】住宅投資額Ｃ×Ｐに関するシミュレーション結果

価格弾力性が低い領域では、価格は低下している。例えば需要の価格弾力性が0・6の場合滅失率が0・075まで低下すると、価格は2割程度低下している。これは価格弾力性が低い場合、滅失率の低下に伴うストックの増加が大きな住宅サービス価格の低下をもたらし、それが住宅寿命の延長に伴う住宅資産価格の上昇を打ち消してしまうほどの効果をもつためであろう。

一方、価格弾力性が高い領域、例えばそれが2のケースにおいては、住宅価格は1割程度上昇している。吉田・西方・中村（2010）によれば現在の首都圏のマンション需要の価格弾力性は1・3程度とされているが、この程度の値がちょうど価格が変化しない分岐点となっている。

最後に住宅投資額に関するシミュレーションの結果を報告する。

住宅資産価格に関する結果とほぼ同様の結果が得られている。つまり価格弾力性が低い領域については、住宅投資額は低下している。例えば需要の価格弾力性が0・6の場合、住宅投資額は2割以上低下している。価格弾力性が高い領域、それが2のケースにおいては、住宅投資額は15％程度上昇している。現在の首都圏のマンション需要の価格弾力性は1・3程度とされているが、この程度の値がちょうど投資額が変化しない分岐点となっている。（**図7**）

5　既存住宅市場を活性化させるために

既存住宅市場の活性化に関するシミュレーションから明らかになったのは、住宅の滅失率の低下に伴い住宅資産額は上昇するが、住宅価格、住宅投資額は下落する場合も上昇する場合もあるということであった。価格弾力性が高い場合は双方とも上昇するものの、低い場合はそうはならなかった。財の価格弾力性はどのような場合に高くなるのだろうか。ミクロ経済学の教科書では通常、代替財が多い場合と、選択に時間をかけることができる場合に弾力性は高まるとされている。住宅に関しては、人生ただ一回きりの選択ではなく、「いったん買って、市況や出てくる物件の状況を見て、買い直す」ことができる、柔軟な不動産流通市場が構築されている場合には、住宅需要の価格弾力性は高くなるだろう。

このことは、耐用性能に優れている住宅の供給を促進するだけでは、参加するすべてのプレーヤーが得をするいわゆるWin-Winの状況を生み出すことができないことを意味する。一方、柔軟な不動産流通市場の整備を伴う既存住宅流通の活性化は、自己実現的である。それは価格弾力性が高い消費者の反応を生み出し、住宅価格、住宅資産額、住宅投資額の拡大に結びつくため、参加するプレーヤーが既存住宅市場活性化のために行動、戦略を変えるインセンティブを増加させる。

このような意味において、日本政府がこれまでに取り組んできた長期優良住宅の供給促進のような取り組みだけでは、参加するすべてのプレーヤーの行動を変えることが困難であったと言える。不動産情報ストック構想のようなより柔軟な不動産市場を作るための取り組みと、そのような動きに参加することが、住宅市場自体を拡大する自己実現的な取り組みであるというメッセージを市場やその参加者に発信することが非常に重要になってくるだろう。

参考文献

1. 遠藤圭介、中川雅之、浅田義久「不動産価格付けに関するアンカリングと調整」、学術講演会論文集、日本不動産学会、2016

2. 原野啓、瀬下博之「既存住宅取引における情報の非対称性の影響—住宅性能保証書と住宅性能評価所の効果—」mimemo、２０１１
3. 井上智夫、清水千弘、中神康博「首都圏住宅市場のダイナミックス」、住宅土地経済74号、18～26頁、２００９
4. 日本住宅総合センター『建築後年数の経過が住宅価格に与える影響』、２００７
5. Shiraishi, Kenichi., Comparative Analysis Concerning Owner-Occupied Housing Investment in Japan and United States, Keio SFC Journal vol.2 (1), pp152-167, 2003
6. 友野典男『行動経済学－経済は〈感情〉で動いている』、光文社新書、２００６
7. 吉田光正、西方史子、中村悦広「マンション需要の価格弾力性の計測—地域別、時期別分析—」、総研リポート4、19～31頁、２０１０
8. Akerlof, George A., The market for "Lemons": quality uncertainty and the market mechanism, Quarterly Journal of Economics 84, 488-500, 1970
9. Carroll, S. T. and R. J.Gatson., Occupational Restrictions and the Quality of Service Received: Some Evidence, Southern Economics Journal, 47:4, pp959-976, 1981
10. DiPasquale, Denise and William C. Wheaton, Housing Market Dynamics and the Future of Housing Prices, Journal of Urban Economics, vol35 (1), pp1-27, 1994
11. Frew,J.R., Multiple Listing Service Participation in the Real Estate Brokerage Industry: Cooperation or Competition?, Journal of Urban Economics, 21:3, pp272-286, 1987
12. Frew,J.R. and G.D.Jud, The Value of a Real Estate Franchise, Journal of the American Real Estate and Urban Economics Association, 14:2, pp374-383, 1986
13. Miceli,T.J., K.A.Pancak, and C.F.Sirmans., Restructuring Agency Relationships in the Real Estate Brokerage Industry: An Economic Analysis, Journal of Real Estate Research, 20:1/2, pp31-47, 2000
14. Northcraft and Neal, Experts, Amateurs, and Real Estate: An Anchoring-and-Adjustment Perspective on Property Pricing Decisions, Organizational Behavior and Human Decision Processe, 39, pp.84-97, 1987
15. Potarba, James M., Tax Subsidies to Owner Occupied Housing, An Asset-Market Approach, Quarterly Journal of Economics, vol 99 (4), pp729-752, 1984
16. Shilling,J.D. and C.F.Sirmans, The Effects of Occupational Licensing on Complaints Against Real Estate Agents, Journal of Real Estate Research, 3:2, 1-9, 1988
17. Tversky and Kahneman, Judgment under Uncertainty: Heuristics and Biases, Science, New Series, Vol. 185, No. 4157, pp1124-1131, 1974
18. Wheaton, William C., Real Estate 'Cycles' Some Fundamentals, Real Estate Economics, vol.29 (2), pp209-230, 1999.
19. Yavas,A., A Simple Search and Bargaining Model of Real Estate Markets, Journal of the American Real Estate and Urban Economics Association, 20:4, pp533-48, 1992
20. Yinger,J., A Search Model of Real Estate Broker Behavior, American Economic Review, 71:4, pp591-604, 1981

第5章

住宅ストックのブランディングによる実体化

——価値ある戸建て住宅の評価手法とは

中林昌人

本章では、日本の木造戸建て住宅の市場価値の長期化とその評価手法について考えてみたい。ハウスメーカーに長期間勤務し、最後の10年間は既存住宅流通事業に従事した立場から、20年でゼロ評価が当たり前と言われる日本の戸建て住宅の評価手法にメスを入れたいと思う。そのためには住宅、住環境、暮らし、そして住まい手が今までとは異なる新たなチャレンジをしなければならない。その課題を具体的に考える。

1 戸建て住宅の価値とは？

ヨーロッパでは築100年を超える住宅が普通に流通しているという事実を日本の一般の方に話をするととてもびっくりされる。築100年の家のほうが新築の住宅よりも価値があるという話をするとさらに「？」というのが一般的な日本国民の感覚。アメリカでは築70年の家がたいへんきれいな状態で流通している。所有者が変わるたびに水回はリフレッシュされて家は蘇る。アメリカ人は、買った値段より高く自宅を売却するのが当然と考えている。築年数70年なれど手入れが行き届いているので新築と変わらない美しさを保っているなどの話に対してとてもショックを受ける方が多い。（**図1**）

一方、日本の不動産流通事情では木造建物は築20年を超えると「余計な物」として扱われる。例えば**図2**の物件では、土地の評価額から解体費を引いたものが流通価格となる。結果、日本の住宅は存続年数が非常に短い。これは、住宅がだめになったから解体するのではなく、次に買う人が建物

築47年～70年の現役住宅

アメリカ西海岸の既存住宅
築100年を越えるロンドンの戸建て住宅

【図１】海外の住宅事情（右：イギリス、左アメリカ）
出典：リクルート住宅総研

は解体して新しく自分の好みの家に建て替えることが主な原因だと言われている。日本人は家を買う人の90%が新築、欧米は90%が中古住宅で、住宅といえば中古住宅。新築住宅のほうがレアで珍しいというのが欧米である。

2 持ち家は資産か？ 耐久消費財か？

日本の持ち家は資産なのか？ それとも耐久消費財なのか？ 本来不動産は資産でなくてはいけないが日本では消費財であり負債になっているということを表現しているのが**図3**のグラフ。建物の資産価値が20年でゼロに

【図2】日本の住宅事情

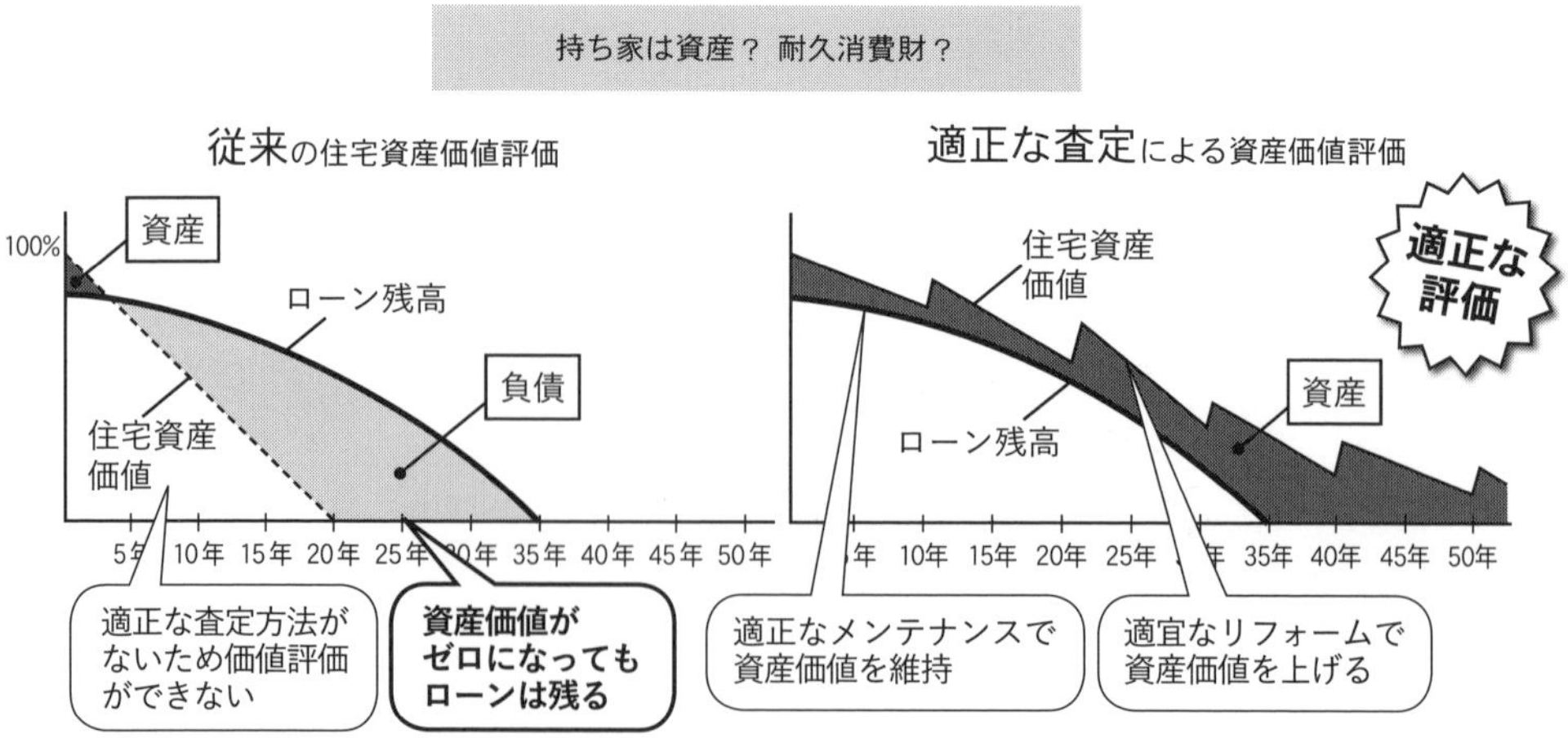

【図3】資産価値評価手法の比較

なってしまうのにローンは35年残る。例えば築15年程度で自宅を売ってもローンの残高を返せないケースは決して少なくない。自宅を売却しようにもローンを返せないので売るに売れない。これが自由に自宅を買い替えできない理由でもあり、自宅を「負動産」と揶揄する人もいる。

20年で価値をゼロにしないためにはどうすればよいのか。個人住宅の価値を維持するためにはメンテナンスが必要という観点で考えてみたい。リフォームなどで自宅をリフレッシュすることは自分の快適性が上がるだけではなく、次の所有者にその価値を認めてもらい、その家の資産価値も上がるということを実現しなければならない。しかし、そのためには家を適正に評価をするシステムがないと成立しない。

図4は日米の住宅投資額とその評価額を表している。日米それぞれ年間20兆円ずつ住宅投資をして、42年間で８５０兆円積み上がった。ところが右側の日本のストック評価額は３５０兆円しかない。５００兆円が消えてしまっている。このときに併せて発表されたのが、50代以上の日本国民で家を所有している人が不動産で平均２０００万円損をしているという説。わかりやすく言うと、20年前に土地２０００万＋建物２０００万円＝合計

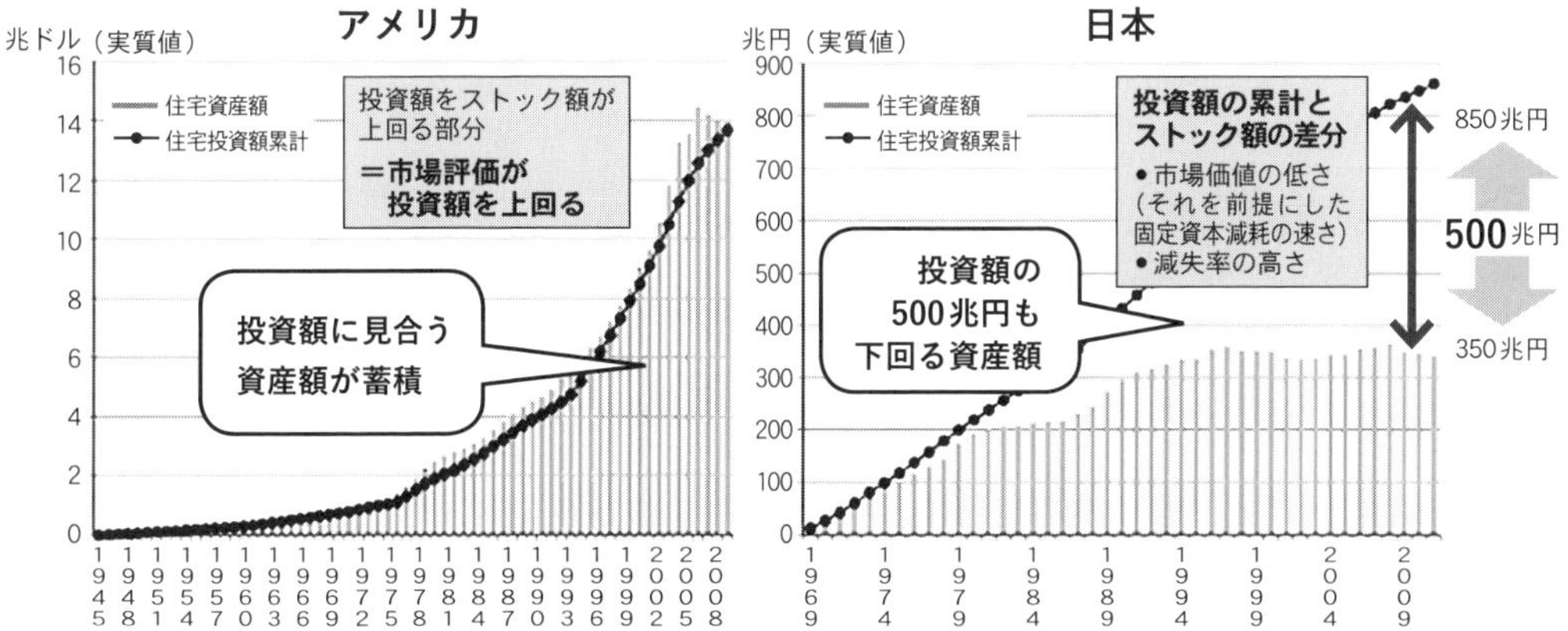

【図４】日米の住宅投資額の累計と住宅資産の比較データ
出典：国土交通省、2015年

4000万円で自宅を購入。20年後売却しようと思ったら建物の価値はゼロなので2000万円が消えている。いまは土地の値段が比較的落着いているが1990年頃に購入した物件では土地価格も大幅に下がってしまっている。どうして日本国民は住宅を買うとこんな不幸な目に遭わなくてはいけないのか。

対して左側のアメリカでは、投資に見合うストック評価がそのまま積み上がっている。一部では投資した額以上の評価もある。買った値段よりも高い値段で家を売るのが常識の国と、20年で家の価値がゼロになってしまうのが常識の国の比較のグラフである。

3 わが国の不動産評価手法

日本で自宅を売却する場合、不動産業者に査定を依頼するところから始まる。この業界では国家資格である宅地建物取引士は5人に1人いればよいことになっており、素人が家の査定に来るケースも多い。さらに国家資格を持っている人間でさえ建物のことを知らない人がいる。宅地建物取引士の試験の中に建物の質を問う項目はないので、極端な話をすると木造軸組なのか、2×4なのかわからない人が査定に来ることもあり得る。もちろんそういう人は家のコンディションのこともわからないので、「築何年ですか?」、「23年です」、「ああ残念ですね、建物の価値はゼロです」、「いや、手入れもちゃんとしているし、5年前にリフォームもしました」、「でもゼロです」という慣例がまかり通っている。日本の中古住宅市場は建物の品質、状況が非常に軽視されている。土地建物合計表示なので建物の価値がわからない。この建物にあと何年住めるのか、住むときにいくらお金がかかるのか、まったくわからないまま買うので、一生をかけたギャンブルだと言われることもある。

質がわからないから評価のしようがない。評価のしようがないから税法上の償却期間の22年で価値ゼロにしてしまおうというのが慣習。決まりではない。そういう法律があるわけでもない。ただ、住宅はそういうふうに扱われているというのが現状。したがって日本では住宅ではなくて土地として流通するケースが非常に多い。築20年以上の建物が売りに出されるとき、まだ住むことができる家であろうとなんだろうと「古屋付き土地」と言う名称で土地として売りに出されるケースが多いのが事実だ。

アメリカではMLS（Multiple Listing System）というシステムがあり、購入を検討する家に関する情報がほとんど公開され、判断基準として成り立っている。日本では建物の質や状態に関して買っていいものかどうなのか判断基準がない。中古自動車を買うときは車検や点検記録があり、安心して買える。燃費や性能がわかる。現時点で住宅の性能、つまり、この家は断熱性や気密性がどうか、光熱費がいくらかかるかなどを気にしても知るすべもない。ただ、今後はそうした情報は家選びの要素としては大きくなるであろう。

国も2014（平成26）年に「中古戸建て住宅に係る建物評価の改善に向けた指針作成委員会」という、非常に画期的なことを開始した。いままでは築20年で建物価格がゼロになり、リフォームした部分も評価されなかった。でもこれからは人が居住するという本来の価値に着目し、20年でゼロという慣例を辞めようという発想。例えば1軒の木造住宅は柱、梁、屋根、基礎の耐用年数と、キッチンの耐用年数は違う。違うのだったら、それぞれ別々に評価しよう、減価率も変えよう。内外装設備は補修・交換すれば使用価値は何度でも蘇ることにしよう。という発想で戸建て住宅の評価を改革しようというのがこの委員会。

この委員会の発想で興味深いのが木の腐食に関する考え方。木造住宅は木で作られているが、木はシロアリに食われない限り劣化しないという発想に立っている。防水がしっかりしていれば機能はずっと維持できる。法隆寺は木造なのに1300年以上建っているではないですかという理屈。でも経年のリスクはやはりあるから一定の減価は必要というちょっと矛盾した話。劣化の度合いを等級分けして50年で評価ゼロになる家と70年、100年の家、それぞれ分ける発想になっている。

さらに劣化の進捗度合いによって経過年数を短縮する発想も立案された。この家は2000年に建って、いまは築18年だけれども、劣化の度合いが低いから築10年と見なそうという理屈。非常に複雑ではあるが考え方としては整合性がある。内外装設備は適切な補修によって使用価値は100%回復する。新築時のキッチンは20年経過すると使用感が出る。使おうと思えば使えるが新しくて使いやすい設備が整ったキッチンがいろいろ発売されている。そこで、200万かけてそのキッチンを変えました。だからといってその家の価値が200万上がるわけではないというのがいままでの発想。それも変えて行こう。内外装の交換や補修の評価もいろいろな複雑な式が出てきている。

その指針に基づいてできたのが「戸建住宅価格査定マニュアル」。（**図5**）国土交通省不動産業

■建物部分の価格査定の考え方

複雑な
評価スキーム

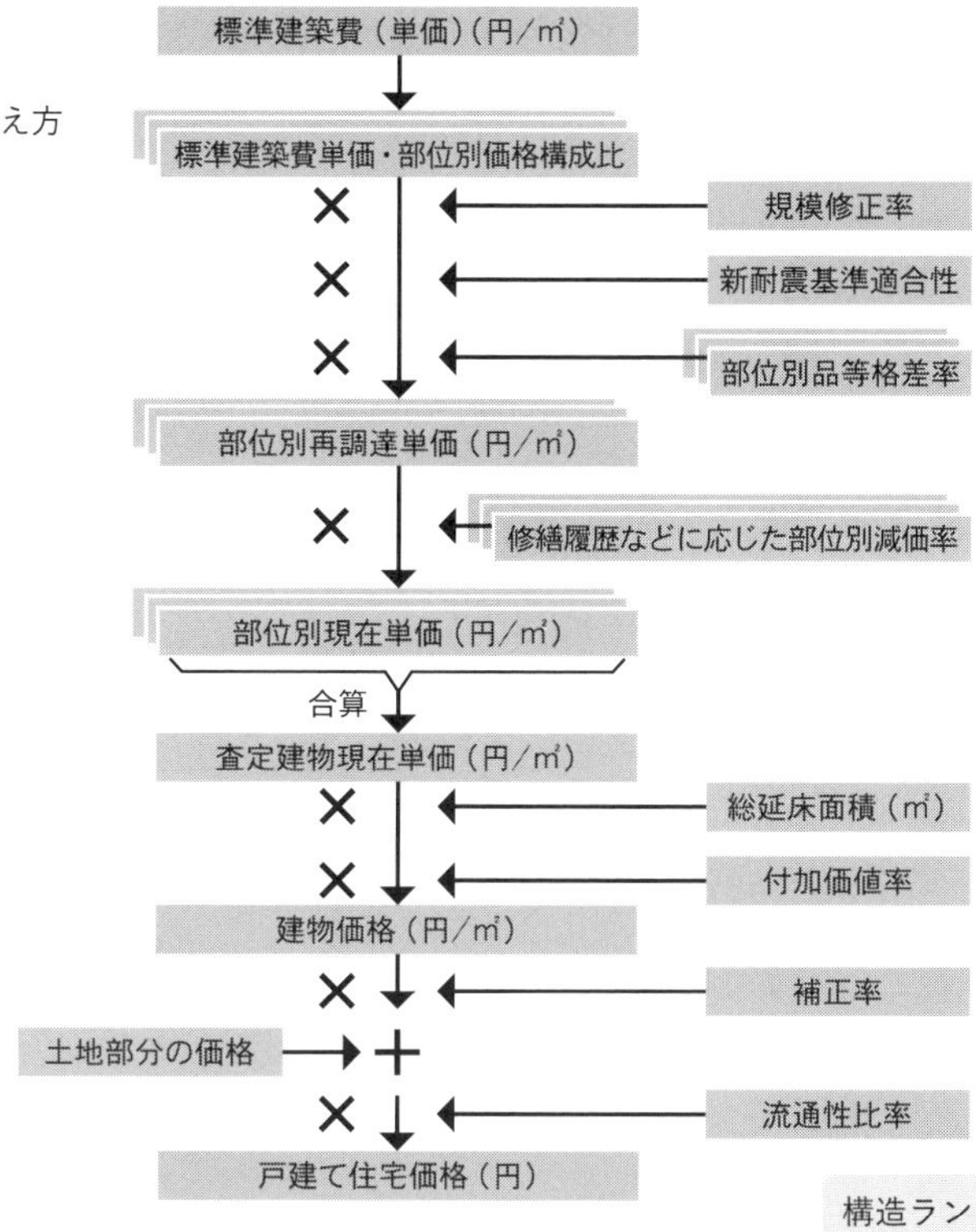

■部位別価格構成比

部位		構成比
基礎・躯体	（1）基礎・躯体	39.9％
外部仕上げ	（2）屋根材（防水下地含む）	5.2％
	（3）外壁材（防水下地含む）	8.4％
	（4）外部建具	10.8％
内部仕上げ	（5）内部建具	3.0％
	（6）内部仕上げ	11.9％
設備	（7）台所	2.9％
	（8）浴室・洗面・トイレ	6.8％
	（9）給排水・給湯設備	6.6％
	（10）照明器具・電気設備	4.5％
	合計	100.0％

10に分かれる部位

構造ランクは5段階

部位	品等格差率				
	AAAランク	AAランク	Aランク	Bランク	Cランク
基礎・躯体	1.07	1.07	1.00	0.97	0.97

部位		項目	品等格差率		
			A仕様	B仕様	C仕様
外部仕上げ	屋根	屋根	1.50	1.00	0.70
	外壁	外壁	1.20	1.00	0.80
	外部建具	外部建具	1.20	1.00	0.80
内部仕上げ	内部建具	室内ドア	1.20	1.00	0.80
		ふすま			
		障子戸			
	内装仕上げ	床	1.20	1.00	0.80
		壁			
		天井			
設備	台所	厨房	1.40	1.00	0.80
	浴室・洗面・トイレ	浴室			
		洗面所			
		トイレ			
	給排水・給湯設備	給湯	1.20	1.00	0.80
	照明器具・電気設備	照明器具	1.20	1.00	0.80

内外装・設備仕様の
組み合わせは100
通り以上？

【図5】戸建住宅価格査定マニュアル（出典：不動産流通推進センター）

課が監督している不動産流通推進センターが作成した。非常に複雑なシステムである。1軒の家を10の部位に分ける。「基礎・躯体」、「外部仕上げ」(外部仕上げも屋根、外壁、建具、サッシに分ける)、「内部仕上げ」、そして「設備」の項目ごとにもろもろ10個に分ける。そして構造のランクが5段階ある。AAAからCランク。AAAランクの家は100年以上持つという設定。一番短いCランクが30年。あとは内装関係もA仕様、B仕様、C仕様と非常に精微。でもあまりに複雑で現場ではほとんど使われていないと言われている。

この査定ではインスペクションの有無も評価に影響を与える。やるかやらないかで、17%くらい建物の価値が変わる。そして不思議なのが複雑な部位別減価率。それぞれの部位別に減価率、すなわちもとの価格と落ちていく価格の割合が変わって、それぞれの部位別に手入れの有無に比例する。

筆者の試算では、東京都内木造100平米、築20年、構造躯体Cという一番低いランク、内外装設備B、ただし新築時の設計図書あり。施工会社による定期点検あり。この条件を入れると、いまではゼロ円だった物件に何と539万円という値段がつくことがわかった。画期的な話である。

問題はこの539万円という査定価格を市場価値に変換すること。いくら高い査定を出してもその査定で買ってくれる人がいないと市場価値にはならない。ここが非常に重要。だがこの指針、実を言うと最後は少し腰砕けになっている。(**図6**)

腰砕けその1、検査人の責任範囲。査定にはインスペクションの実施を想定している。当時はインスペクターの基準がはっきりしておらず、インスペクターを認定する団体も複数あった。民間基準で私はインスペクターと名乗れば誰でもインスペクターになれる時代があった。国としてまだ基準を決めていなかった。しかしその問題は2017年、宅建業法の改正に基づいて宅地建物取引業法上のインスペクションは建築士が条件と決まったことにより解決した。これである一定の権限、責任の範囲がはっきりした。

その2、売り主からの情報。例えば家を建ててずっと手入れをしてきた人がその家を売却するとき、その情報をもとに価格付けをしようとする。その手入れの情報がこの指針では、売り主からの情報は客観性に乏しいとばっさりと切り捨てている。これよりもインスペクションのほうが重要と位置付けしている。インスペクションというのは、例えば築20年の家に建築士が来て、2〜3時間見て目で見えるところしか判断できない。やらないよりはやったほうが良いけれど、その家のいままでの本当の育ち方がわかるわけ

インスペクションなどによる個別の住宅の状態の把握

【その1】

- 特に基礎・躯体については、その機能が維持されている期間内であれば、内外装・設備の補修などを行った場合に住宅全体の価値が回復・向上する原則を採用しており、基礎・躯体の劣化状況を確認することが大きな意味を持つため、評価を行う際の前提として、適切なインスペクションの実施を想定。
- この際、行ったインスペクションの内容や、検査にあたって前提とした情報を依頼主に対して示し、**検査人の責任範囲を明らかにする**（Scope of Work）とともに、依頼主などに対し、上記内容の説明を行うことが必要。
- また、インスペクションによる劣化事象の見落としリスクについて、評価において、インスペクションの程度に応じた価格調整を行う方法や、保険などの制度で買主の利益が保護されている場合は見落としのリスクが一定期間減ぜられていると判断する方法などが考えられる。

【その2】

- インスペクションを実施しない場合（またはできない場合）には、例えば過去の維持管理の状況を示す根拠資料や告知書など売り主側から提供された情報をもとに評価を行うことが考えられる。ただし、この場合においては、インスペクションを行う場合に比べ、住宅の状態に係る情報の量や客観性が確保しがたいことに留意し、**評価の前提とした情報について併せて明示する必要**がある。

1．検査人の責任範囲 → 宅建業法 → 建築士資格
2．売主からの情報 → 情報の量や客観性に乏しい

参考としての評価額の提示、「実質的経過年数」「残存耐用年数」の利用可能性

【最後】

- 改善された評価によって算出された価格は、**現状においては市場価格と乖離する可能性が高く**、評価者によって最終的に市場での相場に合わせた評価額を導出することが想定される。
- 一方で、取引などの局面において、例えば、参考として本指針に基づく評価による価格（**参考価格**）**を市場での相場を勘案した評価額**と併せて提示するなどの取り組みを通じて、その価格が市場関係者の間に蓄積されていけば、我が国中古住宅市場の価格形成の適正化に寄与すると考えられる。
- また、価格のみでなく、「実質的経過年数」や「残存耐用年数」など個別の住宅の状況を確認する過程で生成される指標を活用することも検討すべき。

3．査定価格に対する自己否定

【図6】使用価値→市場価値への転換

ではない。逆に維持管理をちゃんとされた家、例えば、ハウスメーカー基準のように1年目、2年目、5年目、10年目、その後5年ごとに点検があって、過去にどんな雨漏りがしたか、そのときどういう処理をしたのか全部記録として残っている。筆者はそのほうが情報としての価値があると思っているが、このときにはインスペクションが必須と決定した。

最後の腰砕けは、この査定は現状においては市場価格と乖離する可能性が高く、評価者によっていろいろ変わるので本指針に基づく評価は一般的な相場と合わせて出してくださいとの記載。これは完全な自己否定としても受け止められる。

この指針が出たときのモデルケースが**図7**である。もともとの査定では築30年、相場1500万円、建物ゼロ

足して2で割る日本人的な解決発想

築年数：30年
相場：1,500万円
（建物0円 ＋ 土地1,500万円）

▶ 新たな建物評価手法に基づき算出される参考価格
2,400万円程度（**建物900万円** ＋ 土地1,500万円）

売主側宅建業者：従来の相場では1,500万円ですが、建物評価の指針に基づいて算出した参考価格は2,400万円と出ています。

売主：参考価格は2,400万円と出たので、相場より高いけど、2,200万円で売り出そう。

成約価格：2,000万円（**建物500万円** ＋ 土地1,500万円）

買主側宅建業者：売出価格は2,200万円ですが、参考価格では2,400万円の価値がある物件です。

買主：予算は2,000万円なので、より高い参考価格が付いている2,400万円の物件を2,000万円で買おう。

新たな建物評価手法に基づいて算出される参考価格も視野に入れながら、売り値、買い値の交渉が行われる。このケースでは、従来の相場では0円となってしまう建物の価格が成約価格では500万円回復している。

問題点 新たな建物評価手法に基づいて算出される参考価格が購入者にとって**納得性**のあるものではないと意味がない

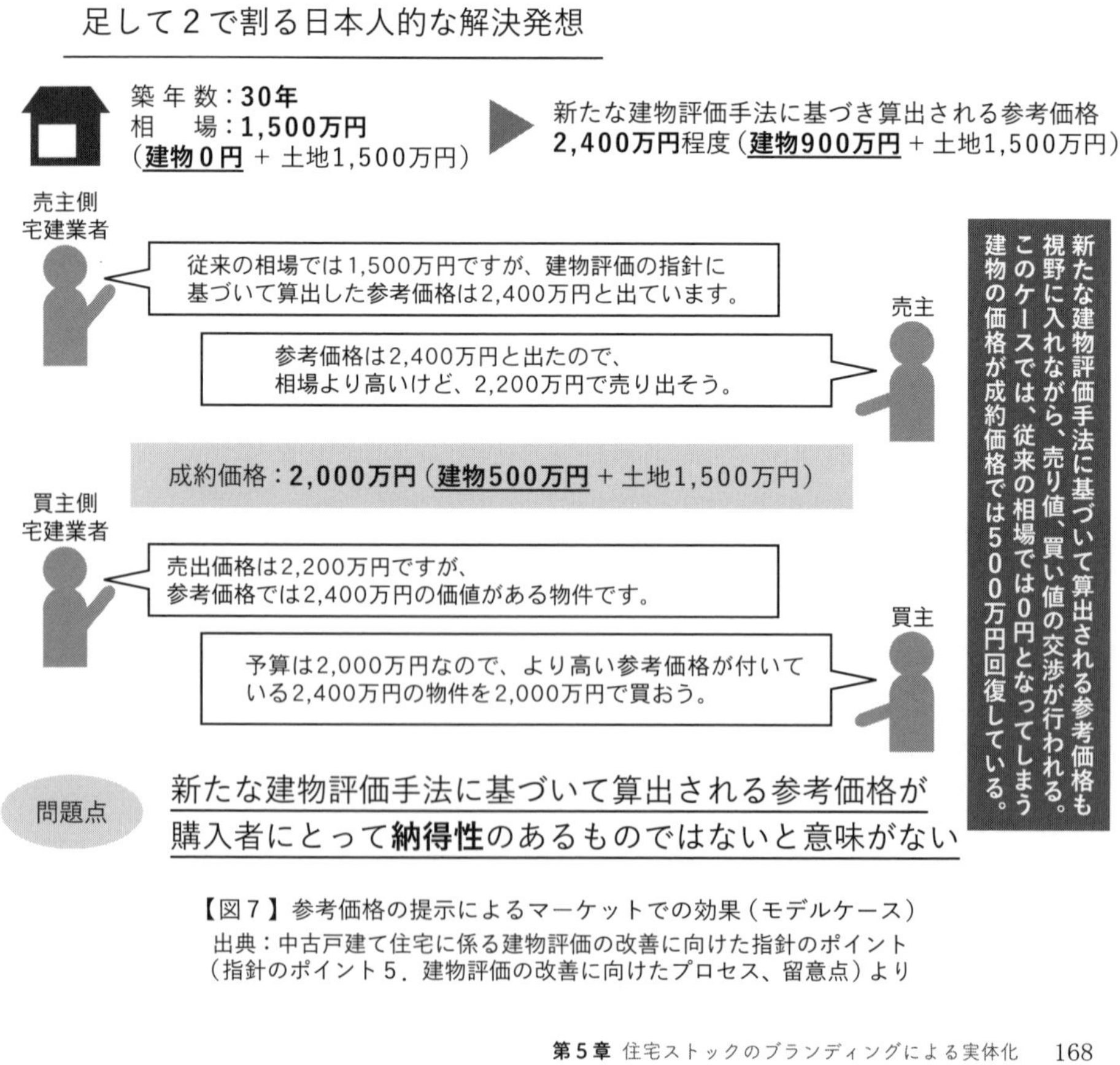

【図7】参考価格の提示によるマーケットでの効果（モデルケース）
出典：中古戸建て住宅に係る建物評価の改善に向けた指針のポイント
（指針のポイント5．建物評価の改善に向けたプロセス、留意点）より

円、土地1500万円だった。これを新たな建物評価指標に基づいて算出すると、建物が900万円の評価とされ、合計2400万という査定金額が出たという事例。売主の宅建業者は、「いままでの評価手法だと1500万円でしたが、今回2400万円出たからよかったですね。参考価格2400万円で相場より高いけれど、とりあえず2200万円で売り出しましょう」と言い出します。一方、買主側の不動産屋業者は、「売り出し価格2200万円ですが、参考価格は何と2400万円とありますね。2000万円で購入できたらお買い得です」という話になり、2000万円で取引が成立すれば、結果、建物価格が500万円回復したという、足して2で割る日本人的な発想の取引事例が想定されている。この500万円に根拠はない。根拠はないけれど真ん中を取ろうという話。新たな建物評価指標に基づいて算出される参考価格は購入者にとって納得性があるものでないと意味がないというのが結論。

ではどうしたらいいか。査定価格どおりに売買されるにはどうしたら良いのか？ここで10年前から活動しているある団体の査定方式を次に紹介する。

4 ハウスメーカー連合の事例

国内大手ハウスメーカー10社が連合し、自社がいままで提供してきた住宅で、ある一定の条件を満たした物件を独自の評価システムで市場に送り出そうという試みが2008年より行われてきた。ハウスメーカーの住宅は引き渡し後、長期にわたって定期点検を行い、メンテナンスを推奨するシステムが整っている。この内容をもとに一般より長い期間にわたって住宅に価値を見い出そうという試みである。

図8および**図9**のグラフのデータよると、この査定方式は査定金額と成約金額の乖離が平均1％位で落ち着いている。ほぼ査定した金額でお客様に受け入れられているということ。そしていままでゼロ円だった築20年以上の物件の平均取引価格が517万円となっている。

なぜ、このような価格での取引が可能になったのか？ ハウスメーカーの建物価格は一般的に在来木造構法より高いと言われているが、はたしてそれだけであろうか？

それに対する答えが以下に説明する【3原則】+【3手法】という考え方である。（**図10**）

【3原則】を満たした住宅を【3手法】で市場に出す。この手法を用いた流通手法を推奨しているのが「優良ストック住宅推進協議会」という団体である。そしてその流通システムを「スムストック」という名前でブランディングしている。

【原則1】50年以上にわたる長期修繕計画があり、その計画通りに点検、修繕が行われること。
これはマンションでは当たり前のことだが戸建て住宅ではほとんどない。

【原則2】計画通りに点検を受け、修繕やリフォームをした場合はその履歴が残されていること。

【原則3】1981年以降の新耐震設計基準を満たす耐震性能。

この3原則を守っている家のみがこの査定方式を利用できる。

■査定額・成約額差異／割合

差異	物件数
＋10	59
＋9	95
＋8	99
＋7	93
＋6	122
＋5	119
＋4	153
＋3	174
＋2	177
＋1	181
±0	**766**
−1	229
−2	215
−3	223
−4	174
−5	146
−6	140
−7	100
−8	106
−9	116
−10	89

査定額より高く成約（＋10〜＋1）
査定額より安く成約（−1〜−10）

±10％ **71％**
±8％ **64％**
±6％ **56％**
±4％ **45％**
±2％ **31％**

■査定額と成約額の分布

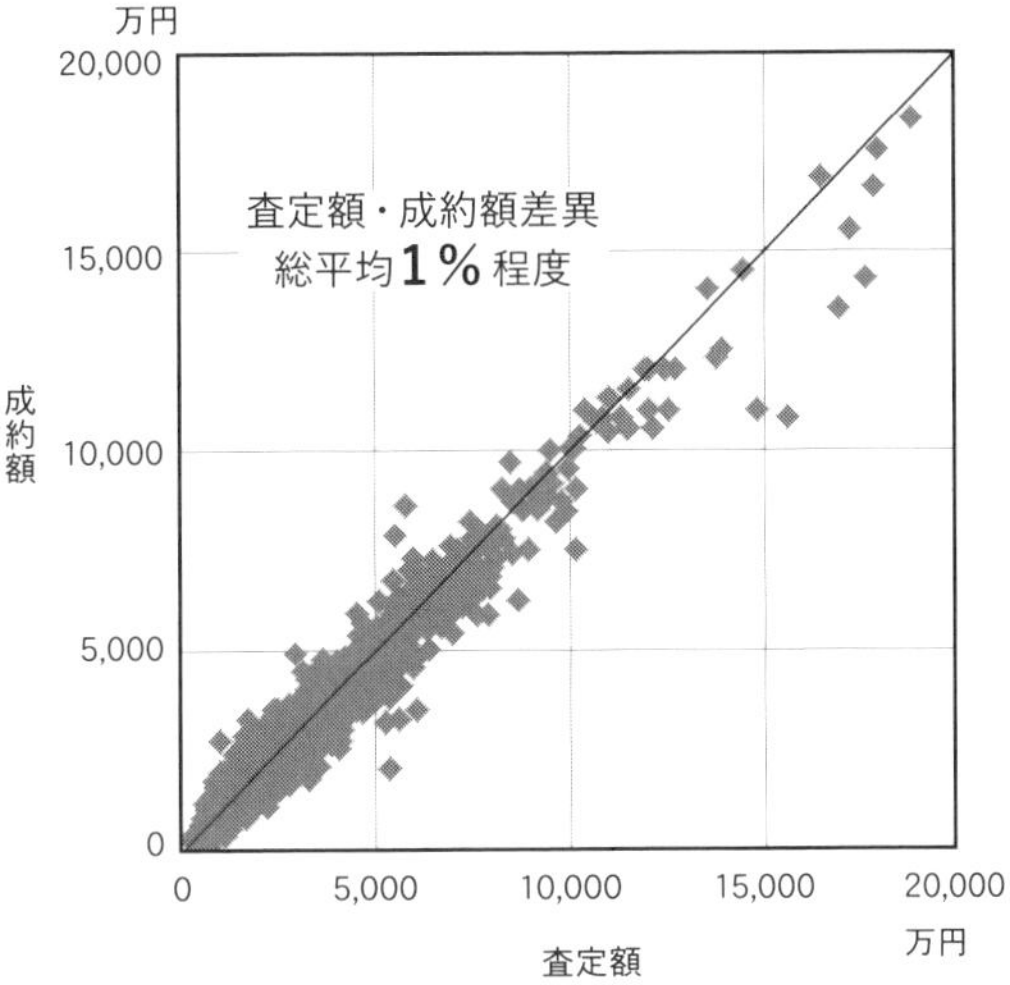

【図８】査定額と成約額の差異（土地・建物合計）

■築年ごとの成約割合

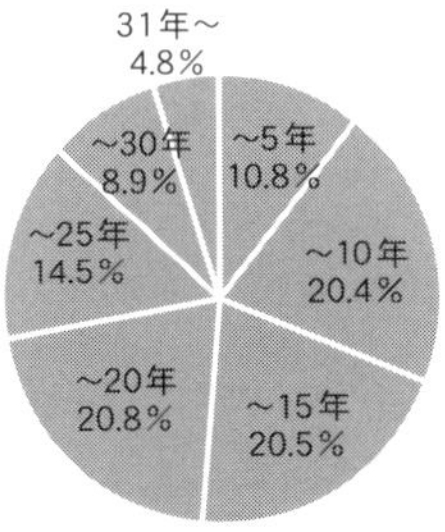

築年数20年以内で
70％強を占める

■築年ごとの建物価格

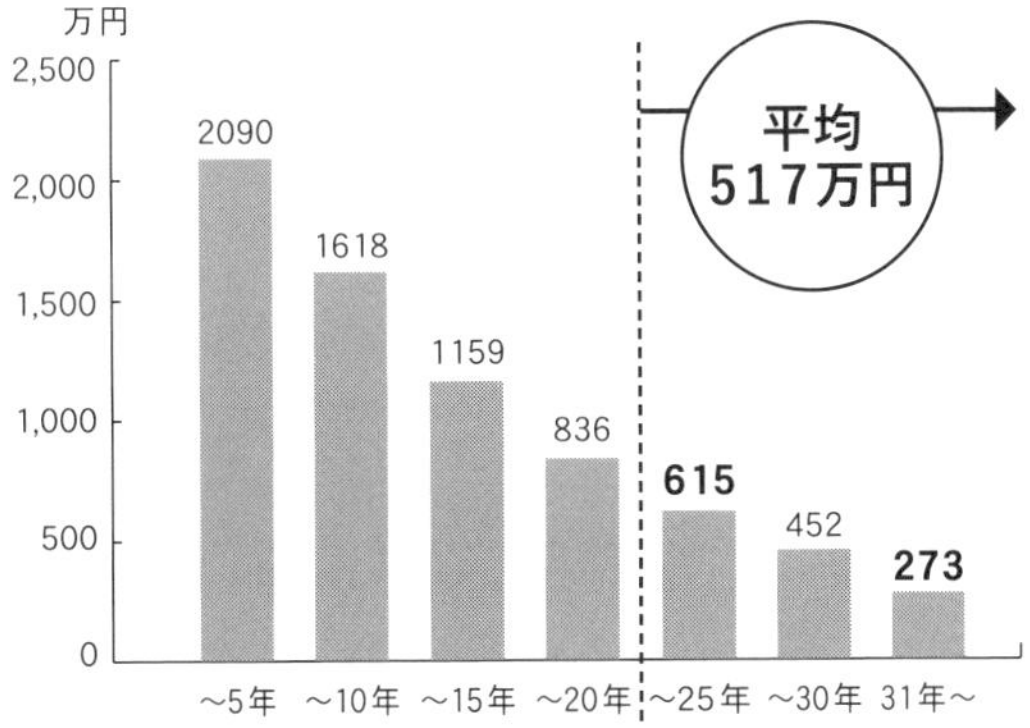

21〜25年：615万円　31年以降：273万円で成約
21年以降の建物平均価格は517万円

【図９】築年ごとの査定額と成約

そして3手法。

【手法1】 資格認定販売士が査定から販売まで実施

協議会が独自に作成したマニュアルに基づき、建物のインスペクションを行い、通風、採光、収納量のバランス、家事動線などその住宅の持つ間取りや設備のポテンシャルを評価する。100項目以上のチェックシートはそのまま購入検討者に対するプレゼン資料になる。資格認定販売士は、宅地建物取引士資格を持ち、さらに建物にも詳しく、設備や性能について説明できる能力を持つ。協議会主催の試験を受けて合格した人だけが査定を行い、専任媒介契約に基づき販売まで責任をもって行う。駅からの距離や、日当たり、近所の生活の利便性など、現在の仲介担当営業マンは買主が自分で調べようと思えば調べられるようなことしか買主に伝えられなかった。

しかし、この資格を持つ人間は、買主に対し、住宅性能、設備、価格の根拠を的確に伝えることができる。ハウスメーカーの新築担当営業マンが自社製品の特長、メリットをくまなく伝えて選んでもらおうという行為と同じことを中古住宅でも

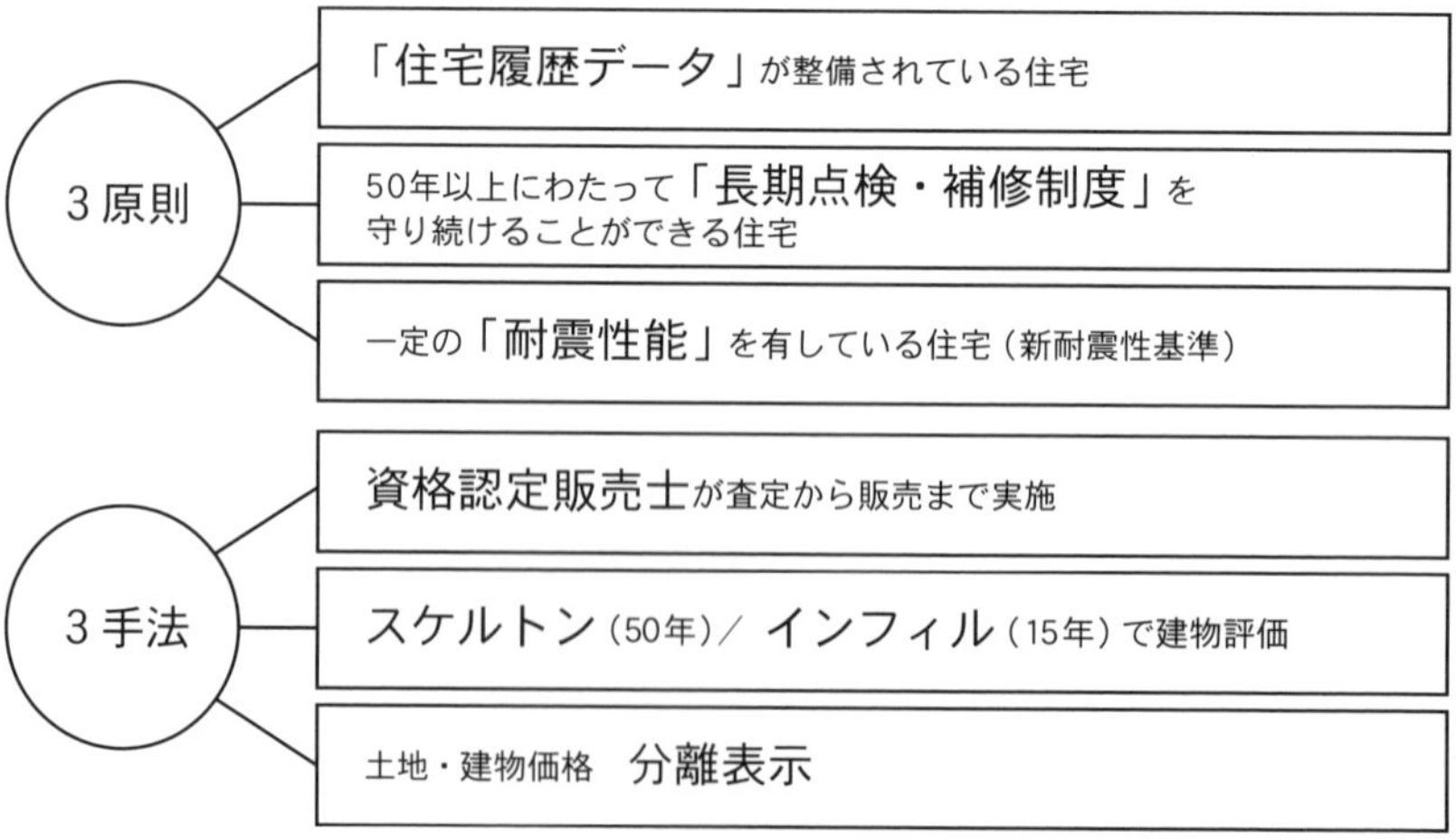

【図10】3原則3手法

行うわけである。

例えば、あるメーカーでは、1985年に発売された商品はどんな性能でどういうキッチンがついているなどを理解してもらうために、中古住宅を買う方に新築のときのカタログをお届けして納得してもらうという手法を取っている。この資格は査定だけでなく販売まで責任を持ちますよという意味を込めて「スムストック住宅販売士」という名称とされている。

【手法2】建物をスケルトンとインフィルに分けて評価

建物の評価区分は、スケルトン（構造体）とインフィル（内装設備）のみに分かれている。先ほどの国が決めた査定方式では10か所以上分けたが、ここではスケルトンとインフィルだけに単純化している。スケルトンは50年、インフィルは15年の減価年数。先ほど紹介した何十種類の組み合わせを単純化してこの二つにして、あとはリフォームの状況、メンテナンスの状況などを考慮して査定する。

5　スムストック査定方式による建物減価グラフ

この方式で行くと、最初の15年はインフィルの価値が落ちるが、あとは緩やかに50年かけてスケルトンの価値が落ち、**図11**のグラフの点線のように減価する。ちなみに実線のはいままでの評価手法に基づいている。ただし、この考え方は無条件ではない。規定どおりのメンテナンスを行い、それなりの維持管理費をかけることで価値が維持できるという理屈になっている。

以前住宅のことを何もわかっていない経済評論家がマンションと戸建て、どちらが得かといったテレビ討論番組の中で、「マンションは毎月管理費を取られ、さらに修繕積立金も取られるけれど、戸建ては取られないから良い」といったおかしな話をしていた。実際には戸建てに住む人は修繕費を自分で積み立てて長期修繕をやらなければいけない。ただそれを実施する人はほとんどいないということ。ハウスメーカーの場合は会社主導で点検、修繕を行うことで結果的に自宅の価値が維持できている。ここで維持管理された家とそうでない家の流通価値が変わってくるということが証明されている。

【手法3】土地建物分離表示

通常、不動産業界では中古住宅の場合、土地建物価格

新築時建物価格2,500万円の査定額シュミレーション

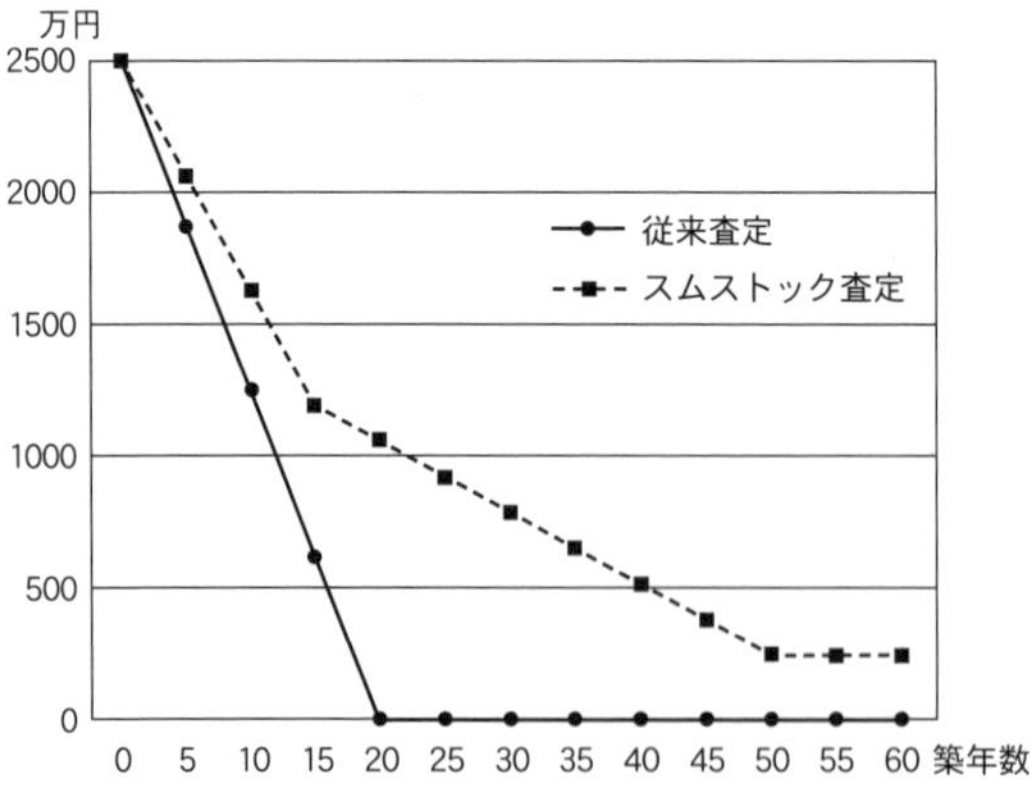

① 従来査定（一般木造）	
建物価格	2,500万円
S:I 比率	非採用
流通耐用年数	20年 償却後0％残価

② スムストック査定	
建物価格	2,500万円
S:I 比率	6：4
流通耐用年数	スケルトン＝50年 インフィル＝15年 償却後10％残価

※ スケルトン（S）の場合を6割とし（S：I＝6：4）、スケルトン（S）の流通耐用年数を50年（年率1.8％減価）、インフィル（I）の流通年数を15年（年率6.0％減価）で設定。また流通耐用年数20年（残価0）の一般木造と比較した。

【図 11】従来査定の比較イメージ

は総額表示。**図12**に示す5200万のうちの建物の価値はいくらかと聞いても宅建業者は答えられない。それをあえて建物価格2000万、土地価格3200万と分離表示する。この住宅には2000万の価値がありますということを購入希望者の方に堂々と言える。なぜ2000万なのですか？と聞かれても、住宅維持管理メンテナンス記録とその評価に至った査定項目書、そして今後30年間続く（築20年の場合）メンテナンス計画書を提示することにより30年以上快適に住むことができることを納得していただくという仕組みになっている。

築30年の家に500万円以上の価格が付くということはどういうことか。前述の図9で築年数別成約割合が示されていた。その中で実際に取引されている中古住宅は古い家ばかりではなく築10年以内が3割、10〜20年以内が4割という分析結果がある。つまり7

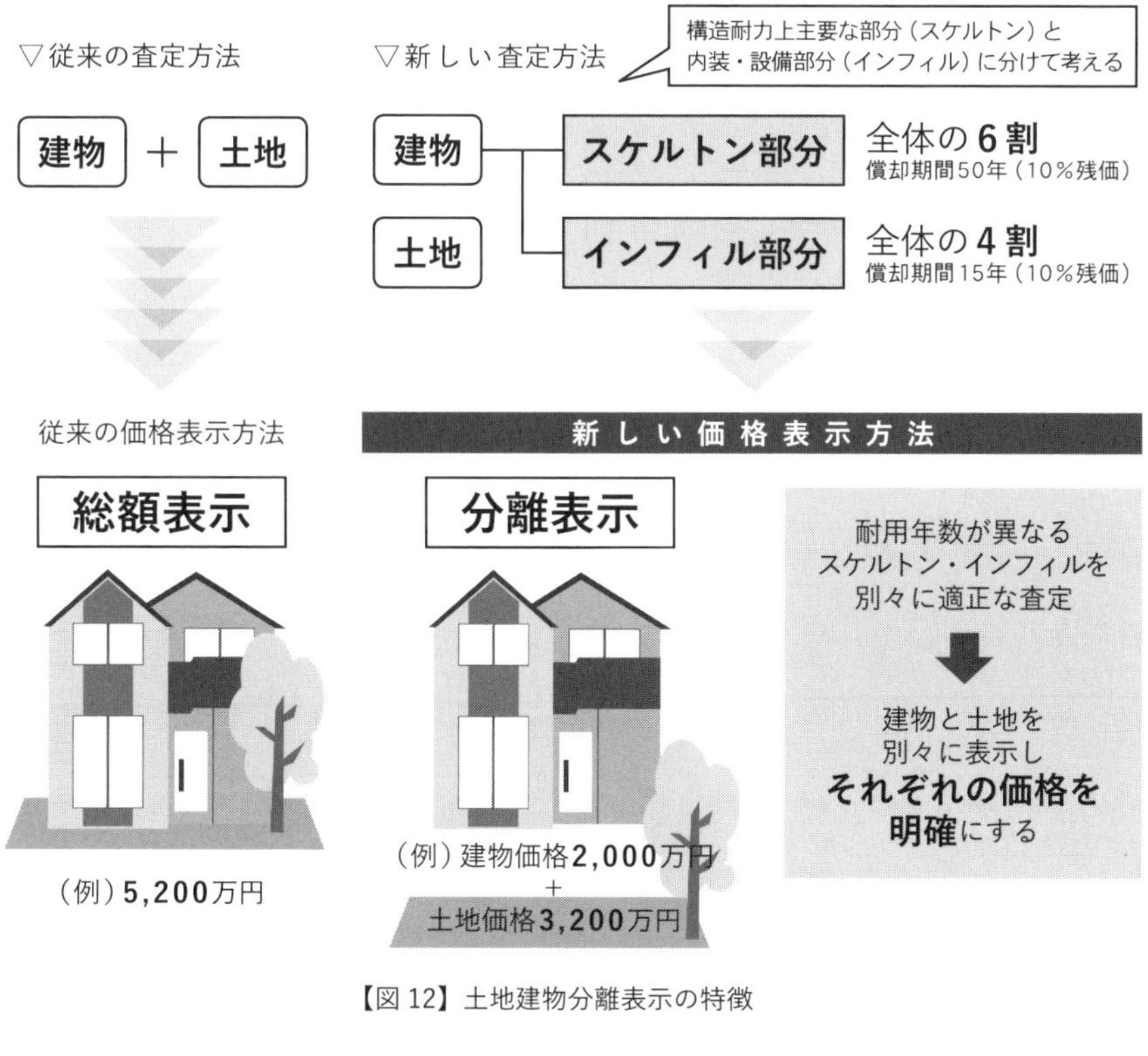

【図12】土地建物分離表示の特徴

割が築20年以内。当然まだローンは残っている。自宅を売却してもローンが完済できないというケースも多い中で、この方式では築20年以上で５１７万という価格で売却できれば残債を消して自宅を処分することができる可能性は高くなる。そしてその実績は２０１６年時点で累積６０００棟。現在国内で唯一、査定どおりで流通している手法と言われている。

6 国の新政策

２０１８年、国は「安心R住宅」という施策を打ち出した。（**図13**）「品質が不安」「見た目が汚い」「選ぶための情報がない」という３つのマイナスイメージを払拭した既存住宅に、国がお墨付きを

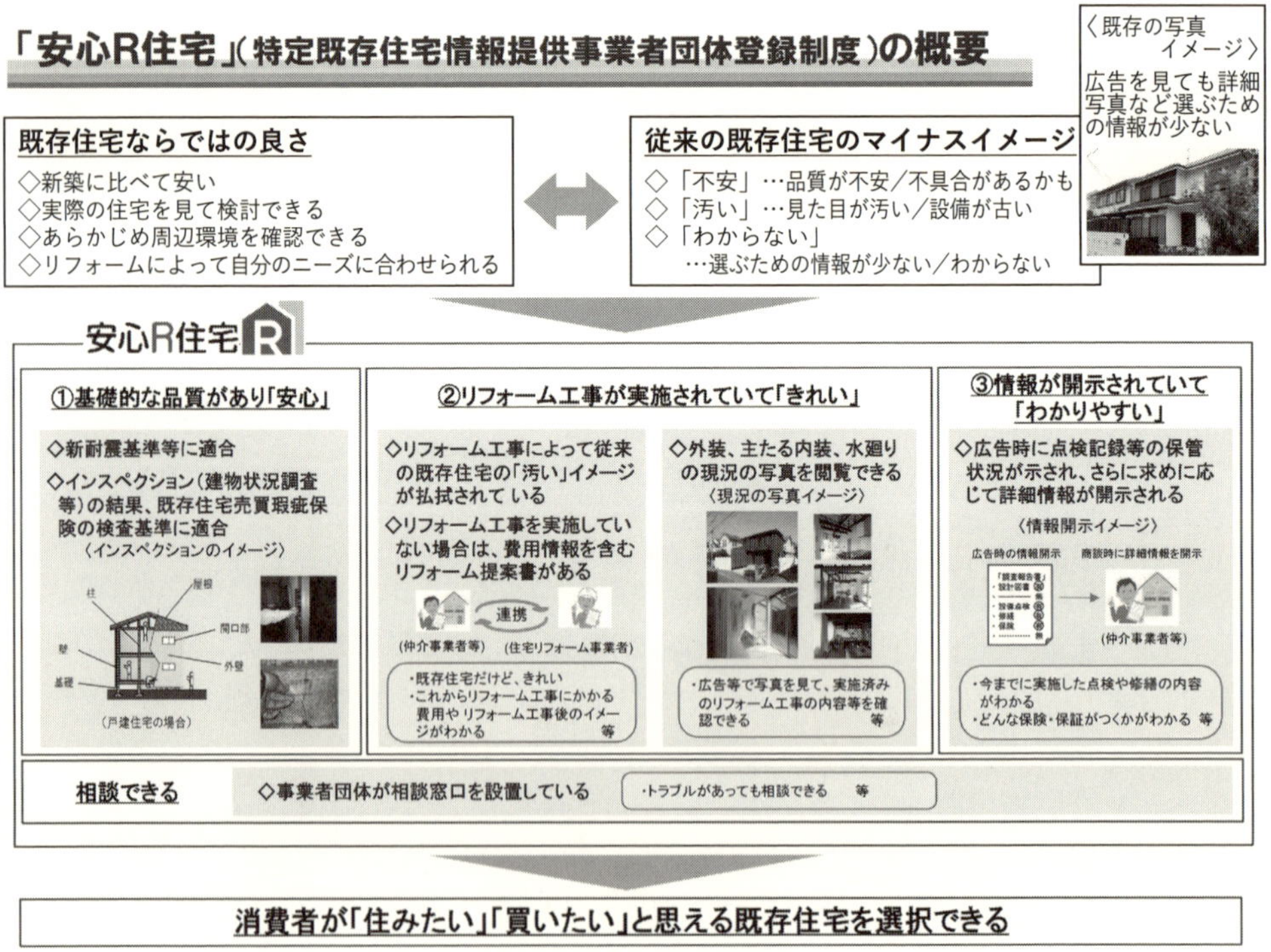

「安心R住宅」（特定既存住宅情報提供事業者団体登録制度）の概要
〈既存の写真イメージ〉
広告を見ても詳細写真など選ぶための情報が少ない
既存住宅ならではの良さ
◇新築に比べて安い
◇実際の住宅を見て検討できる
◇あらかじめ周辺環境を確認できる
◇リフォームによって自分のニーズに合わせられる
従来の既存住宅のマイナスイメージ
◇「不安」…品質が不安／不具合があるかも
◇「汚い」…見た目が汚い／設備が古い
◇「わからない」…選ぶための情報が少ない／わからない
安心R住宅
①基礎的な品質があり「安心」
◇新耐震基準等に適合
◇インスペクション（建物状況調査等）の結果、既存住宅売買瑕疵保険の検査基準に適合
〈インスペクションのイメージ〉
（戸建住宅の場合）
②リフォーム工事が実施されていて「きれい」
◇リフォーム工事によって従来の既存住宅の「汚い」イメージが払拭されている
◇リフォーム工事を実施していない場合は、費用情報を含むリフォーム提案書がある
連携
（仲介事業者等）
（住宅リフォーム事業者）
・既存住宅だけど、きれい
・これからリフォーム工事にかかる費用やリフォーム工事後のイメージがわかる 等
◇外装、主たる内装、水廻りの現況の写真を閲覧できる
〈現況の写真イメージ〉
・広告等で写真を見て、実施済みのリフォーム工事の内容等を確認できる 等
③情報が開示されていて「わかりやすい」
◇広告時に点検記録等の保管状況が示され、さらに求めに応じて詳細情報が開示される
〈情報開示イメージ〉
広告時の情報開示
商談時に詳細情報を開示
（仲介事業者等）
・今までに実施した点検や修繕の内容がわかる
・どんな保険・保証がつくかがわかる 等
相談できる
◇事業者団体が相談窓口を設置している
・トラブルがあっても相談できる 等
消費者が「住みたい」「買いたい」と思える既存住宅を選択できる

【図13】特徴「安心Ｒ住宅」（特定既存住宅情報提供事業者団体登録制度）の概要
出典：国土交通省

与えるという非常に画期的な制度である。品質の不安はまず耐震性の確保が基本。それに加えてインスペクションに合格して瑕疵《かし》保険に入れる状態であることが条件となる。

次が「汚い」の払拭。中古住宅は汚いからリフォームしてから売りましょうということ。だが実際にこれから売ろうという住宅をきれいにリフォームするということは、個人間売買では現実的ではない。もともとこの法律は対象が宅建業者による買取再販物件だったのでこの基準が考案された。しかし、実際の既存住流通は個人間取引が圧倒的多数なので対象が途中で切り替わったという経緯があり、最終的にリフォーム計画書を添付すればよいとのことで落ち着いた。

三番目が選ぶための情報が少なくてよくわからないということ。この「わからない」イメージの払拭のためにはいくつか開示するべき情報があり、その項目の中に過去の維持管理の履歴に関する情報もある。ハウスメーカーの団体は維持管理点検記録を売りにして、査定どおりの価格で取引しているという事例があるのにもかかわらず、安心R住宅ではこれをあまり重視しなかった。とても残念な部分である。

7 住宅維持管理業者登録制度とは?

前段で優良ストック住宅推進協議会がつくったスムストックの査定方式が成功しているという実例を紹介した。しかし、この手法を使っているのはいまのところ大手ハウスメーカー10社のみ。10社合計でも15%。日本の戸建て建築シェアは80%以上をいわゆる木造住宅が占めている。

このやり方（スムストック査定法式）を一般木造住宅を含めた世の中全体に展開するにはどうしたらよいか。この命題を、当時の国土交通省住宅局からいただいた。そして提案したのが**図14〜16**に示す「一般住宅ロングサポート構想に基づく住宅維持管理業者登録制度」。一般戸建て住宅で長期点検・補修を行い、記録を保持している工務店はほとんど存在しない。しかしこれをやらないと家は傷み、価値もゼロになる。その解決方法としてこの構想を当時開催されていた「中古住宅市場活性化ラウンドテーブル」で発表した。

　発表当時、国の施策として、良質な住宅の生産に関しては住宅性能表示制度、住宅瑕疵担保履行法、長期優良住宅認定制度があり、建物の維持管理に関しては住宅履歴蓄積「いえかるて」が存在した。そして中古住宅流通に関して前出の通りのマニュアル改正。アメリカのMLSを目指した不動産情報システムの立ち上げなどの政策もあった。それぞれの実際の運用はどうなのかチェックした。

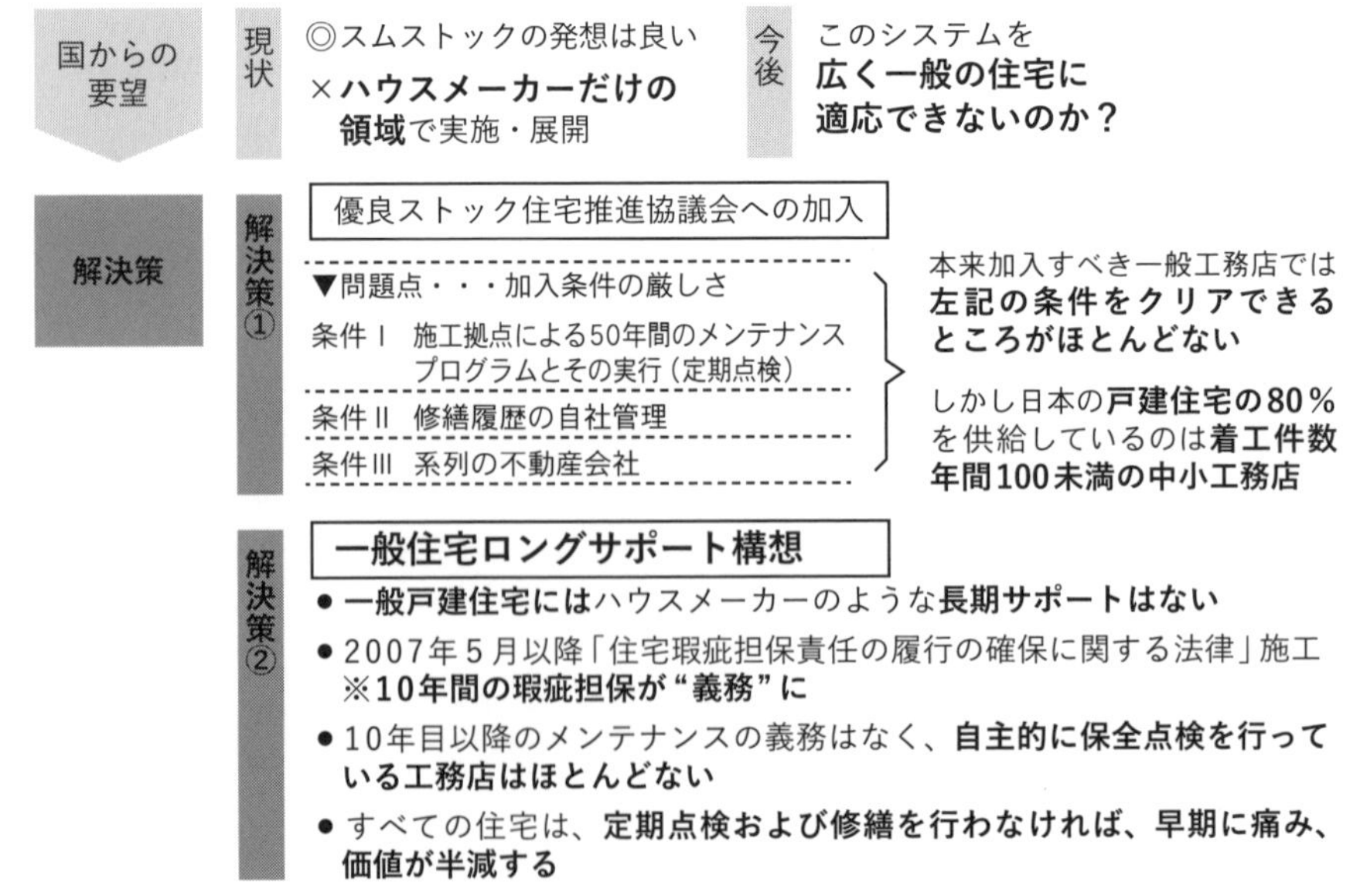

国からの要望
現状
◎スムストックの発想は良い
×ハウスメーカーだけの領域で実施・展開
今後
このシステムを広く一般の住宅に適応できないのか？
解決策
解決策①
優良ストック住宅推進協議会への加入
▼問題点・・・加入条件の厳しさ
条件Ⅰ　施工拠点による50年間のメンテナンスプログラムとその実行（定期点検）
条件Ⅱ　修繕履歴の自社管理
条件Ⅲ　系列の不動産会社
本来加入すべき一般工務店では左記の条件をクリアできるところがほとんどない
しかし日本の戸建住宅の80％を供給しているのは着工件数年間100未満の中小工務店
解決策②
一般住宅ロングサポート構想
● 一般戸建住宅にはハウスメーカーのような長期サポートはない
● 2007年5月以降「住宅瑕疵担保責任の履行の確保に関する法律」施工
※10年間の瑕疵担保が“義務”に
● 10年目以降のメンテナンスの義務はなく、自主的に保全点検を行っている工務店はほとんどない
● すべての住宅は、定期点検および修繕を行わなければ、早期に痛み、価値が半減する

【図14】一般住宅へのスムストック査定適応について

中古住宅市場活性化ラウンドテーブルにおいて、

これまでの論点

1．住宅評価手法の見直し
2．中古住宅に対するファイナンスの見直し
3．土地建物分離表示の可能性

このような議論がなされ、**市場活性化に影響を与え、一定の成果を上げています。**

▼現在の住宅価値維持と既存住宅流通促進に対する施策

良質な住宅の生産
- 住宅性能表示制度
- 住宅瑕疵担保履行法
- 長期優良住宅認定制度

建物の維持・管理
- 住宅履歴蓄積「いえかるて」

ストック流通
- 中古住宅評価指標を変える マニュアル作成
- 不動産情報ストックシステム

良質な住宅生産を即し、住宅履歴蓄積などのインフラ整備を指導

▶ **しかし、各施策の現状は？**

【図 15】中古住宅流通市場活性化に向けた現状の施策

住宅瑕疵担保履行法
顕在化した
初期不良のみに対応
↓ △
潜行する長期不良が発見できない
（シロアリ、排水漏れなど）
10年目以降の維持点検システムがない

長期優良住宅認定制度
制度利用・普及の遅れ
（新築着工棟数の23％前後）
↓ ×
所有者が**維持管理義務**（30年間）と**報告方法を理解できていない**
建物の維持・管理に対する所有者の認識不足

住宅履歴蓄積「いえかるて」
制度利用・普及が遅れ
（新築着工棟数の３％前後※）
↓ ×
何を登録すればよいかわからない
登録された内容の担保が不明
費用を払って登録するメリットの不在

※ハウスメーカー除く

世代にわたって住み継いでいく住まいでも、建物の維持・管理不足で資産価値が低下

生産・流通の仕組みを活かすには、「建物の維持・管理」が重要

↓

そのためには、一般住宅においても長期サポートをする会社を設立し、
先進国並みの住宅価格を維持する法整備が必要

住宅維持管理業者登録制度の制定

【図 16】施策の問題点・課題

「住宅瑕疵担保履行法」…どんな工務店でもハウスメーカーでも家をつくったら10年間は雨漏れと構造躯体に責任を持たなければならない。雨漏れや家の傾きが起きたら施工者が直さなければならないという画期的な法律。そしてたとえ工務店が潰れても大丈夫なように保険に入ることも義務付けた。非常にいい法律である。しかし、残念ながら10年目以降のことに触れていない。住宅はそこから先が一番大切なのだが無視されている。とても残念な話である。

「長期優良住宅認定制度」（２００９〈平成９〉年６月施行）…これも素晴らしい。長持ちするような駆体をきちんとつくって、後から点検ができるような仕様にすれば登録免許税を減税する。でも当時の普及率は新築着工の23％程度。そのうち15％がハウスメーカーの標準仕様なので一般木造ではたったの7％。そして自分の家が長期優良住宅だと知らない建主も多い。ハウスメーカーも工務店も長期優良住宅仕様の家をつくって申請をして登録免許税が少し安くなる。そのかわり建主は、これを出した限りは30年間、5年ごとに維持点検をして、その記録を役所に届け出なければならないということがきちんと伝わっていないのである。建てたら建てっぱなし。行政も本当にちゃんと申請が出てきたかを真剣にチェックしていない。もったいない話である。

最後の「いえかるて」は、東京大学の野城先生が作られた。家にも修繕記録を整備した履歴書を普及させようという素晴らしい制度。住宅履歴情報蓄積・活用推進協議会という組織があり、筆者もこの委員に3年ほど参加した。みんなで知恵を絞って一生懸命にいい器（システム）作ったのだが、そこに履歴を登録して何が得なのか？　という基本的なことでつまずいている。何年かに1回ペンキを塗りましたといったようなことを記録として登録するのにお金を取られる。自宅の維持管理の履歴を残すのに何万円かの登録料を支払う。それでどんな良いことがあるのか？　その履歴は何の役に立つのか？ 誰もそれに答えが出せない。メリットがないから全然普及していない。これもまた誠に残念なこと。

これらをもろもろ解決するのが一般住宅ロングサポート構想に基づく住宅維持管理業者登録制度構想である。（**図17**）

一般の戸建て住宅を長期的に価値あるものにするにはどんな方法があるだろうか？

〈〈案1〉〉住宅にも車の車検制度みたいな定期点検を義務付けしたらどうだろうか？ という発想があった。しかし住宅という個人資産へ国が介入する根拠がない。自動車は事故を起こすと人命にかかわるので強制が可能だが家にはそこまでの危険性はない。新築時の確認申請と検査済証の交付で粗悪なものを建ててはいけないという規制をするのみに留まっている。

〈〈案2〉〉すべての工務店に最低でも30年間

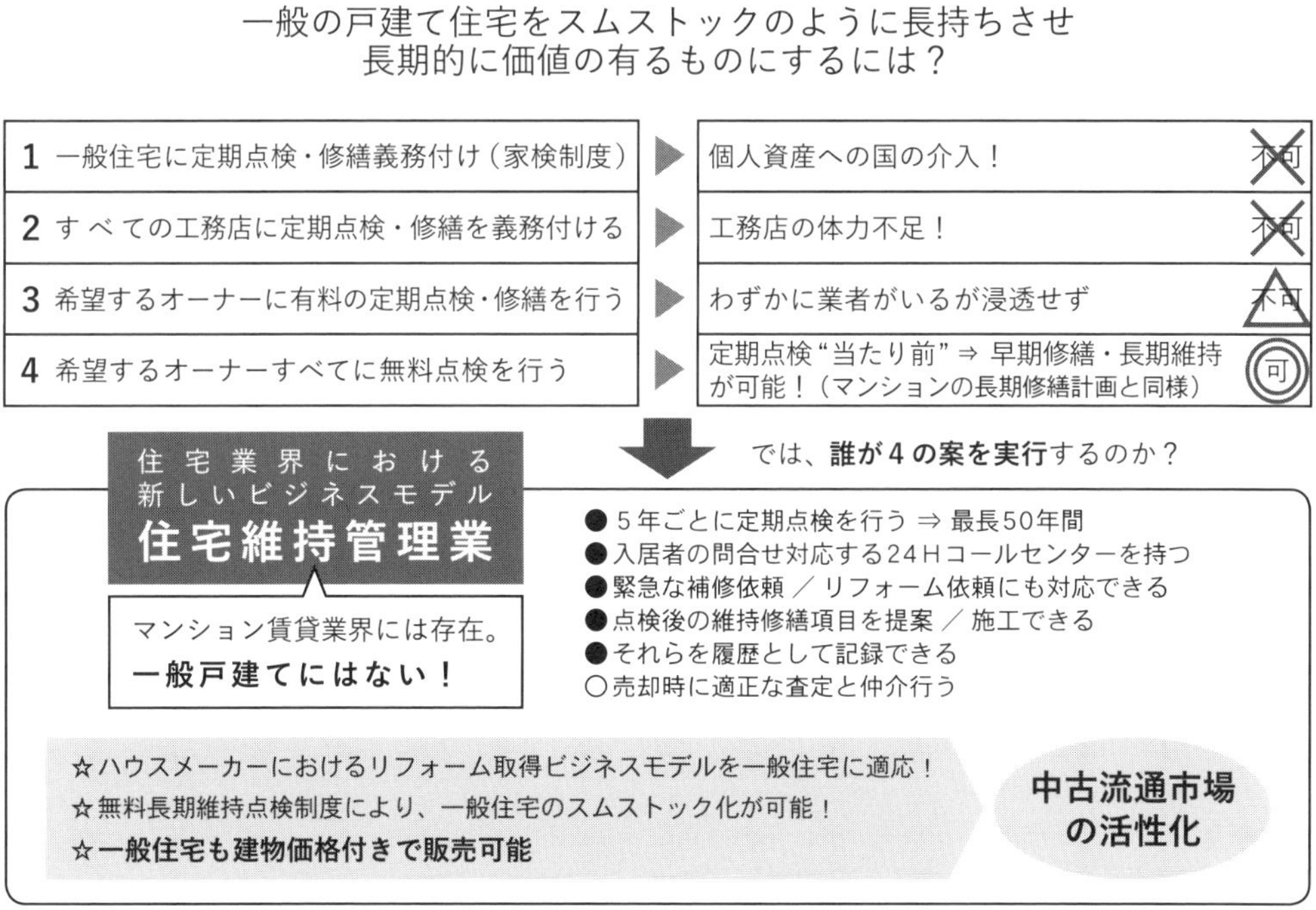

一般の戸建て住宅をスムストックのように長持ちさせ
長期的に価値の有るものにするには？
1 一般住宅に定期点検・修繕義務付け（家検制度）
個人資産への国の介入！
不可
2 すべての工務店に定期点検・修繕を義務付ける
工務店の体力不足！
不可
3 希望するオーナーに有料の定期点検・修繕を行う
わずかに業者がいるが浸透せず
不可
4 希望するオーナーすべてに無料点検を行う
定期点検“当たり前”⇒ 早期修繕・長期維持が可能！（マンションの長期修繕計画と同様）
可
では、誰が4の案を実行するのか？
住宅業界における
新しいビジネスモデル
住宅維持管理業
マンション賃貸業界には存在。
一般戸建てにはない！
● 5年ごとに定期点検を行う ⇒ 最長50年間
●入居者の問合せ対応する24Hコールセンターを持つ
●緊急な補修依頼 ／ リフォーム依頼にも対応できる
●点検後の維持修繕項目を提案 ／ 施工できる
●それらを履歴として記録できる
○売却時に適正な査定と仲介行う
☆ハウスメーカーにおけるリフォーム取得ビジネスモデルを一般住宅に適応！
☆無料長期維持点検制度により、一般住宅のスムストック化が可能！
☆一般住宅も建物価格付きで販売可能
中古流通市場
の活性化

【図17】一般住宅ロングサポート構想に基づく維持管理業者登録制度設立について

の定期点検・修繕を義務付ける案。これもほとんどの工務店の体力不足で実施不可能。工務店は家を建てた後10年間ヒヤヒヤしている。いつクレームが来るのかが怖い。早く10年経ってほしい。10年経過でほっとしているのが現実。

〈〈案3〉〉希望するオーナーの家を有料で点検と維持管理をする。最近一部でこういったサービスを行う業者が出てきた。とても良い制度なのだが有料ということに対して抵抗がある様子でなかなか普及していない。

さらに〈〈案4〉〉として、希望するオーナーにすべて無料点検を行ったらどうなるか？定期点検が当たり前になり、早期発見早期修繕で修繕費用も安くなって建物の寿命も延びる。

本当に良いことばかりではないだろうか？でも一体誰がこれを実行できるのか？無料で実施してビジネスとして成り立つのだろうか。

8 ハウスメーカーの生き残り戦略とは？

ハウスメーカーはなぜスムストックを作ったか？

その理由の一つに自分たちが売った家のリフォーム受注をもっと取りたいということが挙げられる。住宅着工棟数は今後どのように推移するであろうか。人口減少、世帯数の減少の環境の中で住宅着工棟数だけが上がることは考えにくい。そしてハウスメーカーはこの状況下でどう生き残っていくのか。

新築一辺倒からリフォーム受注へシフトしていくという解決策が一つの解答。では具体策は？チラシをまいたり、現場見学をやって一般の物件のリフォームを取りに行くか？それで、一般のリフォーム業者と戦えるのか？それよりも自分たちがいままでお世話をしたお客様に目を向けた方が効率が良いのではないか？しかし引き渡し後、年数が経過して希薄になったオーナーとのつながりをどう確保するのか？以前は、久しぶりに訪問したら他社でリフォームされていたという苦い経験も多くあった。本来自分たちのテリトリーであるはずのハウスメーカー住宅のリフォームを自分たちが放置していたが故に地元業者に荒らされている事実に気が付き、改めて戦略を練らなければならない状態になった。

ただやみくもに訪問して「リフォームしませんか？」では効率悪い。また、突然訪問して「家の点検を無料でやります」と申し出れば「点検商法」と言われてしまう。だから新築引き渡しの時点で点検プログラムを提示し、その通りのスケジュールで点検を行う。点検プログラムの中には適切なリフォーム時期と費用もしっかり計画しておく。クレームがあろうとなんだろうと建築していただいたお客様とはずっと定期的に関わって生き続ける。これはハウスメーカーが15年位前から取り始めたリフォーム受注スキームである。

そしてこのリフォーム受注スキームの完成形が「スムストック」。

家の維持点検をちゃんとやりましょう。もちろん無料です。5年ごとに点検してメンテナンスをしてください。その結果、継続的に自宅で快適に過ごすことができて修繕も早期発見することにより安価にできる。オーナーは知らず知らずのうちに自宅の価値を維持することができて、売却のときにその査定価格に満足いただける。

メーカーは少ない競合で自社物件のリフォームの受注が可能。win-winの関係。

このビジネスモデルは普通の工務店はいま誰もやっていない。自分たちで施工引き渡しをした物件からリフォームを定期的に取るスキームも発想も持っていない工務店がほとんどであろう。もったいない話である。そして市場には誰にも面倒みてもらえずに20年で価値がゼロになってしまう住宅が何１００万件もある。

そしてときどき飛び込みのリフォーム業者の餌食になる人が出てくる。ハウスメーカーがそのうちこういった一般戸建てに手を出してくることは十分考えられる。自社物件の維持点検によるリフォーム受注スキームを築後10年経過した一般木造住宅に展開することはそう難しいことではない。何せ自分たちが供給した物件の何十倍もの市場が手つかずで放置されているのである。ハウスメーカーやビルダーたちが生き残り戦略として維持管理業に進出してくることが予想される。

最近になって国はリフォーム業者登録制度や、賃貸管理業者登録制度を始めた。

両方とも特に法律の規制を受けずに拡大してきた分野である。市場の拡大の中で消費者をたぶらかすような事例が多発するようになってからやっと国は規制に動き出すのが常。

この住宅維持管理業者は参入障壁が低く、また、無料点検を餌に不適切なリフォーム工事を強要するといったことが容易に想像できる。

であるからこそ、ビジネスモデルの創成期から優良な業者を認定する制度をつくり、適正な市場を育成することがとても大切であるということを国土交通省に訴求した。（**図18**）

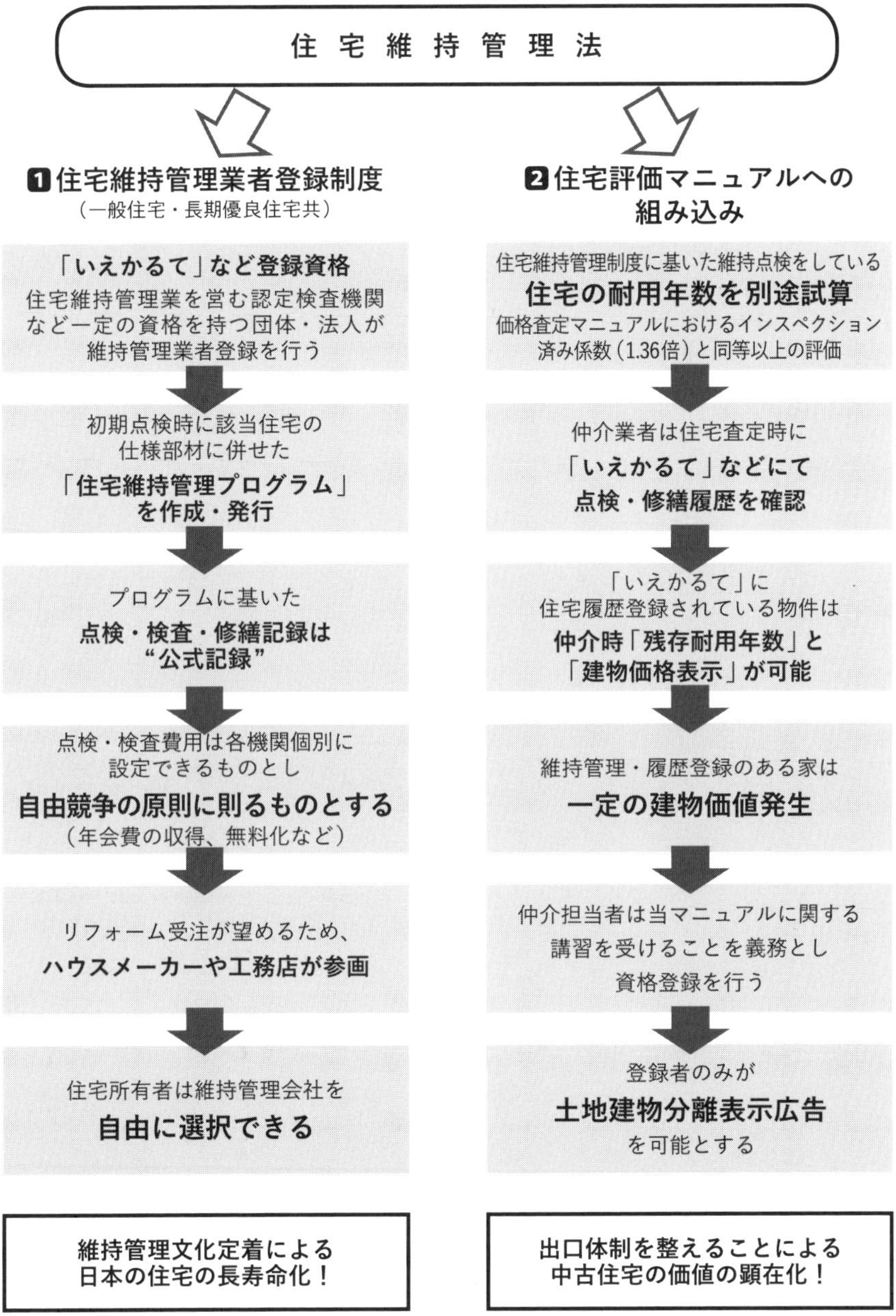
住宅維持管理法
❶住宅維持管理業者登録制度
（一般住宅・長期優良住宅共）
「いえかるて」など登録資格
住宅維持管理業を営む認定検査機関
など一定の資格を持つ団体・法人が
維持管理業者登録を行う
初期点検時に該当住宅の
仕様部材に併せた
「住宅維持管理プログラム」
を作成・発行
プログラムに基いた
点検・検査・修繕記録は
“公式記録”
点検・検査費用は各機関個別に
設定できるものとし
自由競争の原則に則るものとする
（年会費の収得、無料化など）
リフォーム受注が望めるため、
ハウスメーカーや工務店が参画
住宅所有者は維持管理会社を
自由に選択できる
維持管理文化定着による
日本の住宅の長寿命化！
❷住宅評価マニュアルへの
組み込み
住宅維持管理制度に基いた維持点検をしている
住宅の耐用年数を別途試算
価格査定マニュアルにおけるインスペクション
済み係数（1.36倍）と同等以上の評価
仲介業者は住宅査定時に
「いえかるて」などにて
点検・修繕履歴を確認
「いえかるて」に
住宅履歴登録されている物件は
仲介時「残存耐用年数」と
「建物価格表示」が可能
維持管理・履歴登録のある家は
一定の建物価値発生
仲介担当者は当マニュアルに関する
講習を受けることを義務とし
資格登録を行う
登録者のみが
土地建物分離表示広告
を可能とする
出口体制を整えることによる
中古住宅の価値の顕在化！

【図 18】欧米のような良質な既存住宅流通の実現に向けて

この制度には二つの大きな特徴がある。

一つは「いえかるて登録業者制度」。一定の審査に合格し、維持管理業者登録制度に登録した業者に「いえかるて」の登録資格を与える。維持管理プログラムを作成し、そのとおりに点検する。そしてこれを公的記録にする。費用については自由競争の原則に則り、年会費の徴収、無料化など自由とする。オーナーは各社のサービス内容をみて、どの社に依頼するかを決めることができる。新築時点でもこのアフターサービスの内容を確認して工務店を選ぶことができる。建築は素人が比較検討することはなかなか難しい。その施工内容や性能は工務店を信用するしかない。しかし、アフターメンテナンスの内容は一般消費者として内容を比較検討できる。建築後の施主との付き合い度合いの深さは新築検討事項としてわかりやい部類に入る。

この認定工務店による維持管理記録を公的記録にすることにより、その内容をもとにした査定内容に客観的な価値が生まれる。これが維持管理文化定着による日本の住宅の長寿命化の第一歩となる。

9 住宅の出口戦略

住宅を資産と定義するのなら、その資産価値を正しく評価しなければならない。評価基準が曖昧な物は資産として取引することが困難であり市場が成立しない。そして評価基準は誰しもが納得するものでなくてはならない。一般的な木造住宅の正しい流通耐用年数を表す基準がいままで日本にはなかったと言わざるを得ない。また、あったとしてもその根拠が信じるに足るものではなかった。

今回の躯体と設備内装などを分離して減価することにより、住宅の本当の寿命を推し量る基準が整い、一般的に理解されやすくなったのではないだろうか。

その客観的な評価手法の根拠となるのが、住宅の維持点検と補修記録である。

先の国土交通省の見解では「個人が行った維持管理記録には客観性がない」ということであった（図6参照）。確かに個人の記録ではそれが真実かどうかを証明する手立てがない。例えば「ペンキを塗った」という記録があったとする。それが本当なのか虚偽なのか？　またどのような種類の塗料をどう塗布したのか？　窺い知ることはできない。だからその記録は建物評価に影響を与えることはできない。その通りであろう。では、新築時にどのような塗装が施されているかが明示され、その保証期間が設定されていたとする。そして適正な時期に仕様通りの再施工を行い、再保証が行われたしたらどうだろう。少なくとも次に再塗装を行うべき時期までその建物の外壁性能は新築時と同等であり劣化したとは言えない。したがってその住宅の外壁は新築時と同等の価値があると見なされてもよいはずである。

同様に、新築時に防蟻処理がなされ、保証期間満了前に再防蟻処理を行い、漏水や雨漏れのないことが確認された建物の構造躯体は新築時から劣化したとは言えず、したがって価値が落ちたとも言えない。以上のような事実を客観的に表現できる機関があり、その事実をもとに建物を評価すればその評価には客観性があると言えないだろうか？

それが、住宅維持管理業者登録制度に登録された一定の信用ある業者が点検を行い、その資格を持った業者でなければ記録を登録できない公的な住宅履歴制度に基づく査定システムである。

国土交通省が推し進める「長期優良住宅認定制度」に認定された木造住宅の構造躯体の耐用年数は100年である。100年持つということは100年間価値が存在するということであり、その評価を通して金銭価値を生み出さなければならない。そして100年という耐用年数を維持するためには適切な維持管理を行わなければならず、行ったことを客観的に証明しなければならない。

客観的に見て正しい維持管理を一定の基準で行うことを約束して認定を受けた業者が行い、公的なデータベースに登録をする。このような制度が整えば、このデータベースに基づいた新たな査定が可能になる。

査定基準は誰の目に見てもわかりやすく、納得性のあるものでないとならないと先ほど述べた。例えば、適正な維持管理をすることで構造躯体は100年持つと認定された住宅において、プログラム通りの適正な維持管理を施したという証拠があれば、築50年の時点でその価値はまだ半分残っているという見方が可能。新築時の構造躯体の価格が1000万円であったとすれば、500万円の価値があると見なすことができる。屋根、壁を支える、地震でも倒壊しないという機能面だけ見れば1000万円の価値が下がってはいないのでないか？ という見方もできる。しかし、この論点でいくとそれぞれの価値観が異なるから市場が成立しない。ある一定のルールに基づき、誰が行っても同じ評価になるような制度を作ることが必要となるだろう。

そして次の段階が評価マニュアルの見直しである。新築時に設定されたそれぞれの構造躯体のグレードに合わせた維持管理の確認を行い、躯体の価格を算出。内装設備に関しては登録資格を持った業者による点検、補修、交換の内容を評価する。20年の耐用年数を持つキッチンやバスルームを500万円で交換すればその瞬間にその家の価値は500万円上昇する手法を取る。

この手法は維持管理記録の見方や築年数によっては自らが最終インスペクションを行う必要性もあることから一定の講習を受けて試験に合格することを必須とする必要がある。そうすることでその評価に客観性をもたらすことができる。

誰しもが認める客観的な記録に基づき、納得性の高い査定システムを利用して算出した建物価格。これを市場に出せば納得できる取引が可能になるのではないだろうか？（**図19**）

先述の、足して2で割る取引事例（図7参照）と比較してほしい。一定の講習を受けた査定担当が「いえかるて」

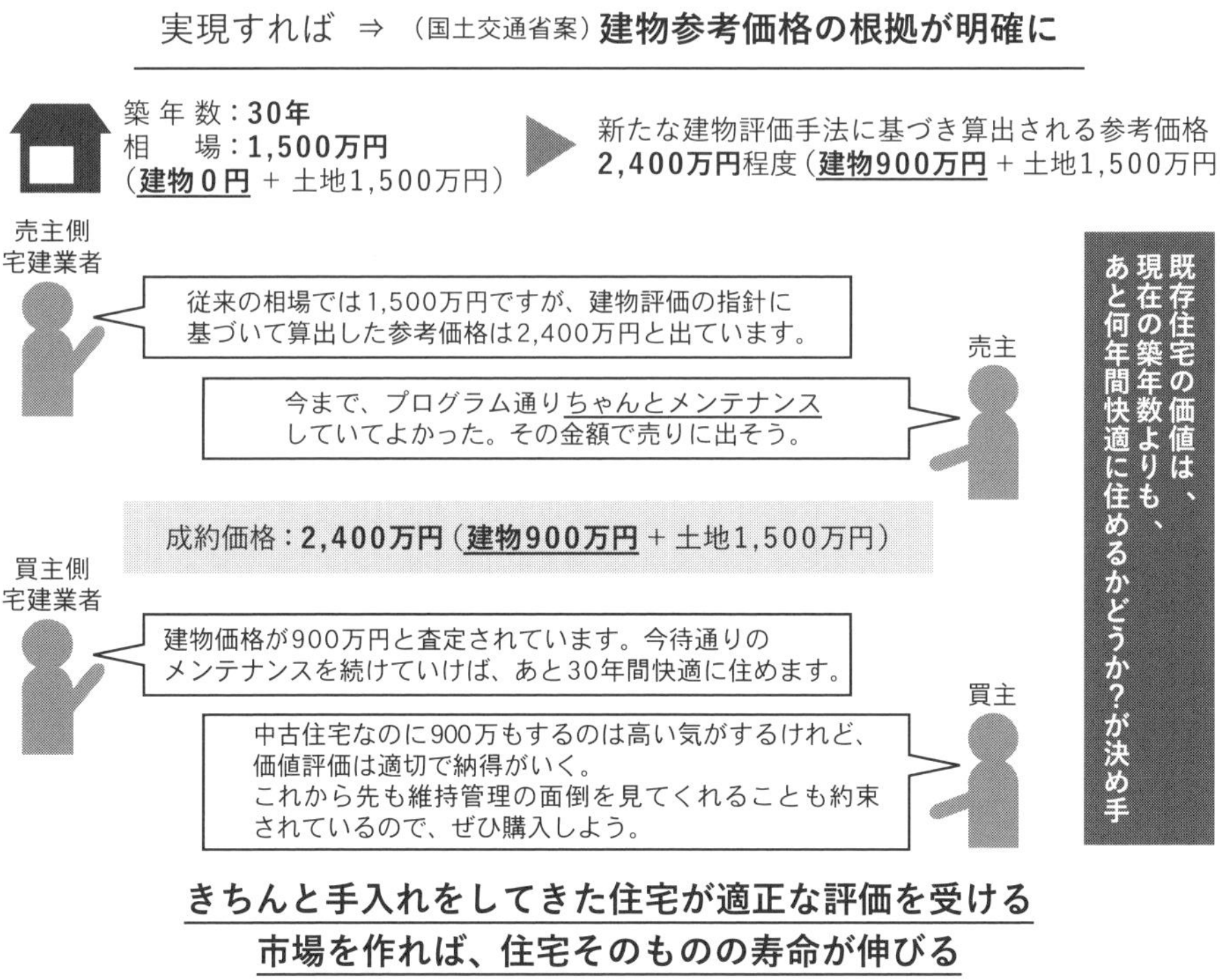

実現すれば ⇒ （国土交通省案）建物参考価格の根拠が明確に
築年数：30年
相　場：1,500万円
（建物0円 + 土地1,500万円）
新たな建物評価手法に基づき算出される参考価格
2,400万円程度（建物900万円 + 土地1,500万円）
売主側
宅建業者
従来の相場では1,500万円ですが、建物評価の指針に基づいて算出した参考価格は2,400万円と出ています。
売主
今まで、プログラム通りちゃんとメンテナンスしていてよかった。その金額で売りに出そう。
成約価格：2,400万円（建物900万円 + 土地1,500万円）
買主側
宅建業者
建物価格が900万円と査定されています。今待通りのメンテナンスを続けていけば、あと30年間快適に住めます。
買主
中古住宅なのに900万もするのは高い気がするけれど、価値評価は適切で納得がいく。
これから先も維持管理の面倒を見てくれることも約束されているので、ぜひ購入しよう。
既存住宅の価値は、現在の築年数よりも、あと何年間快適に住めるかどうか？が決め手
きちんと手入れをしてきた住宅が適正な評価を受ける
市場を作れば、住宅そのものの寿命が伸びる

【図19】適正なメンテナンスに基づく適正な建物評価

に書いてある修繕履歴を確認して残存耐用年数と建物評価を行う。そして900万の価値がついた家。いままでプログラムどおりちゃんとメンテナンスしていて本当に良かったと実感できる瞬間である。購入者側もいままでのメンテナンス記録を確認できて、現時点で築30年だが同様にメンテナンスしていけばあと30年は快適に住めることがわかる。新築で買うより割安だという価値観が発生する。よってこの値段で取引される。

土地評価と建物評価を別々に検討できることは購入者にとってメリットである。土地評価はそのときの経済情勢や近隣の取引事例によって変化するものの、同じ場所、同じ面積、かつ道路付けが一緒であれば隣地とそう変わることはない。しかし、その上の建物はたとえ同一の築年数であっても住人の住まい方、手入れの状況によって大きく変わる。そして建物のコンディションは表面から見ただけではなかなかわからない。床下や天井裏は点検口があれば覗くことができるが、壁の中は見ることができない。わかるのはその家にいままでどのような手入れをしてきたかということと、どのような事象があったかという記録である。きちんと手入れをしてきた住宅が適正な評価を受ける素養を作れば、住宅そのものの寿命も延びて市場も拡大する。土地建物分離表示が当たり前のことになればよりいっそう建物の価値に敏感になり、維持管理に対する必要性が高まっていく。維持補修があって、住宅情報の蓄積があって出口がある。ここをしっかりと抑えれば日本の住宅の価値は間違いなく上がるであろう。既にハウスメーカーがスムストックでそれを証明している。これからはそれを木造住宅でどう実現していくのかが、日本の住宅の価値ひいては国富を豊かにするというテーマになっていくと筆者はみている。

10 理想の実現に向けて

日本の住宅評価の問題点とその解決手法について述べてきた。維持管理とその記録保持、そして納得性の高い評価手法が必要であるという趣旨である。納得性の高い評価手法については国土交通省推薦の不動産流通推進センター版を使用するべきである。しかし、現状ではあまりに複雑で使い勝手が悪いという評判も事実である。

加えて現時点でこの査定方式には住宅性能を評価する項目がない。住宅性能を表現する単位には断熱性を表すN値や隙間の少なさを示すC値がある。さらに最近は使用する電化製品のデータを入れれば使用電力を予想するといった「家の燃費」を表現する単位もある。自動車よりはるかに価格が高く、長期間使用する住宅である。「家の燃費」という選択肢があって当然の時代はすぐに来るのではないだろうか。

この住宅はこのような性能で、燃費はこうで、いままでの維持管理費はこの金額。今後30年間の予想維持管理費はこのようになっていますといった情報があれば、築年数という情報は逆に要らなくなるのではないだろうか？　こういった維持管理をすればいつまでも快適に住める。そういう家があれば、築年数にかかわらず、既存住宅流通市場は飛躍的に拡大するだろう。そして新築時からこのような観点で住宅建築を行えば、日本の戸建て住宅の寿命は飛躍的に伸びる。少なくとも人間の寿命よりも長い期間快適に暮らすことができるのが住宅であるという世界へ変革していく。そして住宅は資産となり、買った値段で売却できる家が当たり前になる。個人も国全体も裕福になる世界へのスタートである。このような取り組みは現時点ではハウスメーカーが行っているスムストックが一歩先んじている。きちんと手入れした築30年の家が1000万円以上で取引されるという実例も出現している。

再度述べるが、この取り組みはハウスメーカーの家でなくてもできる。欧米では当たり前のことである。日本と欧米の家づくりの何が違うのか?

四季があり、高温多湿な気象状況。定期的に襲ってくる地震。いろいろな条件を乗り越えて日本では、国土内に多く発生している木材を利用して、比較的短工期で安価にできる木造軸組み工法が主流になった。ヨーロッパでは石で家を作るから比較にならないという意見もある。しかしヨーロッパでもランバーを使用した木造住宅があり、アメリカでは木を使ったツーバイフォー工法が主流。ハウスメーカーは軽量鉄骨が多いが、純粋な木造住宅もスムストックの対象となっている。

実は、筆者はとある企業と組み、全国の中小工務店に対し、長期住宅維持管理ビジネスを展開していく企画を立案したところである。早ければ2019年5月頃に日本初のオーナー負担ゼロでの60年間定期点検、家履歴蓄積システムが実現することになる。

一般の会社員が首都圏に購入した住宅の価値が、20年で半減してしまうというような状況は、まともな国で起きる現象として正しいわけはない。年収の30%近い支出を住宅に費やし、それが負債となってしまう現実。自宅という不動産は資産にならなければならない。ローンの支払いが終わったとき、購入金額と同額の資産であれば、豊かな老後を過ごすこともできる。住宅が親から子、孫へ引き継がれるもよし。所有者が変わるたびに外壁の色が変わり、水廻りもリフレッシュされながら何回も生まれ変わる家があってもよいではないか。１００年以上暮らせる躯体の維持。今後人口が減少していくわが国日本。一軒の家を大切に使うことで国民全体がもっと豊かに暮らしていける。

その具体的な手段が、住宅維持管理業者登録制度であると筆者は思うのである。

第6章

金融システムのデザインによる中古住宅の使用価値の実体化

大垣尚司

本章では、中古住宅の価値を高める金融の仕組みについて考える。この背景には「家を売ると本来の価値より安くでしか売れない」理由が、必ずしも売買市場が不全だからではなく、日本社会に家が世代間循環するという大きな枠組みが存在していないからではないかという問題意識がある。そして、家が世代間循環する社会にあっては、住宅の価値を実現するために、売るよりも効率的な方法が存在しうる。逆に言えば、そうした方法を普及させることで、住宅の世代間循環が実現する可能性がある。

そこで、このために考えられる金融の仕組みを五つの文脈に分けて検討し、最後に「マイホームリース」という新しい住宅金融の仕組みを提言する。

事業用不動産の価値と不動産投資信託

オフィスビルや賃貸マンションのような事業用不動産[※1]への投資については、流通市場の形成に金融の仕組みが非常に重要な役割を果たしている。

1990年代までの事業用不動産投資では、将来の土地の値上がり益をあてにし、建物は「償却資産」にすぎないと考えるような乱暴な値付けがまかり通っていた。

しかし、2001年に不動産投資信託（REIT）が導入されると、不動産を投資法人持分や投資信託受益権という有価証券に転換し、証券取引所に上場することが可能になり、不動産に株式と同じような高い流通性が付与され、市場の需給を通じて客観的な価格決定がなされるようになった。そこでは、配当原資となる賃料収入などのインカムゲインが重視される結果[※2]、同じビルでもプロパティーマネジャーが変われば高い入居率や賃料を確保できるので評価が上がるという、当たり前のことが普通となるとともに、不動産の価値をそれが生み出す収益の現在価値だと考えるDCF法[※3]による評価が急速に普及した。

わが国において、事業用不動産が投機（speculation）の対象から投資（investment）の対象に変わったのはここからといってよい。ただし、この間、不動産の流通市場自体に大きな変化があったわけではない。不動産投資信託という金融の枠組みが用意されたことによって、事業用不動産の価格形成や価値実現のあり方が変わったのである。

中古住宅へのアナロジー

事業用不動産と異なり、自分で住むことが目的である住宅の場合、投資信託はあまり役にたたないだろうし、収益を基礎に価値を考えるということもあてはまらないようにみえる※4。しかし、一般人にとって「中古住宅の価値」は抽象的な評価の問題ではない。そういうことを意識せざるを得ない人は、必ず、住宅の価値が問題となる何らかの状況に直面しているはずである。そうした状況に対して、住宅の資産価値をもっとも効率よく活用して対処する売買以外の方法があるなら、その過程で実現できる価値も「中古住宅の価値」といってよい。その場合、そうした方法こそが住宅との関係で、事業用不動産における不動産投資信託と同様の働きをする金融の仕組みということになる。

※1　一般的には商業用不動産と居住用不動産とに区分することが多いが、本章の議論との関係では保有者の目的が投資か自己居住かという点が重要なので、商業不動産と賃貸目的の居住用不動産とを併せて事業用不動産という捉え方をしている。

※2　不動産投資信託は税法上の理由で利益のほとんどを配当せねばならないことも背景にある。

※3　将来一定期間における賃料収入などの現在価値と期間経過後の想定処分価格の現在価値の和を不動産の価値と考える評価手法。

※4　持ち家について賃借していたらかかったであろう家賃を帰属家賃という。これをもとに住宅の価値をDCF法で求めることはできるが、売買取引で実際に用いられることはまずない。

1 中古住宅の価値実現にかかる五つの文脈

では、中古住宅の価値を活用せねばならない人生の局面にはどんな場合があるだろう。ここでは、次の五つの文脈について考えてみたい。

〈文脈1〉住宅に住まなくなった場合に、売るよりも有利な方法がないか。

〈文脈2〉住宅に当面住み続けたまま、将来住まなくなったときに実現するであろうお金をいま手に入れる方法はないか。

〈文脈3〉自動車と同じように、20年住んだ後に、ローン残高と同じ残価で引き取ってもらえる残価設定型ローンが借りられないか。

〈文脈4〉住宅ローンを組んで住宅を購入した者がローンを返せなくなくなった場合に、住宅を手放しさえすればローンから開放されるようにできないか。

〈文脈5〉そもそも新築の住宅を20年といった一定期間だけ所有し、その間の居住費相当だけ負担すればよいようにできないか。

実は、4までは、既に実現可能であり、5も技術的なハードルは高くない。

〈〈文脈1〉〉売らずに価値を最大化する

まず、家に住まなくなったので売ろうとしている状況を考えてみる。

中古住宅市場は二束三文で当然？

一般に築後20年以上経過した中古住宅の価値はほとんどゼロ評価となり、土地代とあまり変わらないか、下手をすると取壊費用分を差し引かれて土地代以下になるといわれる。これに対して、「物理的価値」がゼロということはないのだから、流通市場を適正化して、本来の価値が価格に反映されるようにすべきという議論がなされて久しい。

しかし、築後20年経てば、少なくとも内装・設備はほぼ耐用年数が尽きている。新たに家を建てるために「古屋付の土地」を買うつもりでないかぎり、人は住むために「家」を買うのである。構造・躯体の耐用年数がまだまだ先だとしても、それは「家になり得る構造物」にすぎないから、家として評価せよというには無理がある。だとすれば、新たにこれを買う者にとって、中古住宅の「効用価値」はゼロなのだから、市場価格はそれを正しく反映しているという見方のほうが筆者には自然に思えるのである。（**図１**）

賃貸を通じた価値実現

ただし、内装・設備の耐用年数が尽きたといっても、最小限の修繕を加えれば住み続けることはできる。住む必要がないなら、賃貸すれば多少古くてもアパートよ

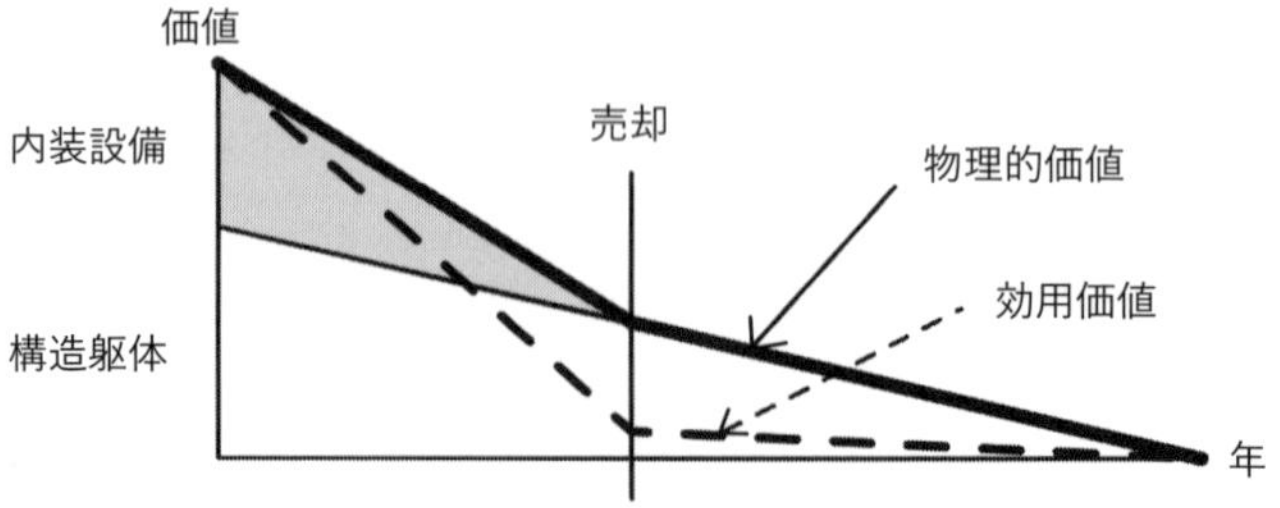

【図１】住宅の価値

りは広めで庭やカーポートの付いた一戸建てを借りたいという者はいる。つまり所有権ではなく賃借権との関係でなら中古住宅には「効用価値」がある。だとすれば、どうせ土地代にしかならないなら、借り手がつく間は賃貸で運用してから売ったほうがより大きな価値を実現できる可能性が高い※5。

広い家が借りられない国

実はこの裏には市場の歪みがある。建築着工統計をみると、２００２年度から２０１６年度の15年間の持ち家と分譲住宅の平均面積がそれぞれ１２８・７㎡、93・３㎡なのに対して、賃貸住宅の平均面積は48・４㎡にすぎない。（**図２**）

この背景には、賃貸住宅の多くが、相続対策※6のアパートだという事情がある。だから、子どもが育って３ＬＤＫの家に住みたいと思ってもそういう家は賃貸市場にほとんど供給されない。欧米だと、戸建ての家が建ち並んでいれば、居住者が所有しているものと賃貸のものが混在しているのが普通で、少なくとも両者に顕著な広さの違いはない。ところが、わが国では「持ち家並み」の広さの家に住みたければ買うしかないのだ。逆に言えば、そうした市場

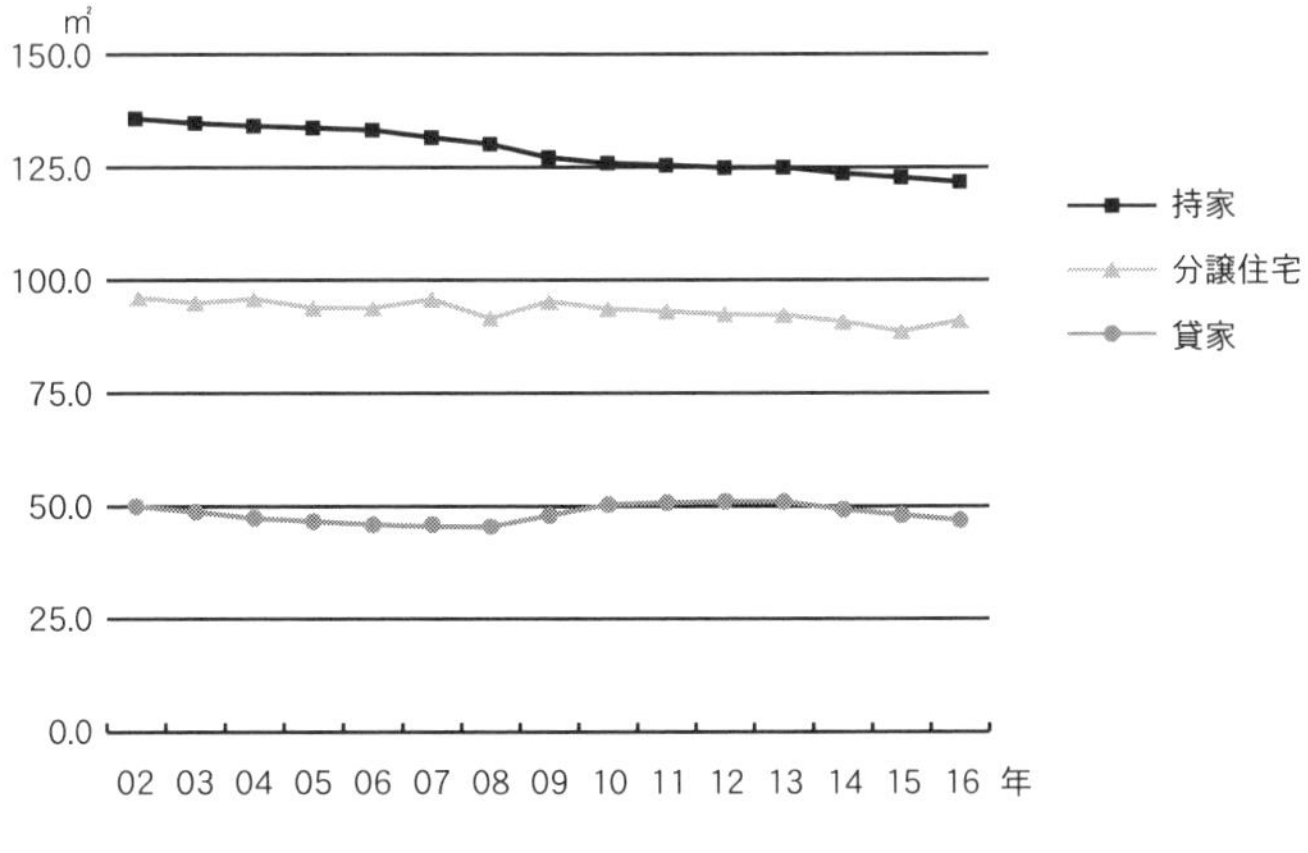

【図２】新築着工住宅の面積（㎡、2002～2016年度）

に、多少古くても「持ち家並」の家が相応の家賃で提供されれば高い競争力があるため、安定的な運用が期待できる。

単なる「住み替え支援」ではない「マイホーム借上げ制度」

こうした考えから、筆者も関与して、2006年に一般社団法人移住・住みかえ支援機構（以下、「JTI」）を設立し、50歳以上の者を対象に終身で保有住宅を借り上げて転貸運用し、国の基金から債務保証を得て空き家・空室保証を行う「マイホーム借上げ制度」を導入した。（**図3**）※7

実は、導入した頃は事業用でない一戸建て住宅の賃貸市場は事実上ほとんど存在していなかった。JTIは、全国を対象に持ち家の借り上げ・転貸を行うことを通じて、賃貸市場における一種の仲介機能を果たす、広い意味での金融の仕組みを担ってきたといってもよいだろう。2008年には、制度を拡充し、JTIの協賛社員や団体が新築・リフォームを実施した住宅であって、認定長期優良住宅やその他JTIが定める基準を満たしたものについて取得時に証明書を発行し、借り上げにかかる年齢制限を撤廃し、さらに、建物診断を免除・簡素化する「かせるストック証明書」制度を導入している。

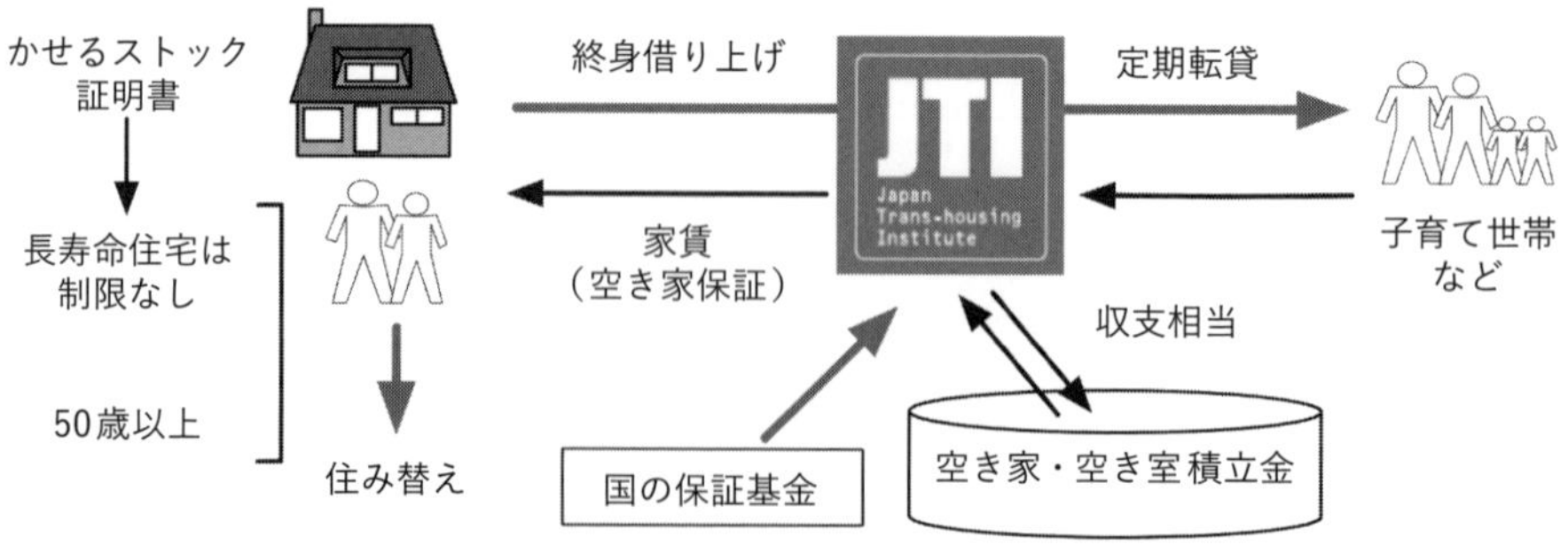

【図3】マイホーム借上げ制度

※5　理論的には、土地価格が変動しないなら、賃貸運用期間の家賃の現在価値が、土地価格について同じ期間・割引率で算出した割引額を上回っている場合、賃貸をしてから売ったほうが実現額が大きくなる。現在の金利と家賃の水準を前提にすると、そうした関係が成り立つ場合が非常に多い。

※6　土地所有者が借り入れをして賃貸住宅を建設すると、土地が貸家建付地と扱われるなど、相続税計算上の財産評価が時価を大きく下回る結果、借入額を控除した課税対象額が圧縮され、節税が図れる。この場合、借入金返済・採算向上のため、一棟あたりの戸数を増やし家賃収入の増額を図ると同時に、空室リスクを分散させるインセンティブが強く働く。

※7　www.jt-i.jp

〈〈文脈2〉〉住み替えずに住宅からお金を引き出す

次に住み続けたまま売ったときに得られるお金を先取りしたいというニーズについて考えてみよう。

リバースモーゲージの制約

従来から、こうしたニーズに応える金融の仕組みとしていわゆるリバースモーゲージ（以下、ＲＭ）の活用が説かれてきた。ＲＭは高齢者が自宅を担保にお金を借りて、返済は原則として死亡時に担保を処分して一括返済するというものだが、率直なところあまり普及していない。

この背景には何よりも、借り入れる時点においてすら評価の低い中古住宅の、死亡時における担保価値はほぼ確実にゼロとなることから、借入可能額が土地の評価額の5割~6割となってしまうため、特に地方の場合、借りられる金額が死亡後に家を手放すという代償に対して少なすぎるという問題がある。こうしてみると、RMの借入可能額を大きくすることも、中古住宅の価値実現の問題の一つということができる。

家賃返済型RMという発想

典型的なRMは、①死亡時に、②担保住宅を処分して代金で返済することを前提にしている。しかし、死ぬまで絶対に住み替えないとは言い切れない。むしろ、死ぬ前に何らかの事情で担保住宅に住まなくなる可能性のほうが高いのではないか。死ぬ前に住み替えるなら、〈文脈1〉でみたように賃貸して家賃で返済をしていけば、死亡前に残高を減らすことができる。さらに、借入人死亡後も賃貸を継続して返済を続けることが許されるなら、相続人が無理なく住宅を取得することも可能となる（家賃返済型RM）※8。

退職後の住宅ローン返済負担への対応

住宅ローンの期間が35年になったのは2000年頃からだから（それまでは25年が中心だった）、2025年頃から多数の借主が残高をかなり残して退職期を迎える。家賃返済型RMは、こうした人々の返済を負担を軽減し、購入した住宅の価値を最大限活用して住宅を手放さずに完済するための仕組みとしても、今後重要性が高まると考えられる（拙稿「定年後の住宅ローン負担とリバースモーゲージ」、日本不動産学会誌124号、56～63頁参照）。

JTIのRM支援

JTIでは、家賃返済型RMを安定して提供することができるよう、RMを借り入れた時点で一定の要件[※9]を満たした中古住宅について、最長で35年間「マイホーム借上げ制度」を利用した場合の借上家賃を一定金額以上とすることを保証する証明書（かせるストック証明書［定額型］）を発行する制度を導入している。

※8　例えば、住宅金融支援機構が実施しているRM型の融資保険については、賃貸運用を認めているが、2019年1月時点では死亡後は仮に運用収益で完済が見込めても相続人が一括返済するか抵当権を実行することが義務付けられているため、完全な家賃返済型RMの提供はできない。

※9　少なくとも、現行の耐震基準値を満たしたうえで、5年ごとに点検を受検して、JTIが必要と認める補修を実施することなど。

〈〈文脈３〉〉退職後に住み替えたら住宅ローンの返済をしないですむ家を買う

ここまでは、20年前に家を買ったシニアの話だった。ここからは、これから子育てのためにこれから家を買う若い人たちの問題を考えてみたい。

ホームエクイティー投資としての住宅購入

家を買う前から将来中古になった自分の住宅の価値になど興味はないと思うかもしれないが、世帯主が60代の世帯の総資産に占める金融資産の割合は28％であるのに対し、現住居である住宅・宅地の価額の割合は約52％にも及ぶ[※10]。死ぬまで住み続けることが確実ならともかく、そうでなければ、家を買うことは老後を支える最大の実物資産に投資を始めることを意味する。ただし、金融資産のように少しずつ積み立てていくのではなく、最初に住宅ローンという負債と両建てで購入し、返済を続けることで、純資産価値（資産価値 ―《マイナス》 残債務）を少しずつ増やしていく。純資産価値はホームエクイティー（home equity）と呼ばれる。

バブル崩壊までは、住宅が減価しても土地の値上がりに対する期待が強かった。これに対して最近は、地価が下がりこそすれ、大きく上がると考えている人はあまりいないだろう。しかし一方で、当時と比べれば住宅ローンの金利が異常に低くなった。家を買わないなら家賃を支払わなければならない。もし、返済額と家賃の差額が許容できる範囲内なら、ローンを完済したときに少なくとも土地が財産として残る住宅購入は依然として効率的な資産形成の手段ということができる。

表1は、借り入れ比率を9割、土地価格は変化しないものとして、土地価格が期間35年の住宅ローンの残高を上回ってホームエクイティーがプラスに転じる時期をみたものである。これをみると、土地の値上がりがなくても20年目前後からは住宅が純資産になることがわかる。

ただし、ホームエクイティーがプラスといっても、住み続けるかぎり絵に描いた餅に過ぎない。35年の住宅ローンを前提にすると退職後に10年前後ローンの返済が続くことがむしろ普通である。あまつさえ将来不安が大きくなっているいま、若い人たちが住宅を安心して買えるようにするための工夫が欠かせない。

自動車と残価設定ローン

最近、自動車について残価設定ローンが普及している。当初に定めた期間後の自動車の下取り価格（残価）をローンの残高と同じ金額に設定することで、期間中の元本の返済額を圧縮して同じ期間の自動車ローンに比べてかなり少ない月支払額ですむようにすると同時に、気楽に次の車に乗り換えられるようにしたものである。

住宅は短期間で住み替えるものではないし、住み替えるとしてもそれまでの期間も非常に長い。しかし、もし、残価設定ローンと同様の発想で、①一定期間経過後に住み替えるなら確実に住宅ローンの残債務がなくなるようにし、さらに、②住み替えない場合であっても、引退後のローン負担を最小限にできるような工夫が可能なら、住宅を

【表１】土地の価値がローン残高を上回る年（融資比率90％、金利２％）

住宅価格に占める土地比率	30％	40％	50％	60％	70％
純資産価値（ＨＥ）がプラスになる年	26年目	23年目	19年目	15年目	11年目

購入する場合の不安を大きく払拭することができる。

残価設定型住宅ローン

ところで、〈文脈2〉でJTIにはRMを支援するため中古住宅について最長35年間家賃の最低額を保証する、かせるストック証明書［定額型］制度に触れたが、対象住宅が新築の認定長期優良住宅の場合には、最低家賃の保証期間が50年間となる※11。つまり、JTIに借り上げてさえもらえば必ず保証最低家賃に相当する家賃収入が50年間確保できるわけである。そこで、住宅購入時に月返済額が保証最低家賃以内となるように、できるだけ長期間の固定金利のローン（例えば住宅金融支援機構のフラット50またはフラット35）を借り入れ（以下、超長期ロ）、残額は、例えば定年までの中長期の固定金利ローン（例えばフラット35またはフラット20）を借り入れれば（以下、中長期ロ）、次のように前ページの①②の両方のニーズを相応に満たした一種の残価設定型住宅ローンを提供することができる。（**図4**）

（a）　定年までに中長期ロが完済になるので、それ以降は超長期ロのみの返済となることから返済負担が縮減する。

（b）　定年後に住み替えたときは、JTIに借り上げてもらえば少なく

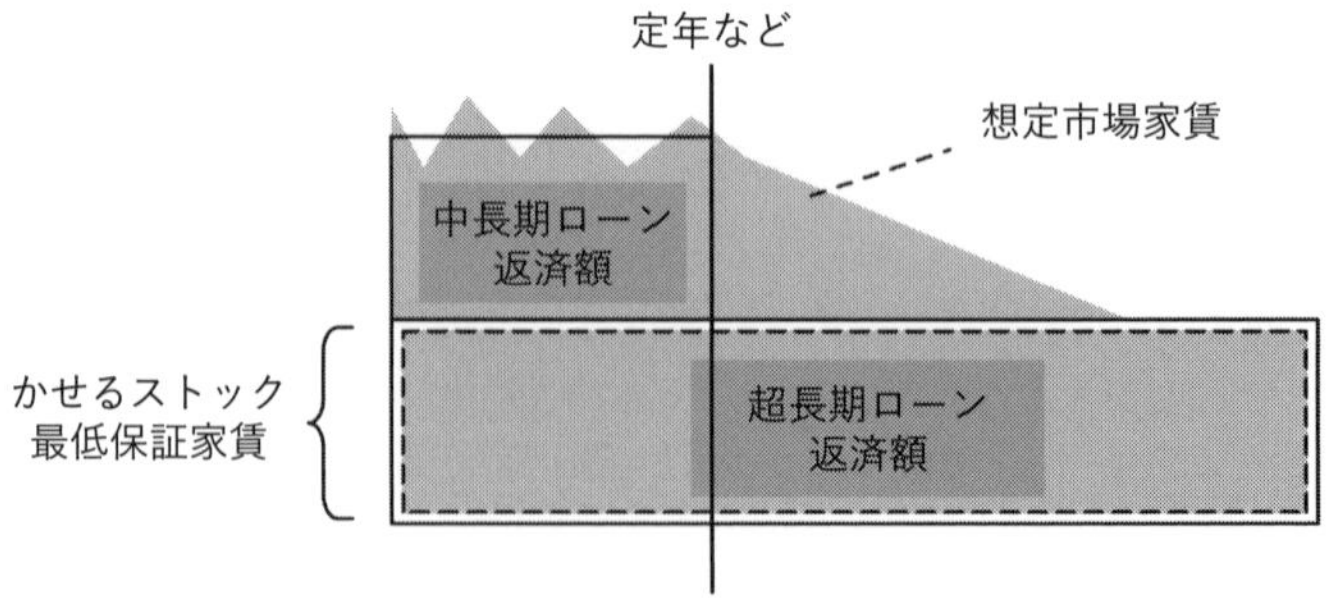

【図4】残価設定型住宅ローンイメージ図

とも超長期口の返済額以上の家賃収入が超長期口が完済するまで保証される。

（c）自動車の残価設定型ローンと異なり、住宅を下取りしてもらうわけではないので、超長期口が完済すれば、住宅が完全に自分のものになる。

既に、いくつかの金融機関が図4のような仕組みの残価設定型住宅ローンを提供している※12。残念ながら住宅メーカーやビルダー側の関心は薄いが、上述のように若年層を中心に住宅ローンを借りてまで家を買うことへの不安が強くなっていることから、「残価設定型住宅ローンを提供することのできる家」へのニーズが高まる可能性は高いのではないか。

※10　2013（平成25）年全国消費実態調査による。
※11　https://www.jt-i.jp/stock/popup3.html
※12　https://www.flat35.com /loan/yachin.html

〈〈文脈4〉〉ローンを住宅で返す

万が一の不安

住宅ローンを借りて住宅を購入することにより生じる不安は退職後だけではない。むしろ、現役時代に、万が一失職や病気などで返せなくなったらどうするかのほうがより大きな心配かもしれない。返済が困難となった場合、最終的には抵当権を実行したり、任意売却をすることになる。しかし、これらは結局、中古住宅市場で家を売ることに他ならない。図4でみたように、ホームエクイティーは購入後かなりの期間負値であることが多いことに加え、仮に内装・設備がまだ使える状態でも、不幸な事情のある家を必要に迫られて売るのでは高い換価価値は期待できないし、競売物件となると尚更である。処分価格で債務を完済できない場合、家を失ったうえに残債務の返済に追われることとなる。こうした場合に残債務を免除するノンリコースローンが提供できれば理想的だが、損失分に見合うリスクプレミアムが金利に上乗せされてしまう。

そこで、〈文脈1〉の場合と同様、売らずに賃貸運用することによりオーバーローンの額を圧縮できないかを考えてみよう。

家賃返済特例

実は、住宅金融支援機構は、以下の二種類の対応を通じて家賃返済を認めている。

①一時的に賃貸運用をして返済を続けることができるように担保住宅に対する継続居住義務を課さないこととする。

②JTIがかせるストック証明書を発行した住宅が担保の場合に、当初に債務者と覚書を締結しておき、家賃だけでは返済額に満たない場合に、ローンの期間を借入時から50年として返済額を見直せば家賃のみで返済が可能なら、抵当権の実行を猶予する特約を付与する（家賃

返済特例）※13。

こうした取り扱いを利用すれば、返済に窮した場合に住宅に住むことはできなくなるが、これを手放すことなくローンを完済することができる※14。

かeせるオプション

ＤＣＦ法でみた住宅の価値は家賃の現在価値と運用終了時点における土地の処分価値の現在価値の和であるが、家賃返済特例は前者しか利用できないため、家賃の額が約定弁済額（①の場合は自己負担分を加えた、また、②の場合は条件変更後）を上回る必要がある。これは、家賃で返済することで住宅を手放すことを回避しようとしていることの帰結である。だとすれば、家を手放してよいなら、仮に家賃の額が約定弁済額を下回っている場合であっても、その差額を運用期間の最後に住宅を処分して補てんできるかぎり、オーバーローンにはならないはずである。

ただし、そのためには次のような課題があった。

課題①＝当面の家賃収入と返済額の差額（不足額）を誰かが負担せねばならない。

課題②＝仮にこうした対応を許すとしても、借入れの時点で、ＤＣＦ法でみた住宅の価値が借入額以上であることを十分に保守的な想定の下で確認しておかないと、差額の負担者に不測の損失が生じてしまう。

以上の課題に対応するため、ＪＴＩでは２０１７年に次のような新たな制度を導入した。（**図5**）

（ａ）かせるストック証明書［定額型］の発行対象である優良住宅に限定し、返済が困難となった制度利用者からＪＴＩが実質的に対象住宅と土地の権利を取得したうえで、課題①の不足額を一時的に負担し、最終的に住宅を売却することで不足額を回収する。

（ｂ）課題②の懸念に対応するため、住宅購入時にかせるストック証明書に加えて、その時点でＪＴＩの構築したリスク管理モデルに基づいて計算される借入可能限度額を提示し、借入学がその範囲内であること、その他、一定の条件を満たした場合に、右の対応をＪＴＩに請求できる権利を付与する証明書を交付する（かｅせるオプション証明書）※15。

（ｃ）かｅせるオプションが行使された場合には、ＪＴＩは、制度利用者を債務者ならびに住宅と土地の名義人の地位にとどめたまま、住宅ローンの

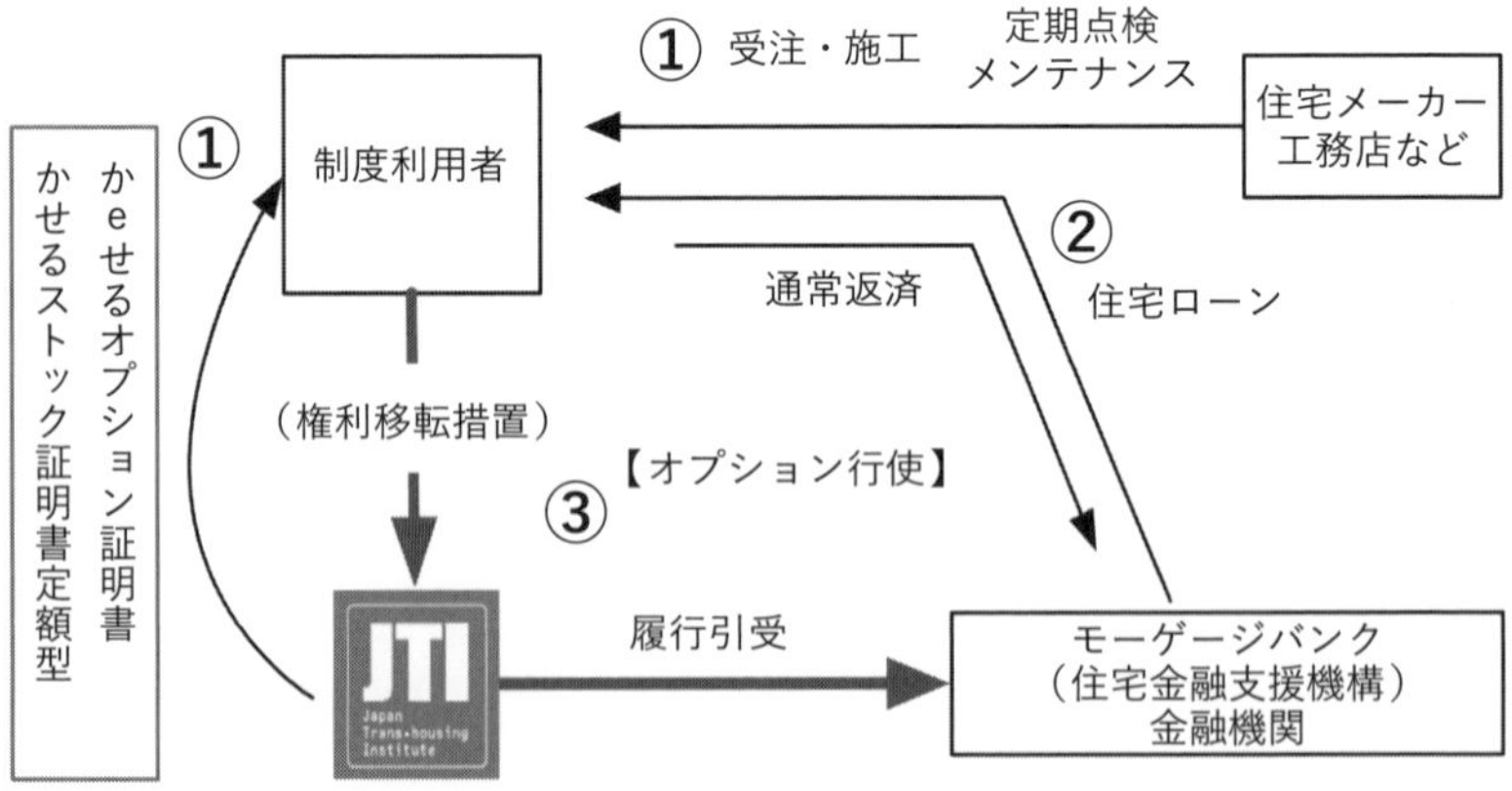

【図５】かｅせるオプション概念図

履行を引き受ける一方で、住宅と土地に対する実質的な権利を移転する。こうした取り扱いを可能ならしめるために新たな法的枠組みが採用されている。

（d）返済の履行を引き受けた後は、ＪＴＩはローンの期限前であっても住宅と土地を処分する権限を有する。一方、履行引受がなされている間は制度利用者に名義が残されているため、ＪＴＩが負担した差額を精算すれば住宅・土地を取り戻すことが可能である。

かｅせるオプションを利用すれば、住宅ローンが実質的にノンリコースとなる。なお、かｅせるオプション証明書はあくまで住宅に対して発行されるものであり、金融機関側の認知は必要だが、住宅ローンそのものの商品性を改訂する必要はない。いわば、かｅせるオプションは、住宅を、「住宅ローンをノンリコースローンにすることのできる住宅」にすることで、その資産価値を高める役割を果たす。

※13　例えば、常陽銀行のゆとりライフ（http://www.joyobank.co.jp/personal/loan/jutaku/plan/yutorilife.html）

※14　民間金融機関は、住宅ローンを資金使途を自己居住に限定したローンと位置付けており、転勤など例外的な場合を除いて賃貸運用を認めていない。本来個人に35年という超長期の貸付けを行うのに、継続居住を事実上強制するような扱いは消費者契約法に反すると思われるが、現状住宅金融支援機構のような取り扱いをする民間金融機関は筆者が知るかぎり存在しない。このため、借り手にとっては、住宅金融支援機構から借りる場合と民間金融機関から借りる場合とで大きな差が生じる。

※15　リスク管理には十分なデータの蓄積が欠かせないことから、ＪＴＩを設立してから10年以上の時間を要した。リスク管理モデルについては特許を取得している（特許第６４１９２８０号）。なお、こうした計算を個別に行うと借入可能限度がかなり小さくなる。実際には、返済困難に陥り家に対する実質的な権利を手放してまで住宅ローンの履行をＪＴＩに求めてくる者は限られている。また、いつ権利行使がなされるか

で、リスク額が大きく異なる。そこで、図6で示すリスク管理モデルではそうした蓋然性も考慮することにより、借入可能額を可及的に大きくする工夫がなされている。

〈〈文脈5〉〉「期間所有権」を実現する——マイホームリースという発想

「中古価値が高いほど安く買える」を実現するオートリース

〈文脈3〉で紹介した自動車の残価設定ローンは、もともと米国で普及している個人向けのオートリースを日本市場に向けてアレンジしたものである。

リースはレンタカーと異なり、通常は新品をリース会社が取得してユーザーに長期間賃貸することで、実質的には資金を借り入れて購入しているのと変わらない経済効果を実現するものである。賃貸期間は通常リース物件の耐用年数などに合わせるが、自動車のように中古市場が厚いものは、より短く設定してリース期限における残存価格のリスクをリース会社が負担することで一種の「期間所有権」を実現することができる。例えば、競合関係にあるA社のXという自動車とB社のYという自動車は新車価格がほとんど変わらないが、中古市場での人気はXがYを上回っているとする。オートローンの場合、金利が同じなら返済額は変わらない。しかし、リースの場合、中古車市場で人気があるため残価を高めに設定することができるXのほうが、リース料を低くすることができる。つまり、「中古価格の高い人気のある自動車ほど購入負担が下がる」ということが、「目に見える」かたちで消費者に訴求できるわけである。金融によって自動車を差別化することができるといってもよいだろう。米国でオートローンよりオートリースが普及している背景にはこうした営業上の効果を狙うメーカー側の思惑がある。

軽自動車から入って、ファミリーカー、セダンと乗り換えさせる「自動車すごろく」が機能しなくなったいま、「所有にこだわらず、ひんぱんに買い換えても損が出ない自由」を消費者に提供できるリースは日本の自動車市場にもぜひ導入したい。しかし、日本の消費者には自動車を長期間借りて乗るという発想はまだまだなじまない。そこで、販売＋オートローン＋下取り価格の保証というセットでリースと実質的に同じになるようなかたちを考案した。これが残価設定ローンである。なお、２０１８年11月にはトヨタが定額乗り換えサービスの開始を発表するなど、「所有モデル」からの離脱は着実に進行している。

マイホームリースという発想

住宅も現在は住宅ローンを借りて購入する方法しか存在していない。しかし、自動車に比べれば借りて利用することに抵抗は少ないだろう。だとすれば、リース的な仕組みは自動車よりも受け入れられやすい可能性がある。もし、「中古価格が高いほど購入負担が下がる」ということが住宅でも成り立つなら、それは営業の差別化だけでなく、中古市場の充実にもつながる。こうした考えに基づいて筆者が提唱しているのが「マイホームリース」である。

ここまでに登場した仕組みと違ってまだ存在しないものなので、まずは、そのイメージを以下に素描しておこう(なお、内容は単に想像に基づくものであり、残念ながら執筆時点において筆者の知るかぎり具体的に導入の動きなどはない)。

---

1. A夫婦はいまの賃貸アパートはいかにも狭いので新しい団地の分譲住宅を買うことにしたが、施工業者甲・乙の家のどちらにするか悩んでいる。値段はどちらも土地込みで5000万円で長期優良住宅の認定を受けている。

2. 折しも甲の営業担当者は「わが社の住宅は、住宅金融支援機構や住宅メーカーなどの共同出資で設立した株式会社日本マイホームリース(以下、JML)のリースプランがご利用いただけます。リースは実質的には借り入れをして家を買うのと同じです。しかし、①リースならリース期間経過後住み替えれば以後の返済負担はありません。この場合、②わが社の百年住宅はその高い性能から価値が下がらないためリース期限の残価が高く設定できますので、固定資産税なども勘案した月々の実質負担はローンよりかなり低めになります。また、③途中で人生設計が変わったときは、内装・設備部分のご負担さえいただければ自由に解約できます。④もしリース期限にこのまま住み続けたい場合は、再リースのほか、残価相当で買い取ることができますし、その時点で住宅ローンを組むことも可能です」という。

3. A夫妻は、実は35年ものローンを抱えることに不安を覚えており、子育てが終わったら夫婦で田舎でゆっくり暮らしたいとも考えていることから、月負担が少なく自由度の大きなリースが使える甲住宅を購入することにした。

4. 甲の担当者から渡されたリースの見積書は、**図6**のとおりである。これによれば、A夫妻は土地と住宅（構造・躯体部分）を20年間JMLから賃借し、内装・設備の部分は自己資金とJMLからの借り入れにより分割払で購入することになる。ただし、中途解約の場合、内装・

マイホームリースお見積書（イメージ）

物件概要

土地		20,000,000
建物	構造躯体（リース対象部分）	20,000,000
	設備内装（お客様ご負担部分）	10,000,000
合計		50,000,000
固定資産税、メンテナンス費用（年率）		0.50% 程度

お客様ご負担分

	自己資金（合計代金の1割以上）	5,000,000
	設備内装代金残高（分割払い）	5,000,000
合計		10,000,000
	※ 中途解約時には設備内装お客様持分で代物弁済いただきます。	

マイホームリースお支払い内訳

	リース期間	20 年
	リース料（月）	116,900
	設備内装分割代金お支払い額	23,670
	合計月支払額	140,570
	リース期間中の総支払額	33,736,800

ご参考（Flat35借入れで購入の場合）

	借入期間	35 年
	月負担額（ローン返済+固定資産税等）	149,100
	総返済額	62,622,000

【図6】マイホームリースお見積書（イメージ）

設備だけを分離独立して取引することはできないから、残存価値を放棄することで借入金の返済を免れることができることになっている(造作の買取義務に関する特約)。

5. リース期間中の固定資産税や定期点検など、構造・躯体のメンテナンスのリース料に含まれており、所有者であるJMLが実施するため、A夫婦には持ち家特有のわずらわしさがない。一方、内装・設備はA夫婦のものなので、構造・躯体に影響を与えないかぎり、その扱いについて借家のように気遣いをする必要がない。

6. 20年経ってA夫婦は田舎暮らしを始めることとし、期限に物件を明け渡したことから、甲社はさっそく、新たなユーザーを募集することにした。今回は注文住宅型とし、ユーザーの注文に合わせて内装・設備を新装する。少子化で新築需要が激減している中で、導入後20年を経過し、今後毎年確実に更新投資需要が発生することになるリース物件は、甲社にとって貴重な事業ストックとなっている。

マイホームリースのニーズ

考えてみれば、戦前の庶民は家を「借りて住む」ことがむしろあたり前だった。これに対し、戦後は「マイホーム」が「ハワイ旅行」とともに庶民にとって「手の届く夢」となり、65歳以上世帯の持ち家比率が8割を超えるという状況になった。現在も、日本人の持ち家指向は強いといわれる。

しかし、冷めた目でみれば前述のように家族でゆったりと住める広さの賃貸住宅の供給がないため、買うしかないという事情がある。仮に、欧米のように所有・賃貸にかかわらず同じ家が市場に供給されているなら、「持たない自由」を選択する若者はむしろ多いのではないか。65歳以上世帯の持ち家比率が8割を超える現状[※16]を前提にすれば、親が亡くなれば「所有権」は手に入る。持ち家をステータスシンボルと考える者はむしろ少数派ではないか。そうすると、ここまで前提にしてきた「ホームエクイティー投資」は数ある資産形成の選択肢の一つにしかすぎないともいえる。

また、自動車すごろくと同様、アパートからマンション、一戸建てと住み替える「住宅すごろく」も崩壊が指摘されて久しい。

むしろ、生涯所得に対してあまりにも大きな買い物である住宅についてこそ、自分で定めた期間だけ新築住宅を所有する「期間所有権」を実現し、ライフステージの変化に応じて、そのときどきの生活ニーズを満たす住宅に気軽に住み替えることを可能にするシステムが望まれているのではないか。

長寿命住宅制度とマイホームリースは表裏一体

実は、百年住宅というような長寿命住宅にはまさにマイホームリースという保有形態が合致する。百年住宅といっても耐用年数が100年なのは構造・躯体のみで、内装・設備には再投資が欠かせないからである。ここでは、リースといっても全部を借りるのではなく、居住期間をはるかに超える耐用年数を有する構造・躯体を借りて、内装・設備を購入し、居住期間で償却し、次のユーザーはまた、内装・設備に再投資して「新装」の住宅に住むというかたちになる。まさに、リースがインフィル再投資を保証することになるわけである。（**図7**）　マイホームリースとは住宅の賃貸借の一種というよりは、「一定期間で消費することになる内装・設備という居住空間の売買」といってもよいだろう。こうした金融の仕組みがないと、せっかく耐用年数が百年の構造・躯体を買っても、20年程度で内装・設備の寿命がきたら、普通の家と同じように「古家」になってしまう。

借地借家法の障碍

こうした議論に対しては、「難しいことを言わないでも25年の定期借家契約で貸せばよいだけだろう」と言う者がいるかもしれない。しかし、先の設例をみてもわかるように、リースと単なる借家契約はまったく異なる取引であり、実際にこれを導入しようとすると驚くほどたくさんの障碍がある。

障碍の第一は、借地借家法である。わが国の借地借家法制は賃貸人の解約権や更新拒絶権を厳しく制限する一方で、賃借人は転勤や転職などのやむを得ない事由があれば1か月前の通知で

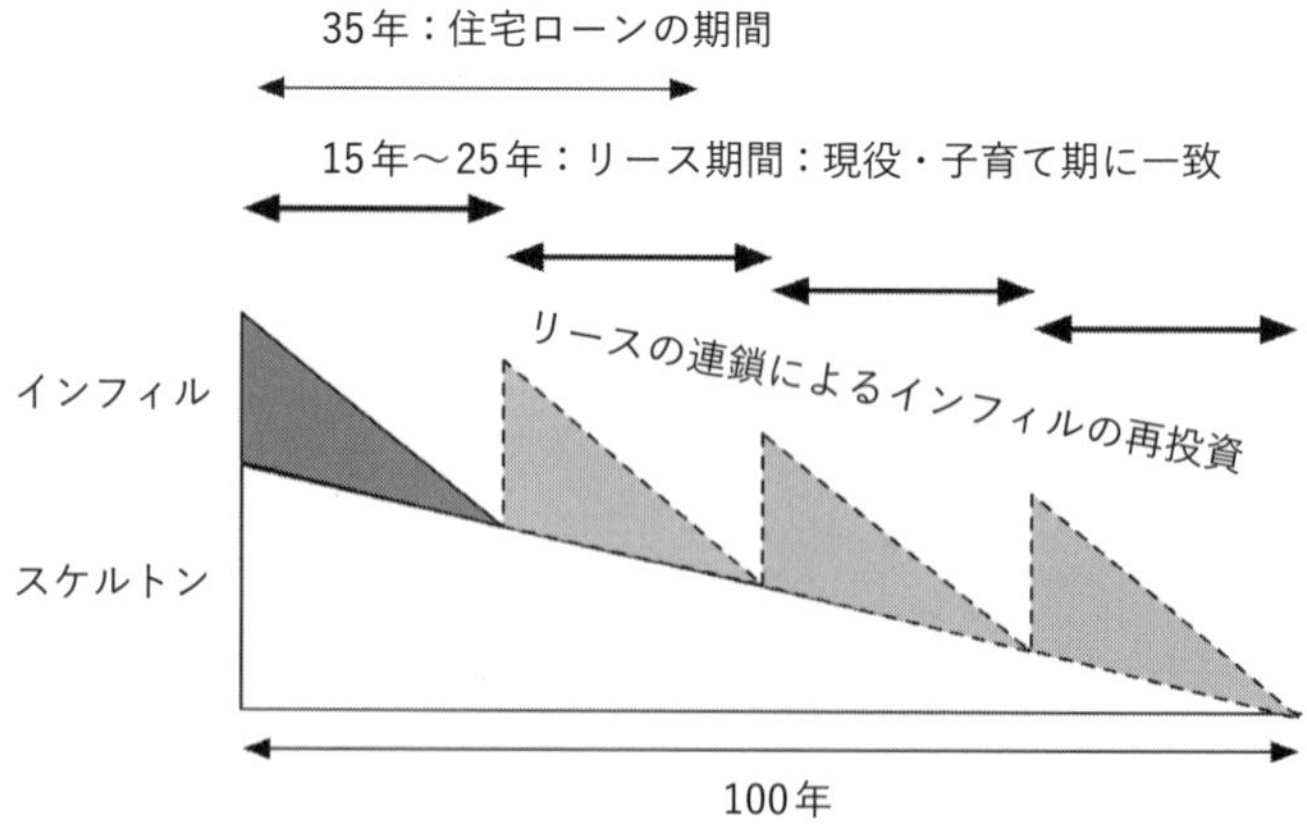

【図７】マイホームリースイメージ図

解約を認める（第38条5項）。やむを得ない事由がかなり緩やかに解されているため事実上は随時解約権に近い。また解約時に通常のリース取引のように残期間に応じた解約金を徴収することも、借家人の権利を不当に制約する条項として無効になる可能性が高い。

これに対し、前者の制約は定期借家契約を利用すれば回避できるようになった。しかし借家人の側からの解約権は定期借家契約でも維持されている。このため、リースを提供するには、ユーザー解約の場合の再賃貸リスクを適切に処理する仕組みが欠かせない。実は、前節で紹介した「かeせるオプション」のリスク管理モデルは、マイホームリースを行う主体が、中途解約のリスクを管理するためのモデルとして活用することも想定して開発されている。

リース会社の資金調達

マイホームリースを実現するには、数多くのリース物件を保有するために必要な巨額の資金を低利安定調達せねばならない。特に、住宅ローンが極めて低利なので、これに匹敵する条件を得ることはなかなか難しい。実は、かeせるオプションの仕組みは住宅ローン＋履行引受というかたちで、資金調達の問題を回避した一種のマイホームリースだと位置付けることもできる。しかし、リースの魅力を最大限に引き出すには、最初から直截《せっ》にリースとして仕組むことが必須である。このためには例えば、住宅金融支援機構に新たな証券化支援プログラムを創設し、マイホームリースを提供する会社からリース債権を買い取って証券化する仕組みを用意することが考えられる。公的証券化支援があれば、資本力のある大手だけでなく認定長期優良住宅に取り組む中堅中小のビルダー・工務店が共同でマイホームリース機関を設立することも可能となる※17。

中途解約が生じてから次のリースを組むまでの期間や、転勤などで一時的に住まなくなる場合など、リース機関が一時的に賃貸運用を迫られることも少なくないと考えられる。こうした場合には、リスク管理に加えてＪＴＩの借り上げ制度を柔軟に活用することが考えられる。

内装・設備に対する権利の処理

借地借家法上認められた借家人からの中途解約を不当に制限することになる違約金を定めることは許されない。しかし、内装・設備についていえば、リース期間中に償却してしまうことになるから、この部分はむしろユーザーが購入するもの（一種の造作）と構成することが自然である。もう一歩進んで、内装・設備はユーザー自身のオーダーによる注文住宅型のリースも考えられるだろう。再リースではむしろそれが原則形となるかもしれない。このようにすれば、借地借家法も造作買取請求を排除することは認めている（第37条の反対解釈）ので、中途解約時に内装・設備に関する権利は放棄してもらう対応が可能となる。

内装・設備のファイナンス

ユーザーが内装・設備に投資するにあたり問題となるのは、その資金をどうするかである。購入資金を借りようとしても、住宅に一体として付合している内装・設備に独立した所有権を認識してこれを登記したり抵当権を設定したりすることができないからである。そこで、造作として当初に買い取るがその代金はリース期間中に分割払いすることとし、中途解約の場合は、未払の代金に代えて残存する内装・設備の権利をリース会社に移転する（あるいは、造作買取の対価として未払の代金債権を充てる）という構成をとることが考えられる。

※16 2013（平成25）年住宅・土地統計調査による。

※17 マイホームリースを提供するリース会社は、構造躯体と土地を保有して運用する一種の不動産投資信託とみることができる（マイホームREIT）。そこで、リース料による取得資金の返済がある程度進んだら、保有資産を専用の不動産投信に移転して、早期に投資回収を図ることも考えられる。ユーザーは住みたい家をリースする一方で、こうした投信に投資することで、住宅に関する「居住と投資」を分離することが可能となる。

2　むすびにかえて──住宅の世代間循環

「家」という言葉は物理的な住宅以外に、親・子・孫と引き継がれる人のつながり（生活共同体としての家）も表す。昔は生活の拠点である「家」を子に引き継ぐことがそのまま生活共同体としての「家」の引き継ぎを意味した。だとすれば「売りに出された家」はそうしたつながりが断絶したことを示唆する。それは決して「普通のこと」ではなかったのである。

これに対し、戦後都市での生活が当たり前になる中で、物理的な「家」と生活共同体としての「家」の結びつきが著しく希薄化した。さらに、人生が80年を超える時代になると、家を相続する頃には子どもは60代になりうる。親が死ぬまで家に住み続けるなら、子どもは30代で自分の家を確保せねばならないから、家を親の世代から相続することは、単に物理的な財産を受け継ぐ以上の意味を持たなくなる。全国で空き家化が進む背景には、単に少子化だけでなくそうした家の持つ意味の変化もあるのではないか。

「中古市場の活性化」は、生活共同体としての家から切り離されて、単なる財産としての意味しか持たなくなった家の換価市場を新たに形成するという極めて「現代的」な課題だといってもよいであろう。

ただし、家という生活の場を提供する財の価値を考える場合、それぞれの家が想定する「生活の場」に配慮することが欠かせない。そして、生活の場はライフステージとともに変化する。そうだとすれば、中古市場の流通とは、あるライフステージを終えた世代が次にそのライフステージを迎える世代に住宅を引き継ぐことだということになる。中古住宅流通とはすなわち「住宅の世代間循環」のことだと整理してもよいだろう。

しかし、現在の中古住宅市場は、まだまだ昔の「家」概念を引きずったまま、生活共同体としての家から断絶した物理的家の処理市場としてしか機能していないように思われる。おそらく、思い切った施策なしに、住宅の世代間循環が自然に回転し出すことは難しいであろう。住宅循環に目詰まりが起これば少子高齢化の中では確実に空き家が生じる。それは莫大な社会損失である。新たな金融システムをデザインすることによって、住宅の世代間循環を当然に組み込んだ住宅市場への移行を支援する。〈文脈5〉で提案したマイホームリースにはそうした思いが込められている。

本章の整理が、今後「住宅の世代間循環システム」の整備を進めるうえでなにがしかのヒントになればこれにまさる喜びはない。

パネルディスカッション
［その２］

住宅の使用価値の実体化の可能性

―― 第48回住総研シンポジウム記録（2018年1月15日）――

中川雅之（日本大学 教授）
中林昌人（既存住宅流通研究所 所長）
大垣尚司（青山学院大学 教授、金融技術研究所 所長、
一般社団法人移住・住みかえ支援機構 代表理事）
◆ 総合討論コーディネーター：野城智也（東京大学 教授）

土地とスケルトン・インフィルに分離し、新たな居住形態を組み立てる「マイホームリース」の可能性

野城　大垣さんが紹介されたマイホームリースの「スケルトンをリースする」という内容について、たくさん質問がきています。もう少し仕組みを詳しく教えていただけますでしょうか。

大垣　「マイホームリース」は、例えばヨーロッパで石造りの家を買った人が、内部を直して住むことによって、4世代100年間で資金調達をしていくようなファイナンスを長寿命住宅に当てはめたものとイメージしていただければよいのではないかと思います。そもそも、認定長期優良住宅は利用する期間と住宅の寿命とがアンマッチを起こしています。リースはこのアンマッチを埋める役割を果たします。

これについてわれわれは、国の委託事業として3年間かけて仕組みを考えました。例えば、URのような主体が土地とスケルトンを購入して保有し、これを国民に提供します。その提供されたスケルトンに対して、居住者が居住期間に見合ったインフィル投資を行います。つまり居住者は、インフィルについてのみ住宅ローンを借り、スケルトンについては賃料を払うというのが理想型ではないかと考えています。

スケルトン保有の仕組みは、例えば住宅金融支援機構とREIT（不動産投資信託）の組み合わせで実現することができるのですが、残念ながらそのままではインフィル投資に住宅ローンがつきません。これが大問題で、そこを何とかクリアする手立てが必要です。

これについては、次のようなアイデアが考えられます。まず居住希望者に、住宅金融支援機構や銀行からお金を借りて標準を満たした住まいを建ててもらいます。そして、完成と同時にリース主体に売却をして資金確保（セール・アンド・リースバック）します。そして、ローンは、買い受け主体が債務引き受けをすれば、長期に金利が安く借りられる住宅ローンのメリットを最大限生かすことができます。このようにすれば、難しい制度を新たにつくらないですみます。

大垣尚司

次に、もうひとつ大きな問題となるのは、そうしてスケルトンを借りた人が、インフィルを手放す場合です。リース契約は、法的には定期借家契約と位置付けられますので、借地借家法上、借主は1か月前に退去することを申し出れば解約ができます。このため、いつ出ていくかわからない人に対して1か月前の退去予告を受け入れ、その家をまた別の人に貸して資金収支を見合わせるための仕組みが必要となり、ここをクリアしなければ絵に描いた餅になってしまいます。しかし、これについても、移住・住みかえ支援機構が10年がかりで仕組みをつくりましたので、実現に向けた中間点まで到達したところです。

では、ローンを返せなくなったときはどうするか。その場合は土地と家を手放してもらいます。どうせ抵当権実行されたら住めないわけですから。しかしその場合でもオーバーローンになることはなく、リース主体がローンを完済するまで支払い続けます。この仕組みが可能であれば、新築よりもリースの方がよいと思える仕組みになると思います。

最後の問題は、インフィルというのは、法律上は家に付合していますので、その部分だけに抵当権を設定することができず、担保として活用できないことです。ただしこの問題は、はじめに住宅全体を担保に住宅ローンを借り、リース主体に債務引き受けをさせたあとに、スケルトン部分を引き算していくというような処理をすることで対応することができると判断しています。

これが現在想定しているマイホームリースの仕組みで、仕組みそのものは相当精緻にできあがっています。しかし、業界の方がまったく興味を持たないので、まだビジネスとして展開できていないというのが現状です。

野城　仕組みは仕上がったので、次はそれをどう普及・運用していくかというところですね。この仕組みに関して、このような質問もあります。「借り手がつかない、あるいは価格が落ちるリスクはないのでしょうか」。

大垣　たしかに、最初の頃は家賃の予測が難しいのではないかという議論がありました。実は、日本の不動産マーケットというのは、50㎡以下のアパートと賃貸マンションが中心で、このほとんどが投資用事業として利用されています。そして、アパートについてはその大部分が相続税対策であって、借り入れをして投資しているため、家賃は借金から逆算して決まるという構造を持っているのです。簡単にいうと大体２ＤＫで６万５０００円／月あたりが、一つの目安になります。

また、もう一つ基準になるのは公営住宅の家賃です。これについては、マーケットではなく積算で決まっています。だいたい新築で基準を満たしたものが３万円～４万円です。この結果、２ＤＫ程度の賃貸住宅の家賃は大体４万～６万５０００円以上の水準に決まります。

そこに、一戸建て、庭付き・カーポートありの３ＬＤＫ、４ＬＤＫの物件が供給されれば、そこから１万～３万円くらい上の水準に価格が決まってくるのです。さらに細くみていくと、その土地に住んでいる方々の労働賃金の水準とも強く相関します。要するにいまの家賃は、住まいの価値ではなく、払えるだけ払うという逆算のマーケットになっているのです。同じ家賃でアパートと戦ったら通常は戸建てが勝ちますので、いいものを仕込んでさえいれば、常にそのマーケットにおいては強い物件であり続けることができるのです。

これについても、現実のデータを実際にモデルの中に織り込んだリスク管理のシステムはできあがっていますので、大きく外れることはないと思います。問題は、最初の入居者がつくまで何か月かかるか、その入居者が何年住んでくれるか。その２点で収支が大きく違ってきますので、これを管理する手立ては必要です。

地域の中で、常に２ＤＫのアパートよりはよい賃貸住宅であって、手頃な家賃を想定していれば、価格の下落リスクは意外と低いといえます。

野城　家賃における下方硬直性というか、家を借りる場合でも、それなりのお金を払うという意識がかなり根付いているということですね。

これからの不動産情報のあり方について
――売り手と買い手との間に起こる情報の不均衡をどうするか

野城　続きまして、中川さんに質問があります。「なぜ日本ではＭＬＳ（米国不動産情報システム）のようなシステムにならないのですか。誰が、何を、阻害しているのでしょうか」。

中川　不動産の流通業に対する公的機関の関与という意味で、アメリカは相当自由だと思います。ＭＬＳは、クラブのメンバーシップだけが使える情報ツールで、非常に効率的に売り手や買い手に対して情報を提供することができます。いま、ＭＬＳを使えなければビジネスができないというくらいに重宝されるツールです。

つまりＭＬＳは、不動産市場ごとに地域の不動産業者が地域独占を維持するための仕組みなのです。例えば、自分の不動産情報を囲い込んだりすると、ＭＬＳを使えないという懲罰を与えるなど、自分たちが自分たちのためにやっているという確固たる動機が明確に働きます。

一方で、日本の不動産業に対して公的な関与はやや中途半端な形です。レインズ（ＲＥＩＮＳ）なんかも、かなり公的な機関が関与するような形なので、私はあまりうまくいっていないのではないかなと思っています。あるいは経済学でいう「協調の失敗」というのがあって、米国では非常に強力な業界団体ＮＡＲというグループがありますが、日本の場合はそういう団体がいくつかに分散しており、やや複雑な産業構造になっています。効率的な仕組みがうまくつくれていないのは、半端な公的介入と、業界内の協調の失敗が原因ではないかなと思っています。

野城　よく自由放任主義というか、完全な規制緩和を進めるのか、やや規制的な方法を取り入れるのかというところで議論があります。ある意味では適切な介入があるべきだけれど、その介入のあり方は日米で有効性が違うというようなことでしょうか。

引き続き、中川さんに質問です。「買主が品質を調べて買いたいのに売主が情報を出さないことは負の均衡ではないでしょうか。手入れの履歴を売主の責任で公開を強制できないのか。価格が引っ張られるのは、まともな情報がないということではないでしょうか」というものです。

中川雅之

中川　イギリスで、売買契約や取引を行うときに、売り手に対して住宅の情報の提供をかなり強い要請としてやろうとした制度にＨＩＰ（Home Information Pack）というものがあります。これは、売り手に対して情報提供を義務付けましたが、そのことよって売り手側の売買時のコストが非常に高くなりました。これが結果的に、住宅市場自体が非常に冷え込んでしまった要因だというような評価がなされています。

反対に、買い手がどういう情報がほしいのかを考えてみると、それは千差万別で、かなり住宅の状態によって必要な情報も違ってきます。そういう意味で公共部門が売り手に情報提供を強制した場合、ある取引については過大なコストを売り手に課すことになりますし、ある物件については過小な情報しか提供しないという、やや効率の悪い制度になる可能性があると思います。そういう意味で、売り手に情報提供を義務付けるやり方について私はやや消極的です。

例えばアメリカの住宅売買については、買う方がローンを付けるために一生懸命鑑定を取ったり、インスペクションを入れたり、結構住宅の品質を一生懸命調べないとローンを受けられないということがあります。どちらが情報を提供するのかについて、私は公的部門の強制的な措置ではなく、情報をきちんと管理したものが情報を提供する、あるいは情報を求めるということが評価されるような仕組みのほうが効率的な制度にはなるのではないかと思います。

野城　不動産情報に関しては、中林さんに「現状では、運用基準が不明確で、家の維持管理ができるとは思えません。所有者に適切に運用してもらう余裕がないように思います」というご意見や、「一般の木造住宅において住宅履歴に記載しておく必要項目はありますか。また住宅履歴を保管する機関があるのでしょうか」といった質問があります。

中林　まず住宅の質についていうと、木造住宅の駆体に関しては防水性能が一番なので、ざっくり言いますと15年に1回塗装をして、5年に1回シロアリの調査しておけば駆体はずいぶん長持ちします。あとは、雨漏り点検をどうするかというあたりではないかと思います。

住まいの維持管理については、マンションに住んでいる方は大体月に2万円前後の長期修繕積立金を払っていると思います。管理費としては平均3万円くらいでしょうか。では、戸建ての場合はどれくらい必要かという話がよくありますが、15年目に木造で全塗装をするためには150万円前後必要になると思いますので、そのために月々1万円は積み立てておくべきではないでしょうか。それを建築した工務店に任せるのが、現状では一番いいかなと思います。

中古住宅流通については、アメリカではさまざまな自主規制を設けています。その点で日本はまだ20〜30年遅れていると思います。ある方から聞いたのですが、いま日本の中古車が安心して買えるのは、30年前の業界の方がすごく苦労をされたからだそうです。30年前の中古車は走行キロ数をごまかすのが当たり前だったらしいのですが、各自動車会社の系列の中古車グループが自主規制をしてやめようと働きかけたそうです。そうして認定中古車をつくったという歴史がありま す。同じように中古住宅でも、情報を小出しにした業者が儲かるようなやり方ではなく、業界全体が自主規制をし、きちんと情報を出した物件が高く売れるという市場をつくっていかなければいけないと思います。

野城　続いて、「かつてマザーズオークションという不動産ネットオークションの会社が事実上破綻してしまいました。何が社会に受け入れられなかったのでしょうか」、また「住み替えにかかるコスト、仲介手数料、専門費などが大き過ぎると思います」といった内容のご意見がありました。不動産の取引コストについては、それぞれどういうお考えをお持ちでしょうか。

中川　米国でもfor sale by ownerというような、売り手が直接買い手に対して情報提供をして、そこで取引を成立させる情報サイトやシステムがあります。ＩＣＴテクノロジーが進むことで、仲介業者、不動産流通業者のようなミドルマンは仕事がなくなると言われ続けてきましたが、いまなお仲介業者によるマーケットが主流です。それはなぜか。

売り手と買い手がネット空間で直接対峙をする仕組みはピア・ツー・ピアマーケットといわれ、いま民泊サービス（Airbnb）や配車アプリ（Uber）などで爆発的に広まっています。そこでは、提供されている情報が正確なものかどうかを判断することが非常に重要になります。そこでは、サービスを利用した人が、サービス提供者を評価する仕組みが、次の購買者の判断を支えています。

つまり、ピア・ツー・ピアで成功しているのは繰り返し売られているようなものであって、不動産においては評価機能が働かないところに限界があると思います。ＩＣＴテクノロジーによって、いろいろな情報コストは劇的に変えることができると思いますが、まだ仲介業者が果たす役割はこれからもあるのではないかなと私は思っています。

中林　マザーズのあとにも、さまざまなオークション会社がありました。大和ホームズオンラインという会社は、一級建築士が40頁くらいの査定書をつくってくれるという会社でしたが、やはりこれも潰れてしまいました。

私が思うのは、データ量が、溢れれば溢れるほど消費者は自分の価値観に自信がなくなるのではないかということです。とくにインターネット上の個人間の取引（C to C）の場合、売り主がどんな値段を付けるかわかりません。2000万円の家を、3000万の値段を付けて売ろうと勝手ですから。しかし買い手としては、そんなものを買わされてはたまらないわけです。家の値付けに対して判断基準がなく、相場がわからない。そこに仲介の方がニコニコしながら、「お客様、この物件はお買い得ですね」と言われると、安心して買えるというような意識が働くわけです。要はリテラシーの問題かなと思います。

住まいのアンマッチが生み出した空き家問題解決の糸口

野城　質問が二つきています。一つは、「今日のテーマではありませんが、今日ここで議論していることと〈空き家問題〉はどういう関連があるか」というご質問です。二つ目は、「今日のテーマとなる使用価値をもとにした取引ができる市場の形成のためにどういうプレイヤーが必要か」といった内容のものです。

大垣　空き家については、自然に老朽化していく住宅が当然ストックの中に10～15％はあるわけで、まだ住める空き家というのは意外に少ないのです。統計上の空き家の半数以上は都市部でつくり過ぎた相続対策のアパートで、これはもともとニーズがないのに作ったから空き家になっているのです。では、なぜそういったものが建つのかというと、銀行がお金を貸すからです。銀行がお金さえ出さなければ建ちません。私はこれまで、そのことをしつこく言ってきましたが、もう手遅れです。要するにこれは、相続対策でアパートをつくらせることを野放しにしていた政府の問題でもあるわけで、本来の空き家問題とは区別して考えるべきです。

アパート以外で、人口が減っていったために出てきた空き家については、ライフステージに対して家とい

中林昌人

うものがアンマッチしているにもかかわらず、循環をさせる仕組みがないことが問題です。これについては、「住むべき家に住むべき家族が住む」ということが保証されていくようなシステムをつくらないかぎり、家の使用適性がなくなって放置されることは避けて通れないと思います。

野城　中林さんはいかがでしょうか。

中林　大垣さんがおっしゃるように、アパート建築がハウスメーカーや建築業界を助けてきたわけですが、それもこの10年で破綻するでしょう。そのときにまた大きな問題になると思います。

　いまメディアなどで取り上げられているのは、地方で誰も手入れをしていないボロボロの空き家はどうするのかという話です。これが誰にとって問題かと言ったら、所有者の問題なんですね。まわりの人はそこで誰か変な人が騒がないかぎり直接の問題ではありません。所有者は、維持管理費と、更地になると6倍になる土地の固定資産税を比較し、使い道のないものは解体するしかありません。

　では使い道のあるものはどうするか。使いもしないのに所有権を主張して放っておくのではなく、地域で活性化するか、みんなで共有するか、何らかの再生をしてみんなで使う方法もあります。こんなふうに、もっと単純に考えればいいかなと思います。

野城　中川さんいかがでしょうか。

中川　空き家・空き地問題の根本原因は、人口減少や少子高齢化で、今後も住まいの需要が減り続けるかもしれないという見通しに立ったものだと思います。通常は需要が減った場合、供給は量を減らすわけですが、住宅や都市はいったん市場に供給してしまったら数量調整で減らせません。要するに過剰な供給がずっと続くことになるので、価格が大きく下落します。

　問題は、中古住宅の流通速度が非常にのろく、どんどん自分のニーズに合ったような住宅を手に入れることがなかなかできないことが一番大きな問題だと思います。それから、価格が下がったのになかなか需要が増えていかないことも問題でしょう。

１９９０年代初頭のバブルの頃は、不動産価格が高く、狭い土地しか手に入りませんでした。しかしいまは不動産価格が大幅に下がりました。不動産価格が下がったので、アメリカみたいに大きな家に住むことができるかといえば、そうはいかないですよね。狭い住宅をたくさん供給してしまったし、それに合わせて道路や街路、街の骨格をつくってしまったので、これを白紙にしてアメリカ並みの大きい住宅をつくるのは現実的ではありません。住宅を複数持つとか、あるいは中古住宅を転々と流通させて自分のライフステージに合った住宅に住み替え続けることで、豊かな生活を描けるような社会になることだと思います。そういうモデルをもっとたくさん取り上げていくことが必要だと思います。

大垣　いま、動き始めている空き家を使った借り上げ制度がありますのでご紹介したいと思います。

空き家が問題になるような所有者というのは70～80歳になられていて、売るというと大体相続人の方が反対されたり、そもそもそういう意思がなかったり、あるいは意思を確認しようにも認知症になられていたり、現実には非常にやりにくい状態のことが多いんですね。なおかつ旧耐震のものが多いので、数10万どころか4～500万円かけないと、そもそも流通に乗せられないものも多くあります。

そこで、ＪＴＩが空き家を借り上げして、転貸人として耐震補強を行います。これについては住宅機構のまちづくり融資の一環のものを使わせていただいています。この融資は、個人も使えるのですが、手続きなどが非常に難しいのでわれわれが直接借り入れをして転賃家賃の中から返済していきます。

条件としては、入居者に10年以上貸してあげることです。入居者は10年以上借りるわけですから、内装は壁紙や天井を張り替えたり、自分たちの好きなように直すことができるようにします。そうして、全体として７～８００万くらいの普請にします。空き家を貸してくださった方には入居の有無にかかわらず、明け渡しの後６か月後から10年間、最低保障家賃を固定金額で支払い、借入金の返済リスクはＪＴＩが負担するという仕組みです。まだ始めて間もないですが、第１号は京王線調布駅から２駅の柴崎（東京都調布市）というところで、築38年の物件で成約をしました。いまわれわれは、京王線沿線に空き家が１軒でも出たらそれは絶対に放っておくべきではありません。直して次の客に売るか、売らないなら長期に貸して安定した収入を得るというような、１円でも無駄にしないような気持ちで考えていけば、空き家は減っていくと思います。

最後に
――住まいの使用価値をもとにした取引ができる中古住宅市場を形成するために

野城　今日は、住宅の使用価値の実体化についての課題や可能性について考えてきました。これについては、今までのビジネスモデルとは異なる新しいモデルを想定し、不動産業、建築業、金融業などの既存の境界を取り払ったところで、何か新しいアクションを起こしていく必要があることは間違いないようです。使用価値をもとにした取引のできる市場を形成するためにはどのような仕組みやプレイヤーが必要になるのか、最後に一人ずつお言葉をいただければと思います。

中川　まず、ひとつはビジョンをとにかく共有すること。人口が減少するという時代にありながら、ただでさえ日本は新築のウエイトが高いわけです。これからの住宅市場については住生活基本計画みたいなもので、もう少しきちんとしたビジョンを共有する必要があるだろうと思います。なぜなら、売り手、買い手、メーカー、不動産流通業者、政策担当者、いろいろな人たちの目線を、もう少し中古住宅の流通を基礎としたビジョンを立てなければ、辿り着けるものも辿り着けないと思います。

もうひとつは、既存の業界に対して、いままでとは違ったプレイヤーの新規参入を促進していくことだと思います。それはテクノロジーの導入みたいなものでも、大きく前進できるようになるのではないかと私は思っています。

中林　日本は人口が減っていますから、これから当然世帯数も減っていきます。年間着工件数をみると、景気の良かった1996年は160万戸でしたが、いまは80～90万戸で、2030年には40万戸になるだろうと予測されています。今後確実に着工棟数は落ちますから、その中で業界がどうやって生き残っていくかは本当にいろいろ考えなくてはいけません。

日本では、家を持っていること自体が資産だった時代がありました。それは土地の値段が上がっていた時代です。しかし、いまはそうではありません。建物も次第に資産価値がゼロになっていくという中で、住まいをどうみるか、これからの日本が経済的に豊かに生き延びていくための大きなテーマだと思います。

既に家を買ってしまった方は、いまのご自宅の価値をどうやったら維持できるかというのをお考えになるべきです。これから家を買う方は、何年後にいくらで売るかを考えて家を買うべきでしょう。あるいは大垣さんがおつくりになっているように、これからは買わないという選択肢も広がっていくでしょう。いままで「家は買うもの」だとされていましたが、そうではない時代を生きていくために、自分の住まいについて、一人ひとり考えていくことが大切です。購入者が、住宅や不動産に対してシビアな目になっていけば、業者も変わらざるを得ないのです。

大垣　1902年にシュンペーターという人がイノベーションについてこのように言っています。「イノベーションというのは消費者のニーズを供給者が汲み取って行うものではない。供給者側が消費者に新しいニーズを教え込んで生まれるものである」と。

いま、団塊世代が70歳になり、団塊ジュニアは40代になりました。このところは団塊ジュニア層の特需がありましたが、問題はこのあとです。客観的にみれば着工棟数が増える可能性はゼロです。将来的には業界の規模が半分にならざるを得ないような状況の中で、どう生き残るかということを考えていくことが、いまのみなさんに必要なことです。

これからは、家というハードではなく、「住まい」を売ることを考えることだと思います。住まいというのは、生まれてから死ぬまでの帯で考えるべきものであり、年代ごとの生活にあった住まいが供給されねばならない。業界としては、そういうものを売買するようなビジネスに変わっていかないといけないと思います。そうすると、いまあるファミリー住宅をこれ以上作るというのは、認定長期優良住宅への入れ替え以外は不要でしょう。一方、例えば、70歳になった団塊の世代にもう1回家を売る、あるいは40歳が60歳以降に備えた幸せに生きられるリタイアメントコミュニティを売るなどで、まだ新築の需要があります。これを動かして初めていまのファミリー住宅が空きますので、これを若者たちが効率的に買って循環させていく。そのくらいの大きな変革を起こしていかないかぎり、消費者側からニーズが出てくることはありません。また、国に任せても目先の流通市場でできる対応が中心となります。

今日わかっていただきたかったことは、住まいを買うというマーケットに「流通」は要らないということです。ただ「循環」していけばいいだけなのです。イギリスでは、新築住宅の件数をみて経済を考えません。イギリス人は生まれてから死ぬまでの間に平均で6回半引越をします。それは、家が止まっていて、人間が巡っていくという社会です。そういう豊かな社会にわれわれは近づいているわけですから、それに合わせて業界が変わり、供給者として新しいニーズを消費者に教え込むことができるかどうか、そういうことを考えていかないと、自身の生存にもかかわっていくことになりかねません。いま、そういう時代に来ているのだと思います。

補章

本書透察

——これからのすまい

森下 有

郊外住宅という一つの世代とその空間が、変化の岐路に立っており、その世代間循環を形成するシステムを考える必要がある、そしてそのことは郊外住宅に限られた問題ではない、ということが本書の課題であった。本書が対象とした「次世代」に少なからずとも含まれる筆者自身（１９８２年生まれ）は、先輩方の論考に幾分か応答する形式で、住宅と住まうことの社会的に共通する課題について述べたいと思い、時流や奔流を失礼ながら遠目で俯瞰する立場を用意してみた。これまでの仕組みが機能しなくなってきている中、まだ別の仕組みも曖昧と、ぼやけた輪郭しかない今日、実際には何が「うつりかわろう」としているのか、そこで自分たちは、何を「つなぎ」、何を「かえる」ことで、結局何を「しよう」としているのか、思考を巡らせてみた。

〈その1〉うつりかわる、ということ

世代を継ぐというのは、住宅のみならず、一つの（飲食）店でも難しい。例えば後継がいなくて暖簾《のれん》を降ろす個人経営のお店は、東京の都心でも頻繁である。同じ場所で同じ家族により、つながりがつくられることは稀である。しかしながら閉じようとするそのお店の心は別の方法でつながることを知っていて、そのつながりが街をつくり続けている。お店は人を雇い、若き見習いは、やがてその店とは違う街のどこかに、新しい小さな火を灯す。街の常連に惜しまれつつ、静かに消える「炉の火」と同時に、街の他のさまざまな場所で輝き出す無数の光。街の人はその街を奏でるために日々お店を選ぶ。それは「一着一膳」を何気なく選ぶのではなく、すべてのお金を出す機会が街をつくるための投資となる一着一膳でもある。街はうつりかわり、変化し続ける。星のように動的ではかない状態は、変化のある生き生きとした街の日常なる姿でもある。

きらめくからこそ見たくなる夜空のように魅力のある街。街の一人ひとりの頑張りが総じて、誇りを持てる街、好きで住む街を、うつりかわりの中につくっている。その一方で消えない光は、大きな資本により、変わらないことを保証しようとしている。消えたと思えども、異なる名前を持つ同じ店、働く人々は幾度と入れ替われども、何事もなく継続する日常。郊外でも都心でも、何も変化しないという安泰感。選ぶことを放棄できる、近さ、安さ、早さという安堵感が澱《よど》んでいる。

都市環境や住宅、居住空間が「うつりかわる」ことをどのように捉えると、「世代を超えたつな

がり」を想像することができるのか、比較的動かないと決められがちな住宅の動的変化を考察してみた。

吉川によるマクロ経済学の視点（吉川、２０１６）では、人口の変動と経済の変動が必ずしも相関関係にないとしており、人口が減ることよりも集団的な物質代謝におけるイノベーション、すなわちそこで何をするかが経済活動の変動を示唆するとしている。また福岡による分子生物学の視点（福岡、２００９）による「動的平衡」という概念では、人々の身体という「状態」は、常にその構成物質が代謝しており、寿命というある一定の時間枠の中で、動的循環を維持し、一定の適切なバランスが保たれているものであると考える。街という状態も時間とともに、うつりかわる。住む人の数が、空き家の件数が、空き地の数が、樹木の本数が、電灯の数が、見える夜空の星の数が、時としてせせらぎのように、時として濁流のように、うつりかわる。数量的減少はひとえに衰退であるとは決めつけられず、状態の変化であり、あるバランスから異なるバランスへのうつりかわりである。

住居にはさまざまな状態の時間枠が交錯している。なりわいが変化する時間枠、世代という時間枠、住宅の資産的価値が持つ時間枠、住宅の物理的機能の時間枠、街の時間枠などがその一例である。これらの枠組みの中には、社会システムとして不確実性を極小化すべく、構造化されているものもあれば、人の寿命の予測のように計算式上でも3割ぶれるほどに不確実性を持ち、変化し続けるものもある。これら複数の時間枠は、住まうというパレットの上で混ざり合い、一つの妙な色合いをつくっているが、それぞれの時間枠を個別のシステムとして考えようとしている当事者は、じつは絵のことに興味がないことも少なくはない。うつりかわり、変化、想定外を省くのではなく、変化自体をデザインしていく方法論とはどのようなものであろうか？

50年ほど前の住居群は、急激な時代の変化の中、空間を住宅で満たす技術によってつくられた。人口が増加の一途にある中、「技術のユートピアを生活のユートピアにつくり変える努力が必要だった」（津端、1997、200~201頁）とそのつくり手に言及させるほど、都市郊外における家の生産と生活の生産は距離のあるものであったと窺《うかが》える。

今日、住宅が必要とする機能的なありようも変化してきている一方、生活のありようも変化している。その中で、住宅を取り巻くべくつくり上げられてきた諸々のシステム、枠組み、インフラ、技術は、実際の毎日の生活とどこまでかかわりを持つものなのか、その関係性は曖昧であり、複雑である。満員電車に押し込められ仕事に向かう景色、画一的な人的資源を必要とする仕事や事業の組織体もうつりかわりつつある。働き方の改革を横目に、働くこと自体の意味が変わりつつある。50年前後という時間枠にて設計された生活、移動、仕事のバランスは、現在、多様な「なりわい」を目指す、異なる平衡状態に向かいつつある。これまで、一日の時間のありようが、一様であると思われていた時代から、多様なあり方が当たり前となり、一日の時間の中での住宅という空間の利用も多様化していくと考えられる。どのような目的で、どのような枠組みで、街とその空間に可能性を見い出せば、その街を好きになり、誇りを持てるのか？うつりかわりの中で、いったい何をするのであろうか？これまでの住宅や住まうという行為を今後、どのように思考するべきなのだろうか？

〈その2〉「なりわい」ということ

住宅という物質の集合と、そこで行われる代謝について考えると、「なりわい（生業）」という言葉に思い至る。たとえ、住宅の価値が市場で認められ、資産として、あるいは運用可能な経済性が担保されたとしても、住宅を用いて、人は日々そこで何を行うのか、という疑問は佇《たたず》み続ける。日本中を研究で回るたびに横目で建物の観察を続けているが、主観的には、とくに住宅を含む多くの建造物はなんとなくそこに建っていて、建物自身も建っていることに興味がなさそうに感じる場合が多い。実際に人々がそこで何をしているのか、余計なお世話ではあろうが、感じることができない。ところが、民家であったり、漁業や農業など、生活のなりわいが比較的明確であったり、その周辺環境に組み込まれている建物群をみると、その建物と空間の使われ方は、比較的解読しやすい。なりわいは日々の営みを指すが、営みの継続は、人々が活動している空間の場所性や、人々のつながり、ひいては世代間のつながりを形成するための新陳代謝であると言える。このような人々のなりわいは、時間とともに、そして資源のありようとともにうつりかわっている。

資源を追い、移動を続けるなりわいが多かったとされる時代を経て、農業や窯業などの土地から直接資源を得る、あるいは流通拠点に見られるように、土地性や立地性による集合性を資源とするなりわいが多かった時代（昔の典型）には、なりわいとすまいは同じ場所に存在していた。山に住み、海で漁をするといった、地形の特殊性や災害の記憶を踏まえた特殊事例はあるが、そこには資源となりわい、すまいの間に強いつながりがあると言える。人自体の資源化（ヒューマン・リソース化）が重要視された時代（郊外開発時代の典型）は、なりわいが都市へ集中した時代でもあり、移動がなりわいの形成にとって重要視された。都市の人口の過剰な集中を避けるためにも、郊外都市間の移動は必須であったとされている。（**図１**）現在、従来からの働き方の変化も謳われているが、なりわいそのものも多様化してきている。そのような郊外空間に集中した資本、人、すまいをなりわい化しようとしているのが、郊外の今日（郊外空間の事業化：本著者、園田）と言える。

都心と郊外の関係性を離れた場所では、ローカルな資源の現在的解釈による再資源化と、そのなりわい化も目立つ。また、資源が情報や人の知識を介して生まれることで、特定の土地との相関が、優位性はあるも必須ではなくなってきている。場所にも移動にも必然的に依存しない、どちらも必須ではないということは、すなわち、場所も移動もあえて選ぶことができる。生まれ故郷や、出会った場所などが好きになれば、そこでなりわいを構想することで、場所を資源化するという選択もある。資源、土地、すまい、なりわいの関係性を「選ぶこと」を通して再考する機会が訪れており、社会、金融、生産、法律、それぞれのシステムがどのようにうつりかわることで、人々を可能化するインフラとなるのか、その思考とデザインをはじめる必要がある。

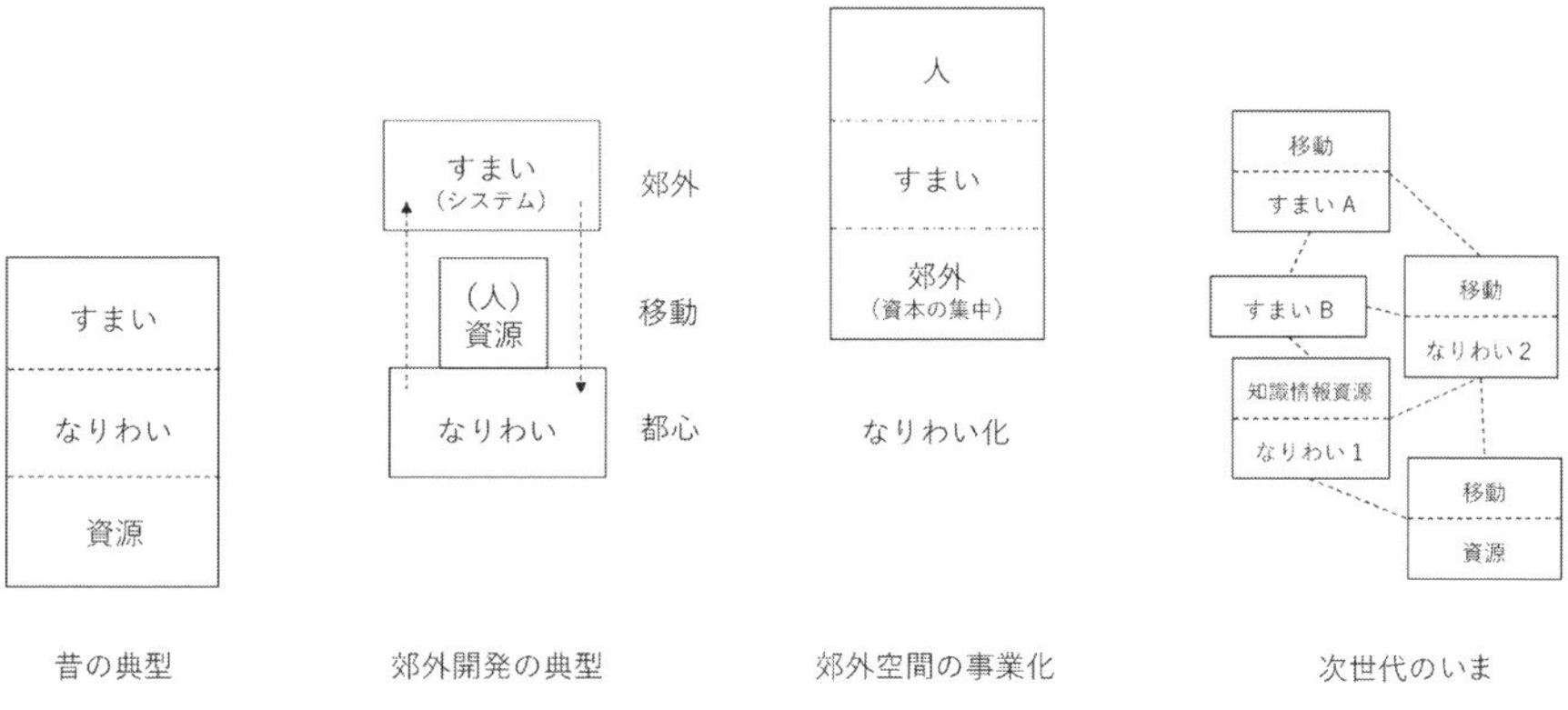

【図１】なりわいのうつりかわり

〈その3〉組織の構造化プロセス

住宅を所有することや、住まうことは、近代的には個人（個人化）のプロセスとして捉えられる傾向があるが、住宅や建築は物理的に個人での具現化が身体的にも金銭的にも容易《たやす》くないことからもわかるように、基本的には人々の集合を要する組織的活動である。そのような人の集まり方、組織のありようも、いま、うつりかわろうとしている。人の集まり方の変化から、建物を具現化するプロセスを考え直す良い機会である。建築にかかわらず、人々は目的とする社会プロセスの実践のために集合するが、目的とする社会プロセスが広く多様化、また複雑化するにつれ、個人が関わる集合体も、単一の組織への所属では目的が満たされなく、複数の集合体各々が可能とするプロセスを組み合わせることがもとめられている。

そもそも働く組織体、企業への所属は目的ではなく手段であるが、そのことは生活をかたちづくる多くの事象に共通する。電車というメディアを介した集合的移動時間に所属すること（通勤）は必然ではなく、選択である。どこでも仕事ができるような仕事が増えたからこそ、資源をもとめて各々はより多くの選択を行うことができる。考えなくとも都心に人が集まるという縛りがないからこそ、人が集まる意味を考えることができる。これまでとは異なる知識体系の取得が必要となった折りに、学びのプロセスを得るために教育組織に出入りすることも選択肢となる。所有が必然ではない社会システムが形成されるからこそ、所有を意図して選択しなければならない。先夏の猛暑の折り、ニュースになったとある農家のように、90歳を越えて熱中症で倒れてしまうま

で畑を耕し続けるという選択もある。これらはすべて、選ぶことによる社会と個人の可能化のプロセスである。(**図2**)

しかしながら現時点では、選択と選択のつなぎ目が滑らかでないと、社会通念から冷たい視線を集める。社会通念もうつりかわるものではあるが、そのうつりかわりのためにも、各々の選択と選択をつなぐことを促すインフラが重要となり、うつりかわりの中で各々が自身を可能化し、それがゆえに社会的目的を可能化する流れをつくることがもとめられる。個人と組織、社会と地球環境が持つ関係性の考え方に変化が必要と考えられる。

これまでは、企業なり大学なりの組織体に所属した個人は、その向こう側にある社会に対して組織の観点を通して貢献や働きかけを行い、結果的に地球環境に影響を与えてきた。いま、個人を取り巻くものは、日々の生活に複雑に影響を与え始めている地球環境であり、そこにどのような働きかけを行うのか、そのために必要な社会をどのようにつくるのかが重要になってくる。必要な組織とは何か、誰と一緒に働きかけを行うのか、という組織の位置付けそのものを見直さなくてはならない。(**図3**) 組織は個人が目的に向かう際のプロセスを

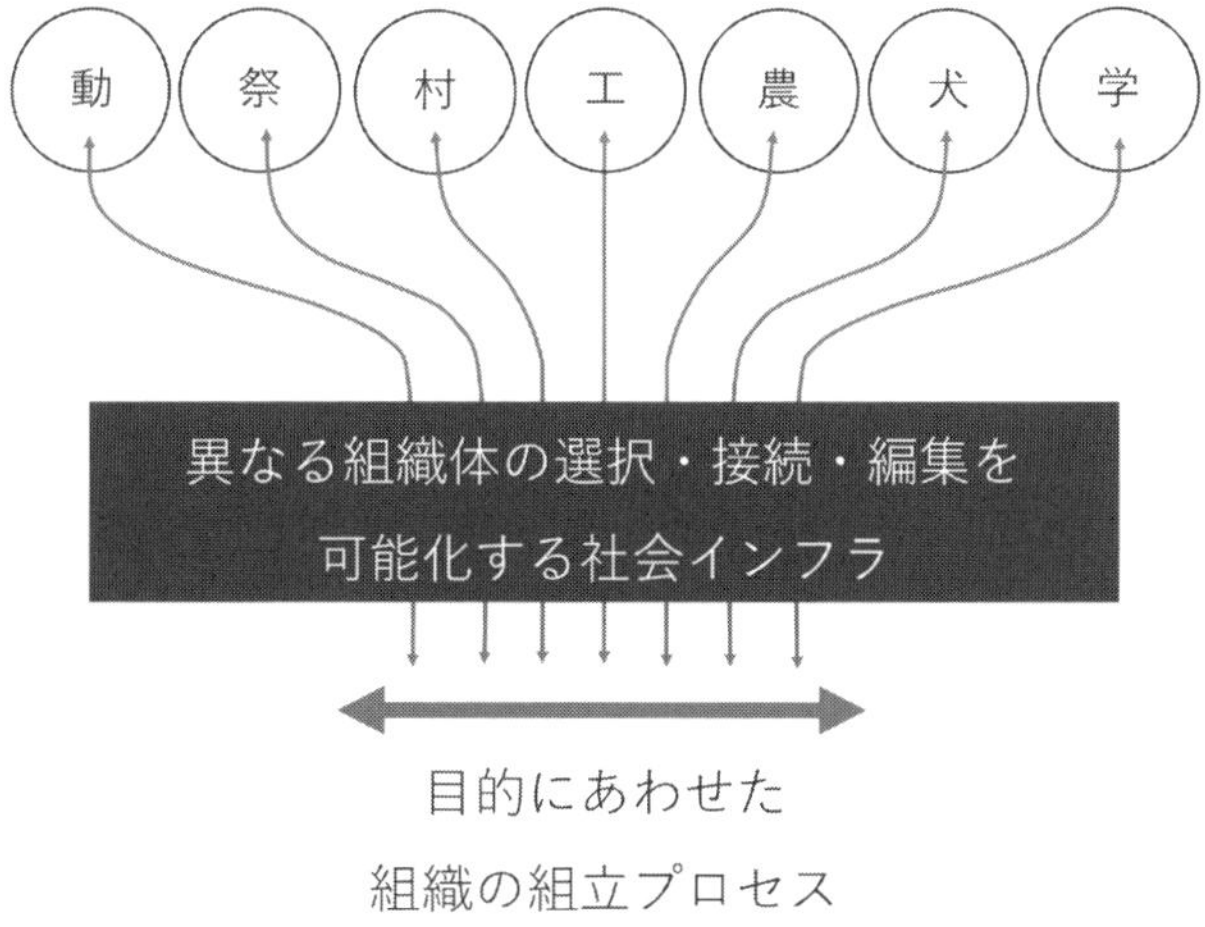

【図2】組織の組立プロセス

構造化した結果のあらわれであり、そこには人が集まることで、何かをなしとげようとする目的がある。すまいが余剰空間化し、すまい以外の利用、あるいは閉じた空間からより開けた空間としての可能性を持つようになったとしたならば、その空間を用いて何をするのか、本当の意味での開発・ディベロップメント、価値をそこから引き出すプロセスのための、環境的持続性を持ったインフラを考え出す必要があり、そのうえで組織や人の集まりのありようを考えることがもとめられている。

〈その4〉ハウジング・オン・ステロイド

日本の住宅市場の課題に関する論考ではアメリカの不動産市場が、建物の寿命の長さ、仲介エージェントのありようなど、一連のシステムとして「機能している」事例としてよく紹介されるが、自身はアメリカで建築に携わりながら10年ほど住ん

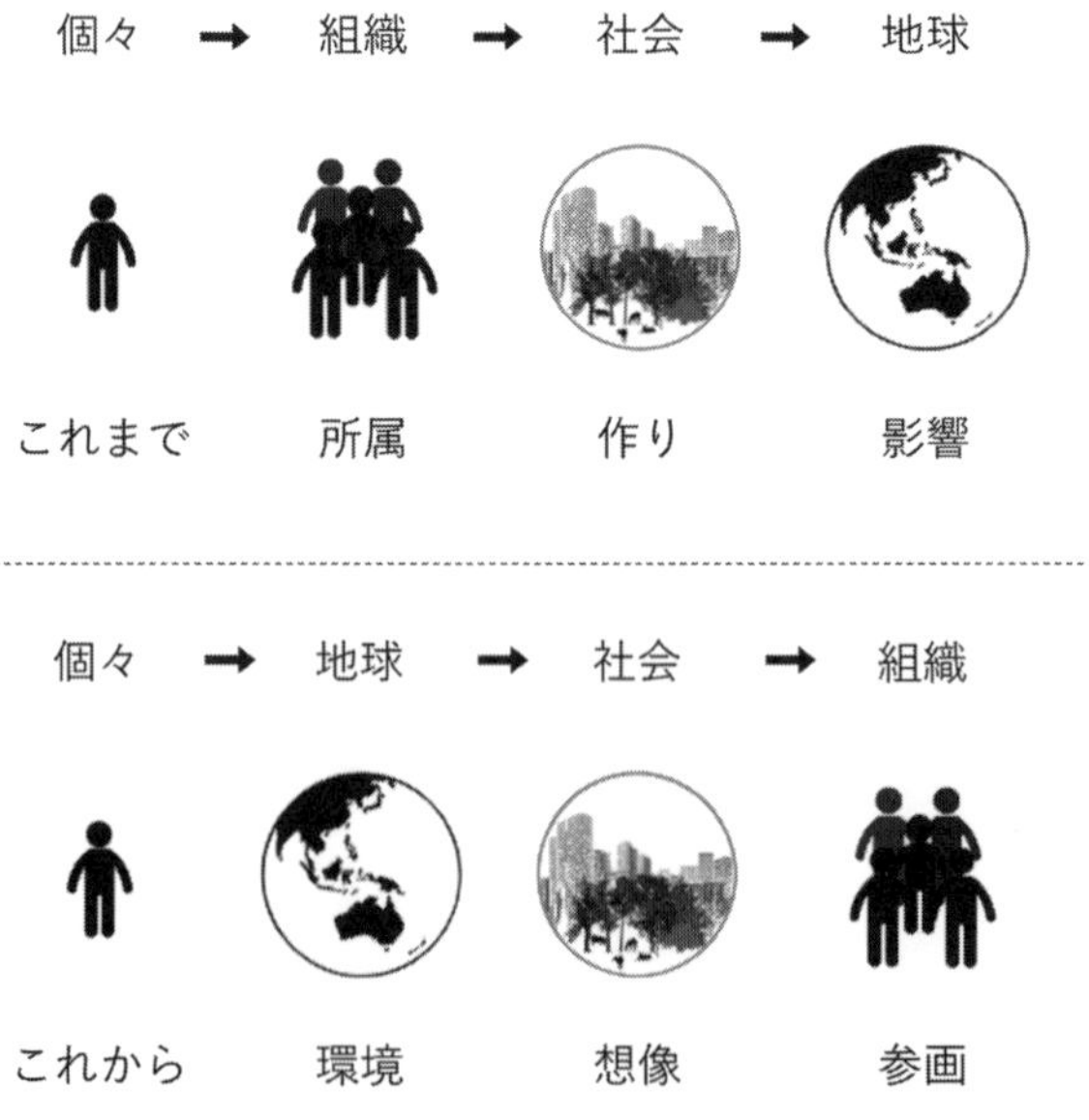

【図3】個人と組織の関係性のこれまでとこれから

でいたこともあり、模範的なシステムとして素直に受け止めることにためらいを隠せない。自身の調査力不足かもしれないが、アメリカの住宅市場価値と実性能の相関があるというデータも見たことがない。昨年、アメリカの大学で教鞭をとる友人が日本の住宅生産現場の調査に訪日した際の理由は、アメリカは日本のように性能の良い住宅をつくる必要がある、ということだった。アメリカで中古住宅が流通するのは、質が悪くても手入れをして延命させるしか選択肢のない所得層が厚く存在し、悪いものでも動かせるインフラが存在しているからだ、という話を聞いた。

アメリカ不動産市場に対する自身の懐疑心は、２００８年の金融危機以降、アメリカ国内ではこれまで以上に顕著に表出し、大半の国民的課題となっている格差の問題と関わりがある。住宅を追われる家族も多く現れている現状の中（Quart, 2018）、ピケティやスティグリッツの格差に関する論考（ピケティ、２０１４／Stiglitz, 2013）とアメリカの世帯所得、および不動産市場のデータを辿りながらマーティンは、「既に周知になっていることをもっとも簡単に要約すると、（アメリカの）住居（ハウジング）に関する格差は歴史的な偶然ではなく、不動産システムが意図的にもたらした結果である」（Martin, 2015, p92）（筆者訳）と位置付けている。その市場システムでは、世帯所得格差の統計が示す家族のありようと、市場調査データをもとに形成された住宅・家・間取りという商品の相互関係を巧みに用いることで、財の流れが構成されており（Martin, p107-108）、戸建て住宅開発、リタイアメントコミュニティ、コンドミニアム、超高層住宅、低所得賃貸、そして監獄さえも含め、あらゆる「住まう」ことに関する開発が、資本として株式市場での取引対象であり、財の運用を持って生きる主体と、財を持てぬ主体の格差は、システムに内在された設計図であるのが実態であると語られている。

投資は人から住宅へ、そしてその回収が不均等に分配されていること（Martin, p128）はシステムの与条件となっていた。所得層の大半が住宅を所有することが困難になりかねない状態では、所有から利用へ、というトレンドとして捉える裏に、アメリカの住宅市場システムとその組織体においては、利用しか可能でない構成員に多くの人々がなっている可能性もありうる。住宅ローンを担保するため、日中は大学で教鞭を、夜は（自己所有の車両を「運用」して）Uber《ウーバー》の運転手をしている世帯の事例（Quart, 2018）も特例ではないようである。そして財を持つ組織体や個人は、その財を拡大し続ける。この市場はシステム・オン・ステロイド、と言っても過言ではない状態にあると、海を渡った現場の友人たちは声をあげているが、もし、それでもこのシステムに学びをもとめるのであれば、はたしてどの程度ドーピングをさせず、システムのどの部分を適正なバランスとして考慮すれば、日本国内における住宅市場の模範となるのか、自身には幾数もの疑問しか浮かんでこない。所有・管理・運用という資産に関連するマネジメント行為を放棄している国内の投資主体の個人は、上記のようなシステムに対峙できるのか、もし現在の思考が定義する住宅、あるいは住まうという行為が、このようなシステムの上にしか存在できないのであれば、次世代はどのように思考すべきか、限りなく緩く変化していくシステム上に適正なバランスを探索するのか、異なる市場システムのありようをもとめるのか。それとも住宅、住まうということを改めて考え直し、異なるインフラの流れを創造するのか。市場とは一線を画したインフラの可能性はあるのか。

〈その5〉うつりかわりのつくりこみ

もし次世代のインフラがつくるものが、これまでの思考がつくる「住宅」や、「住まう」行為ではないとしたら、どのような住まう空間を想像できるのだろうか？　そもそも住宅に限らず、建築は個人でそれが成立する規模は限られている。テントや小屋という規模を超えると、集団的代謝が必然となり、何を独立させ、依存させ、引き継ぎ、あるいは助け合うのかを時代の変化とともに再構築しなくてはならない。

本著の流れを汲み取り、個人による嗜好の範疇、消費と見なす範囲をインフィルに限定すると、これからの住宅生産や税制のありようとして、例えば20年単位で住宅のハードをスケルトンまで戻せることが前提のデザインがその一案となる。急速に変化した世帯数とその家族のありようという社会的条件を背景にして検討されていたのがＬＤＫなどを持つ郊外住宅の構造であるとすると、いまからの時代のデザインは、ＬＤＫを時代の変化とともに撤去し、新しい住まい方と社会条件を満たすインフィルを入れ得る構造、住まい手が変わるたびに必要があるのであれば、異なる住まい方に適応していく必要がある。また、住宅が変わることのみならず、人自身もそのように変われるということを、住まい手に対して住宅が助長することももとめられる。

その際、インフィル以外はメンテナンスにより継続利用ができ、メンテナンスとアップデートが可能かつ容易である構工法がもとめられている。これまでの在来やツーバイフォー、軽量鉄骨とは異なる構造材の規格や材料性能がもとめられたりもするであろうが、このことはハードの構工法の変革のみでは不可能であり、金融や税制、所有区分などそれぞれのシステム間の調整も含めた情報の構工法となっている必要がある。住まうことも許容する、開《ひら》けた空間を構成する情報群が示唆する枠組みを、ハードのありようの基点として設計する必要がある。住宅を使うプロセスにおいてもこれまでは住宅というモノの維持のためのハードの情報が重要視されていたが、使うため、運用のための、そして住まうことからの脱却も含めた、社会に開かれた情報構造を持つことが必要とされ、住宅という社会的構成要素の、どの情報を用いることで、何ができるのか、住まい手なり、使い手が、情報構造への能動的な働きかけを行うための下地が必要とされている。ここで言う情報は、ハードとしての住宅の境界を超えて存在する、金融、不動産、法律をはじめとしたさまざまな情報が重なり合っており、保存された住宅の平面図を図柄として眺め続けることとは、異なる情報のダイナミクスが存在する。

情報を扱うという観点からは、このような複雑な情報群を個人が扱うのは簡単ではないため、本当に個人という単位が、これらの行為に適しているのかをも再考したうえでのシステムの設計、あるいは新しい時代を住まうためのインフラを創造する必要がある。資源、場所、なりわい、時間、移動などの諸要素が複雑に関連し構築された世代枠や、人生の時間枠は、その構成要素自体のうつりかわりが重なることにより、変化し始めている。双六の上で何をするのかではなく、双六自体を作り変え、また遊ぶという概念自体が変化し始めようとしている中、これまでとは異なるうつりかわりの流れの中で、そのインフラの思考がもとめられている。

〈その６〉縦の流れ

住宅という建物の構造が１００年物理的に利用可能であるという前提でも、すまいとして１００年利用し続けるという必然性は存在せず、うつりかわりの中での柔軟性が組み込まれていることが望まれる。工場やオフィスといった用途を持っていた建物が時間を経て住居に改修されるように、住宅という建物も住居であることにこだわり続ける社会的必要性は定かではない。たとえ、ある時期に制定された法律や金融システムがそのような変容を制限していても、１００年という時間の設計をするには、システムは継続的にリデザインしていくべきである。実際に住まう空間を住宅と呼び、住まわなくなった空間は、工房、空き地、農地、あるいは自然、と呼ばれるかもしれない。現在の社会システムの中で複雑に構造化され、それが故に負の価値を生み出している空間は、システムの再構築を通して再資源化し、その資源を用いて社会的に良い方向に向かう経済活動を行い、良い代謝の関係性へと移行させること、すなわち「つなぐこと」が望ましく思われる。

では良いうつりかわり、良い流れとはどこに向かうのであろうか？　最近通りかかる住宅地の再開発は少なくなく、大きく育ち、住宅に木陰をつくっていた木々を土埃舞う平地に戻している光景をよく見る。そのうちの一つ、筑波で見たものを文献で調べてみると、40年間の時間と自然資源による投資と価値形成を40年前の状態に戻し転売していた（日本建築学会、１９８２）（吉見、51頁）。金融システムが単独でつくり出す、人から人への水平的な価値移動というつながりのみで資源の可能性が完結してしまっており、地球環境を用いた生産行為であるにもかかわらず、環境への価値の循環、縦の循環につながる価値創造には参加しない、地球環境資源摂取型の一方方向の行為となってしまっている。

住まうことも、地球環境の上に存在する流れとして再考すると、これまでの住宅や住まうことに関する議論には環境への負荷を軽減することは語られても、そのプロセスが地球環境を良い方向性に向かわせるための原動力として、複雑な社会のインフラの一部としての方法論的に組み込まれることは少なかった。策定より2、3年経ち、ようやく国内でも議論が一般的になりつつあるＳＤＧｓ(Sustainable Development Goals)にも見られるように、世界では単数唯一の大きな方向性だけではない、国境を超えたより多くの仲間に共有された地球環境の、複数の多様で複雑な方向性に、それぞれが適した方法で参加していくことが重要視されている。

アメリカのように、２００５年から２０１０年の間に住宅資産価値が８２０兆円(１ドル＝１００円として)減少しても、２０１８年に国内で騒がれたように、投資信託の家計保有額が30兆円過大計上されていても、大きな仕組みによる流れは、まるで何もなかったかのように、適正なバランスを保っているかの様相を平然と見せている。しかしながら、閉じた単一のシステムの中での方向性は澱みつつあり、開けた、複数の多様で複雑な方向性に目を向け、その中で動的なバランスを奏でることが、現時点での社会の流れとなりつつある。これまでの都市や住宅のつくられ方がそのシステムも含め、その場所に根をおろし、確固とした何かを築き上げるということを目的にしてきたのであれば、古来より根を下ろした大木が移動しようとしていることを想像するほど、動的で不確実な状態をオーケストレイトする計画やシステムのデザインは難しい課題として受け止めなければいけない。

骨を地に埋める思いを持つことは、果たしてどのくらいの期間、どのような活動にとって有用なのかを再考する必要性に迫られている。大地に根を下ろした木々でさえ、種を飛ばすことで歩きだし、異なる空間に森を形成する。次世代のインフラがつくる自然とのつながり、縦の循環のためのインフラをデザインし、自然との次世代のつながりをつくることは、日々のうつりかわりの中になりわいを形成し、その複雑な流れの中に住まうことの根幹でもある。

参考文献

1. 吉川洋『人口と日本経済―長寿、イノベーション、経済成長』、中央公論新社、2016
2. 福岡伸一『動的平衡』、木楽舎、2009
3. 津端修一、津端英子『高蔵寺ニュータウン夫婦物語―はなこさんへ、「二人からの手紙」』、ミネルヴァ書房、1997
4. 日本建築学会、筑波研究学園都市施設記録写真集刊行委員会『筑波研究学園都市―建築の記録―写真集』、日本建築学会、1982
5. 吉見俊哉『万博と戦後日本』、講談社学術文庫、2011
ここに記載した観察は自身の世代において直視した範囲であり、実際には学園都市開発の時点において既に一度、従前の自然環境は消されており、今回は二度目の繰り返しであった。吉見は当時の開発の過程を「筑波研究学園都市の建設と科学博でも(生じており)、長い年月をかけて形成されてきた雑木林や屋敷林、里山の木々が、新都市や博覧会場の造成工事の中で切り倒されていった」とし、そのことは「80年代の社会には広く伝わらなかった」としているが、2010年代後半になっても社会は一向に変化の兆しを見せていない。
6. Quart, Alissa., Squeezed, Why Our Families Can't Afford America. Ecco, 2018
7. トマ・ピケティ(山形浩生、守岡桜、森本正史訳)『21世紀の資本』、みすず書房、2014
8. Stiglitz, Joseph. E., The price of inequality. W W Norton & Co Inc., 2013
9. Martin, Reinhold. J., Moore, S. Schindler, et al., The art of inequality : architecture, housing and real estate. Temple Hoyne Buell Center for the Study of American Architecture, 2015

おわりに

本書は、少子高齢化に伴う社会構造の大きな変化の中で発生しつつある大量の空き家の中には次世代が活かしていける資産が眠っているとして捉え、市場を介して高齢世代から若年世代へ世代を超えて循環し利活用されるような仕組みの整備に資することを目指し、一般財団法人住総研の中に組織された研究会の3年間の活動成果をまとめたものです。

研究会が活動を開始した頃にも、空き家の問題はマスメディアが取り上げていましたが、その活動を完了する頃になりますと、空き家の問題が毎日のように何らかのマスメディアに取り上げられるほどになっています。研究会の活動は、まさに時宜にかなったものであったと思います。この研究会が示した「市場を介した世代を超えた住宅ストックの循環的利活用」という問題解決策が社会実装されていくこと切に祈る次第です。

研究会の設置にあたっては、青山学院大学の大垣尚司氏、横浜市立大学の齊藤広子氏、明治大学の園田眞理子氏、既存住宅流通研究所の中林昌人氏、東京大学生産技術研究所の森下有氏に委員になってご参画いただきました。また、最後の3年目には、日本大学の中川雅之氏、ＳＵＭＯの池本洋一氏にもご参画いただき、2回のシンポジウムを開催いたしました。

研究会の活動においては、住総研の道江紳一専務理事はじめ、馬場弘一郎氏、岡崎愛子氏に、また、出版に関しては、萌文社の永島憲一郎氏、青木沙織氏にお世話になりました。

皆様の努力により出版にいたりましたことを心よりお礼申し上げます。

２０１９年2月

住総研 住まい手からみた住宅の使用価値研究委員会 委員長　野城智也

著者プロフィール（執筆順）

野城 智也

東京大学生産技術研究所 教授

１９８５年東大大学院工学系研究科博士課程修了、建設省建築研究所、武蔵工業大、東大大学院工学系研究科社会基盤工学専攻を経て、２００１年より同現職。東大生産技術研究所所長、東大副学長を歴任。

日本建築学会賞（論文）・著作賞、日本公認会計士協会学術賞、都市住宅学会業績賞などを受賞。

主な著書に、『イノベーション・マネジメント―プロセス・組織の構造化から考える』、『建築ものづくり論―Architecture as "Architecture"』（共著）、『生活用ＩｏＴがわかる本―暮らしのモノをインターネットでつなぐイノベーションとその課題』（共著）、『建築実務テキスト建築の快適性診断：環境・設備保全の基礎知識』（共著）、『サービス・プロバイダー―都市再生の新産業論』など。

園田 眞理子

明治大学理工学部建築学科 教授。博士（工学）・一級建築士。

石川県生まれ。１９７９年千葉大学工学部建築学科卒、１９９３年千葉大学大学院自然科学研究科博士課程修了。（株）市浦都市開発建築コンサルタンツ、（財）日本建築センター建築技術研究所を経て、１９９７年より明治大学に勤務。専門は建築計画学・住宅政策論。特に高齢社会に対応した住宅・住環境計画について、多数の研究、政策提言などを行っている。

主な著書に、『世界の高齢者住宅―日本・アメリカ・ヨーロッパ』、『建築女子が聞く―住まいの金融と税制』（共著）など。

齊藤 広子

横浜市立大学国際総合科学部まちづくりコース、都市社会文化研究科 教授。博士（学術）・博士（工学）・博士（不動産学）。

筑波大学第三学群社会工学類都市計画専攻卒業。不動産会社勤務を経て、大阪市立大学大学院生活科学研究科修了。英国ケンブリッジ大学研究員、明海大学不動産学部教授を経て、２０１５年より現職。社会資本審議会委員、住宅履歴情報蓄積・活用推進協議会会長などを務める。

日本マンション学会研究奨励賞、都市住宅学会賞（論文）、日本不動産学会業績賞、都市住宅学会賞（論文）、日本不動産学会著作賞、不動産協会優秀著作奨励賞、日本建築学会賞（論文）、都市住宅学会著作賞、日本不動産学会業績賞、都市住宅学会業績賞、グッドデザイン賞、日本不動産学会論説賞、都市住宅学会論説賞など多数受賞。

主な著書に、『はじめて学ぶ不動産学―すまいとまちのマネジメント』、『新・マンション管理の実務と法律―高齢化、老朽化、耐震改修、建替えなんて怖くない！』、『生活者のための不動産学への招待』、『住環境マネジメント―住宅地の価値をつくる』など。

池本 洋一

株式会社リクルート住まいカンパニー『ＳＵＵＭＯ』編集長
１９７２年滋賀県生まれ。１９９１年上智大学新聞学科に入学。大学時代に実家の注文住宅が工務店倒産により建築途中でストップ。負の体験を生かすべく住宅情報誌の編集としてリクルートに入社。広告営業、ブランド、事業開発、情報誌編集長を経て、２０１１年よりＳＵＵＭＯ編集長（現職）。自社メディアのみならず、テレビ、新聞、雑誌など多様なメディアを通じての住まい領域のトレンド発信を行う。
不動産情報サイト事業者連絡協議会 監事。国土交通省の既存住宅市場活性化ラウンドテーブル委員、良質住宅ストック形成のための市場環境整備促進事業 評価委員。ほか、経済産業省、環境省、内閣官房などで各種の委員を歴任。

中川 雅之

日本大学経済学部 教授
１９６１年秋田県生まれ。１９８４年京都大学経済学部卒業、経済学博士（大阪大学）。同年建設省入省後、大阪大学社会経済研究所助教授、国土交通省都市開発融資推進官などを経て、２００４年から現職。
主な著書・論文に、『都市住宅政策の経済分析』（２００３年日経・経済図書文化賞、２００３年ＮＩＲＡ大来政策研究賞）、『公共経済学と都市政策』、"Earthquake risks and land prices: Evidence from the Tokyo Metropolitan Area"、『日本経済研究』（共著）など。

中林 昌人

既存住宅流通研究所 所長
１９５６年東京生まれ。大手ハウスメーカーの新築事業に長く携わる。２００８年社内不動産部門の責任者に就任。併せてその年に設立された「優良ストック住宅推進協議会」に参加。ハウスメーカー自社商品の二次マーケットの拡大に注力。築20年で評価ゼロだった中古戸建市場を改革すべく「スムストック」ブランドを確立。50年以上建物の価値が評価される査定システムと流通市場の拡大に従事。２０１２～２０１７年代表幹事として全国で「スムストック」拡大の講演を行いつつ、テレビ東京「ワールドビジネスサテライト」、その他地方局に出演や各種住宅雑誌、新聞などでのインタビュー多数。2014年から2年間にわたり開催された国土交通省主催「中古住宅市場活性化ランドテーブル」の委員を務めるなど、国や都の各種委員会にも多数参加。2017年6月に優良ストック住宅推進協議会事務局長を退任。現在は既存住宅流通研究所所長として日本の既存住宅流通事情を研究する傍ら、スムストックで作り上げたノウハウを日本の住宅の80%を占める工務店が作った木造住宅に展開できないかと模索中。プライベートでは最近、ホームステージング事業を立ち上げて独自の既存住宅流通手法を展開中。

大垣 尚司

青山学院大学法務研究科 教授

1959年京都府生まれ。1982年東京大学法学部卒業。同年日本興業銀行に入行。1985年米国コロンビア大学法学修士。金融商品開発部、ニューヨーク支店、ストラクチャードファイナンス部、興銀第一ファイナンシャルテクノロジー取締役、アクサ生命専務執行役員、立命館大学教授経て、青山学院大学法科大学院教授。博士(法学)。一般社団法人移住・住みかえ支援機構代表理事、一般社団法人日本モーゲージバンカー協議会会長。

主な著書に、『金融と法—企業ファイナンス入門』『金融アンバンドリング戦略』『ストラクチャードファイナンス入門』『49歳からのお金—住宅・保険をキャッシュに換える』など。

森下 有

東京大学生産技術研究所 特任講師

専門は建築情報学。東京大学学際情報学府にて博士、ハーバード大学院にて建築理論・歴史の修士、ロードアイランド・スクール・オブ・デザインにて建築と芸術の学士を習得。サステイナブルな地球環境のための建築情報と環境技術を、空間を利用する側の視点から、研究開発中。生産技術研究所におけるRCA-IIS Tokyo Design LabではTreasure Hunterを務め、デザインと工学が協働する新しいアプローチを模索。現在は北海道に拠点を置く、新しいプロジェクトを策案中。

一般財団法人 住総研

故清水康雄（当時清水建設社長）の発起により、１９４８年（昭和23）年に東京都の認可を受け「財団法人新住宅普及会」として設立された。設立当時の、著しい住宅不足が重大な社会問題となっていたことを憂慮し、当時の寄附行為の目的には「住宅建設の総合的研究及びその成果の実践により窮迫せる現下の住宅問題の解決に資する」と定めていた。その後、住宅数が所帯数を上回り始めた１９７２（昭和47）年に研究活動に軸足を置き、その活動が本格化した１９８８（昭和63）年に「財団法人住宅総合研究財団」に名称を変更、さらに２０１１（平成23）年7月1日には、公益法人改革のもとで、「一般財団法人住総研」として新たに内閣府より移行が認可され、現在に至る。一貫して「住まいに関わる研究並びに実践を通して得た成果を広く社会に公開普及することで住生活の向上に資する」ことを目的に活動をしている。

住総研 住まい手からみた住宅の使用価値研究委員会

２０１５年〜２０１８年

委員長　野城智也　東京大学生産技術研究所教授

委　員　大垣尚司　青山学院大学法務研究科教授

齊藤広子　横浜市立大学都市社会文化研究科教授

園田眞理子　明治大学理工学部建築学科教授

中林昌人　既存住宅流通研究所所長

森下　有　東京大学生産技術研究所助教

事務局　道江紳一　一般財団法人住総研

馬場弘一郎　一般財団法人住総研

岡崎愛子　一般財団法人住総研

〒１０３-００２７

東京都中央区日本橋3丁目12-2 朝日ビルヂング

http://www.jusoken.or.jp/

住総研住まい読本

住宅の世代間循環システム——明日の社会経済への提言

二〇一九年四月二五日　初版発行

編著　住総研 住まい手からみた住宅の使用価値研究委員会

発行所
萌文社
発行者
谷 安正
〒102-0071
東京都千代田区富士見1-2-32
ルーテルセンタービル202
TEL　03-3221-9008
FAX　03-3221-1038
メール　info@hobunsya.com
URL　http://www.hobunsya.com/
郵便振替　00910-9-90471
表紙　アド・ハウス（椙澤清次郎）
印刷製本　倉敷印刷株式会社
ISBN 978-4-89491-373-8